当代语言学理论丛书
Contemporary Linguistic Theory Series

主编 Chief Editors
黄正德（哈佛大学）
James Huang (Harvard University)
许德宝（澳门大学）
De Bao Xu (University of Macau)

生成音系学理论及其应用

（第二版）

Generative Phonology:
Theory and Usage

包智明　侍建国　许德宝　著

中国社会科学出版社

图书在版编目(CIP)数据

生成音系学理论及其应用(第二版)/许德宝等著.—北京：中国社会科学出版社，1997.2（2015.5 重印）

（当代语言学理论丛书/主编　黄正德　许德宝）

ISBN 978 – 7 – 5004 – 2079 – 8

Ⅰ.①生…　Ⅱ.①许…　Ⅲ.①语音系统 – 研究　Ⅳ.①H012

中国版本图书馆 CIP 数据核字（1997）第 09751 号

出 版 人	赵剑英
责任编辑	任　明
责任校对	安　然
责任印制	何　艳

出　　版	中国社会科学出版社
社　　址	北京鼓楼西大街甲 158 号
邮　　编	100720
网　　址	http：//www.csspw.cn
发 行 部	010 – 84083685
门 市 部	010 – 84029450
经　　销	新华书店及其他书店

印刷装订	北京市兴怀印刷厂
版　　次	1997 年 6 月第 2 版
印　　次	2015 年 5 月第 4 次印刷

开　　本	710×1000　1/16
印　　张	19
插　　页	2
字　　数	306 千字
定　　价	45.00 元

凡购买中国社会科学出版社图书，如有质量问题请与本社联系调换
电话：010 – 84083683
版权所有　侵权必究

2015年改版说明

《当代语言学理论丛书》（下称《丛书》）2015年再次改版的原因大概有四个：一是内容的更新。自2004年《丛书》再版以来又是十年过去了，语言学理论又发生了变化，有些新的东西需要补写进去。另外，有些作者、编委的工作和联系方式也有了变动，这次改版时都进行了更新。二是市场的需要。《丛书》自1997年初版和2004年再版以来，一直受到读者的欢迎，有的也一直被作为语言学课程的教材，比如《简明语言学史》、《当代社会语言学》、《生成音系学——理论及其应用》、《语言获得理论研究》等。这次改版就是为了满足市场需要，继续为语言学课程提供不同的用书。三是补遗勘误。比如《简明语言学史》的《前言》在初版和再版时都不慎丢失，致使读者对翻译的背景、版权、缘起、作者和朗曼出版公司的大力支持等都不慎了解，这次改版，就把丢失十几年的《前言》"还原"进去，为读者提供了这方面的信息。再有错印、漏印之处这次也都加以改正，比如《生成音系学——理论及其应用》一书的勘误就有16处之多。四是调整版本尺寸。这次改版的版本从原来的大32开改成了小16开，读者会发现小16开本比大32开本容易读得多。

最后，希望这次改版能继续为国内外语言学理论的研究、教学、介绍和交流起到积极的作用。

《当代语言学理论丛书》主编
黄正德　许德宝

《当代语言学理论丛书》再版前言

中国社会科学出版社根据读者的要求,决定再版《丛书》。再版首先是包括增加《丛书》的书目,从第一版的八种增加到现在的十二种;其次是修订增补第一版各书的内容,根据不同学科的进展,增加新的章节;最后是借再版的机会改正第一版中的印刷错误。

《丛书》再版,首先得感谢读者,没有读者的热情支持和鼓励,再版《丛书》是不可能的。其次是感谢编委,也就是《丛书》的作者们。没有《丛书》作者们的辛勤劳动和丰硕的研究成果赢得读者的欢迎,再版《丛书》更是不可能的。另外,特邀编委的热情支持和帮助、责任编辑以及社科出版社的鼎力相助也是《丛书》得以成功的原因之一。在此一并致以衷心的谢意。

较之第一版,再版增加了《关联:交际与认知》、《音系与句法的交叉研究》、《音段音系学》和《历史语言学:方音比较与层次》四种书。如在第一版前言中所指出,《丛书》前八种书主要覆盖美国语言学系研究生(博士、硕士)的八门必修课。再版时增加的四种书属于选修课或专题研究的范围。编委的工作单位有的有了变化,再版时作了相应的改变。特邀编委有的已经退休,再版时还按以前的工作单位列出。

《丛书》再版,错误、疏漏仍在所难免,敬请专家学者批评指正。

最后,希望《丛书》的再版能在国内外语言学理论的研究、教学,以及介绍和交流等方面再次起到积极的作用。

《当代语言学理论丛书》主编

黄正德　许德宝

序　　言

　　语言学自乔姆斯基以来，对认知科学、心理学、医学、电子计算机以及人工智能等学科都产生了巨大的影响，成为人文科学的带头学科。只要在国外走一走，就会发现几乎所有的大学都设有语言学系或语言学专业。语言学理论不但对语言学系的学生至关重要，而且也是心理系、教育系、社会学系、认知学理论乃至计算机系的学生必修的基础理论课。乔姆斯基的语言学理论为什么对人文科学和社会科学的影响如此之大？他的什么变革使本来默默无闻的语言学（理论）一跃而成为认知科学、心理学、电子计算机以及人工智能等学科的奠基理论？这不是一句话能说清楚的。要回答这个问题，得从现代语言学的立足点说起，系统介绍现代语言学的基本理论和研究方法、研究对象、研究范围以及研究结果等。不说清楚这些问题，现代语言学在人文科学中的带头作用和对社会科学的巨大影响也就无法说清楚。有系统有深度地介绍现代语言学理论，这就是我们这套丛书的编写目的。

　　要系统介绍现代语言学，各种理论的来龙去脉都得交待清楚，某种理论的发生、发展、不同阶段以及各个流派之间的关系都要说清楚。不能只把一种理论搬来，不管它的过去和与其他理论的联系，那样会让人不知所云。在系统介绍的同时，也要把各种理论的最新研究成果写进去，并评价其优劣不同以及对现代语言学研究的贡献等，做到有深度。有系统、有深度，这是我们介绍的第一个原则。介绍的起点一般是以乔姆斯基与哈利的《英语语音系统》（1968）为始，介绍的终点就是今天，介绍时以八九十年代发展起来的语言学理论为主，所以这套书叫作《当代语言学理论丛书》。

　　要介绍现代语言学并不容易。台湾、新加坡、香港等地的学者有很好的经验。他们介绍的特点就是把现代语言学理论与汉语的研究结合起来。这样理解起来方便得多，效果也就比较好。单纯介绍，不谈在汉语中的应用，结果理论还是死的东西。我们这套丛书也本着这一点，在选材和编写上都强调在汉语中的应用，尽量用汉语说明。汉语与某种理论不相关的时候，才用其他语言中的例子。这是我们介绍的第二个原则。

我们的第三个原则是以介绍美国语言学理论为主。美国是现代语言学研究的中心，也是生成语言学的发源地。要介绍现代语言学就离不开这个发源地。所以从选材上来讲，我们以美国语言学系研究生（博士和硕士）的必修课为标准，包括语言学史、句法学、音系学、语义学、心理语言学、社会语言学、历史语言学、语言获得理论、计算机语言学与人工智能等。有些新兴学科和边缘学科就放在主要学科中介绍。比如神经语言学归入了心理语言学，音系与句法的交叉研究归入了音系学，语义和句法的交叉研究归入了语义学等。

应该指出，有些学者一直在致力于现代语言学的介绍工作，比如黑龙江大学、上海复旦大学、天津师范大学的学者等。我们希望这套丛书能与他们的研究结合起来，起到使国内外语言学研究接轨的作用。

《当代语言学理论丛书》的编写开始于1993年，由著名句法学家黄正德教授全面负责，许德宝协助作主编工作。编委大都是在美国读的语言学博士而且有教授语言学经验的学者，一般是在讲义的基础上增删整理成书。但即使是如此，也都得付出很多的劳动。我们也请了在美国教授多年的语言学家、汉学家和有在国内外介绍现代语言学经验的学者作为顾问，憨助我们把这一套丛书出好。在此向他们谨致谢意。我们还得感谢中国社会科学出版社对这套丛书的大力支持，特别是责任编辑及其他有关同志的辛苦工作，不然这套丛书也不能和读者见面，在此也一并致以谢意。

《当代语言学理论丛书》编委会
1996年7月于纽约

《当代语言学理论丛书》
Contemporary Linguistic Theory Series

主 编
Chief Editors

黄正德（哈佛大学）
James Huang（Harvard University）

许德宝（澳门大学）
De Bao Xu（University of Macau）

编辑委员会
Editorial Board

（按姓氏字母顺序）
包智明（美国麻省理工学院语言学博士、新加坡国立大学英文系教授）
Zhiming Bao（Ph. D. in Linguistics, MIT; National University of Singapore）
端木三（美国麻省理工学院语言学博士、密西根大学语言学系教授）
Duanmu San（Ph. D. in Linguistics, MIT; University of Michigan）
冯建明（北京师范大学汉语史硕士、北京师范大学对外汉语教育学院教授）
Jianming Feng（M. A. in History of Chinese Language, Beijing Normal University）
胡明亮（美国佛罗里达大学语言学博士、岭南师范学院教授）
Mingliang Hu（Ph. D. in Linguistics, University of Florida; Lingnan Teacher's College）
蒋严（英国伦敦大学语言学博士、香港理工学院中文及双语学系教授）

Yan Jiang (Ph. D. in Linguistics, University of London; Polytechnic of Hong Kong)

靳洪刚(美国伊利诺大学教育心理学博士、澳门大学人文艺术学院院长)
Hong Gang Jin (Ph. D. in Educational Psychology, University of Illinois at Champaign Urbana; University of Macau, Dean of FAH)

李亚飞(美国麻省理工学院语言学博士、威斯康辛大学语言学系教授)
Yafei Li (Ph. D. in Linguistics, MIT; University of Wisconsin, Madison)

林燕慧(美国德克萨斯大学语言学博士、州立密西根大学中文及语言学系教授)
Yen-hwei Lin (Ph. D. in Linguistics, University of Texas at Austin; Michigan State University)

陆丙甫(美国南加州大学东亚语言博士、南昌大学中文系教授)
Bingfu Lu (Ph. D. in East Asian Languages, University of Southern California; Nanchang University)

潘海华(美国德克萨斯大学语言学博士、香港城市大学中文、翻译及语言学系教授)
Haihua Pan (Ph. D. in Linguistics, University of Texas at Austin; City University of Hong Kong)

石定栩(美国南加州大学语言学博士、香港理工大学教授)
Dingxu Shi (Ph. D. in Linguistics, University of Southern California; Polytechnic of Hong Kong)

侍建国(美国俄亥俄州立大学中国语言学博士、澳门大学中文系教授)
Jianguo Shi (Ph. D. in Chinese Linguistics, Ohio State University; University of Macau)

宋国明(美国洛杉矶加州大学罗曼语言学博士、威斯康辛劳伦斯大学东亚系教授)
Kuo-ming Sung (Ph. D. in Romance Linguistics, University of California at Los Angeles, Lawrence University, Wisconsin)

陶红印(美国圣巴巴拉加州大学语言学博士、美国洛杉矶加州大学东亚系教授)
Hongyin Tao (Ph. D. in Linguistics, University of California at Santa Barbara; University of California at Los Angeles)

王野翊(美国卡内基-梅隆大学计算科学院计算语言学博士、华盛顿州微软研究院研究员)
Ye-Yi Wang (Ph. D., in Computer Science, Carnegie Mellon University; Microsoft Research

Institute, Washington)

翁富良（美国卡内基-梅隆大学计算科学院计算语言学硕士、加州罗伯特技术研究中心研究员）

Fuliang Weng (M. A., in Computer Science, Carnegie Mellon University; Robert Bosch Corporation, California)

吴建慧（美国伊利诺大学语言学博士、台湾暨南大学英文系教授）

Mary Wu (Ph. D. in Linguistics, University of Illinois at Champaign-Urbana; Taiwan National Chi Nan University)

谢天蔚（美国匹茨堡大学外语教育学博士、长堤加州州立大学东亚系退休教授）

Tianwei Xie (Ph. D. in Foreign Language Education, University of Pittsburgh; California State University, Long Beach)

徐大明（加拿大渥太华大学语言学博士、澳门大学中文系教授）

Daming Xu (Ph. D. in Linguistics, University of Ottawa; University of Macau)

许德宝（美国伊利诺大学语言学博士、澳门大学中文系讲座教授）

De Bao Xu (Ph. D. in Linguistics, University of Illinois at Champaign-Urbana; University of Macau)

张　乔（英国爱丁堡大学语言学博士、新西兰奥克兰大学东亚系教授）

Qiao Zhang (Ph. D. in Linguistics, University of Edinburgh; University of Auckland, New Zealand)

特邀编辑委员会
Guest Editorial Board

(按姓氏字母顺序)

陈渊泉(美国圣地亚哥加州大学)
Matthew Chen (University of California, San Diego)

郑锦全(美国伊利诺大学)
Chin-Chuan Cheng (University of Illinois, Champaign-Urbana)

薛凤生(美国俄亥俄州立大学)
F.-S. Hsueh (Ohio State University)

李艳慧(美国南加州大学)
Audrey Li (University of Southern California)

戴浩一(美国俄亥俄州立大学)
James H.-Y. Tai (Ohio State University)

汤廷池(台湾清华大学)
Ting-Chi Tang (Taiwan National Tsing-Hua University)

丁邦新(美国伯克莱加州大学)
Pang-Hsin Ting (University of California, Berkeley)

王士元(美国伯克莱加州大学)
Williams S.-Y. Wang (University of California, Berkeley)

徐烈炯(香港理工学院)
Liejiong Xu (City Polytechnic of Hong Kong)

作者简介

包智明 男,1957年生于上海。1978年毕业于复旦大学五七干校外语培训班,同年赴加拿大约克大学留学。1981年回国,在复旦大学外文系从事教学工作。1985年就读于美国麻省理工学院,1990年获博士学位,专攻音系学。毕业后曾任教于美国威斯康星大学语言学系和马里兰圣玛丽学院,并在俄亥俄州立大学从事博士后研究一年。1993年起在新加坡国立大学英语语言与文学系任教至今。目前除了音系学理论外,主要从事接触语言学研究。曾在 Journal of Linguistics, Journal of Pidgin and Creole Languages, Language, Language in Society 以及 Linguistic Inquiry 等学术刊物发表论文多篇。新著 Vernacular Singapore English: System, Transfer and Filter 将于2015年由剑桥出版社出版。

侍建国 男,江苏常州人。1973年毕业于常州师范学校中文班,曾在常州市第二十一中学任教六年。1979年考入南京师范学院中文系,1982年考入南京大学中文系语言学研究生,1985年毕业后留南大中文系任教三年。1988年获得国家教育部及美国驻华使馆遴选并推荐的美国"富布莱特"(Fulbright)奖学金,赴美国俄亥俄州立大学(The Ohio State University)东亚语言文学系攻读博士课程,师从薛凤生教授,1994年获得博士学位。随后在新加坡国立大学中文系任讲师四年,教授中国语音学等课程。1998年返回美国,在加州蒙特利的国防语言学院从事汉语二语教学。本世纪初定居香港,在香港教育学院中文系讲授汉语语音学、粤普语音比较等课程。2009年9月起任教澳门大学中文系,并担任中国语言学硕士课程统筹。2011年出版专著《历史语言学:方音比较与层次》。研究兴趣包括历史语言学、汉语方言学、普通话变体。

许德宝 天津市人。1978年就读于太原师范学院中文系,1982年考入北京师范大学中文系汉语史古代汉语音韵专业研究生,学习文字、音韵、训诂等,1985年获硕士学位;同年赴美,就读于伊利诺大学(Urbana - Champaign）语言学系，1988 年获语言学硕士学位，1991 年获理论语言学博士学位；同年受聘于纽约州汉密尔顿大学东亚语言文学系教授现代汉语、古代汉语、汉语史等课程，历任助教授、副教授、正教授、伦纳德 C. 佛格森讲座教授（Leonard C. Ferguson Chair Professor）和东亚语言文学系主任（2000—）至今。2015 年 1 月起为澳门大学中文系特聘教授。现任美国《科技与中文教学》期刊主编、《美国科技与中文教学丛书》主编、美国科技与中文教学协会常任理事会主席（会长），曾任美国中文教师协会理事、美国中文教师协会会刊特邀主编、北京师范大学珠海分校文学院讲座教授等。1993 年与黄正德共同主编《当代语言学理论丛书》（第一版，八种），2004 年起再版《当代语言学理论丛书》（第二版，十二种）。著有《北京话三声变调-音系与句法的交叉研究》（博士论文，1992）、《汉语音系的生成研究》（学术出版社，纽约，2001）、《生成音系学-理论及其应用》（合著，社科出版社，1997，2004）、《简明语言学史》（合译，社科出版社，1997，2004；台湾文鹤出版有限公司，2000）以及汉语作为第二语言多媒体教科书多种，并发表有汉语音系学、汉语历史语言学、汉语作为第二语言教学论文等。主要研究方向是音系学理论、汉语音系学、和电脑科技在汉语作为第二语言教学中的应用。

第一版前言

本书的宗旨是介绍生成音系学（Generative Phonology）的基本理论，希望能将生成音系学作为一个整体介绍给读者。从音系学与生成语言学的关系开始，根据其发展，逐步介绍生成音系学的理论，由浅入深，全书有它的系统性。在介绍时，强调理论的应用，同时不乏批判性；并尽量用汉语的例子，力求把问题说明白。对于生成音系学理论中存在的问题以及不适用于汉语的地方，也都一一说清楚，使读者对音系学的理论有更深一步的了解，并为以后的运用打下基础。本书参考了大量的有关对汉语研究的材料（包括作者们的博士论文和其他论文），所以这本书叫《生成音系学理论及其应用》。

关于语言学的术语及英语的人名、地名，本书尽量采用汉语中的惯例和已有的翻译，不另新造；同时在书后附录英汉术语对译以备查检。

这本书的写作计划开始于1993年，但是由于作者们教学与其他研究工作的关系，到今天才正式成书，在此向读者致歉。本书的三个作者，其中包智明、侍建国分别在新加坡国立大学英文系和中文系任教（分别教授语言学理论、中国音韵学、文字学等课程）；许德宝在美国纽约汉弥尔顿文理学院任教（教授现代汉语、古代汉语以及语言学等课程），虽然在各种年会上可以见面，传真、电子通讯等也提供了方便，但在联系上总有不便之处。这也是本书与读者见面晚的原因之一。本书第一章到第三章由包智明撰写，第四章到第六章由侍建国撰写，第七章、第八章的撰写和全书的总合成以及修改、补遗等由许德宝负责。其中错误疏漏之处在所难免，切望专家学者批评指正。

包智明　侍建国　许德宝
一九九六年七月于纽约

目　　录

第一章　绪论 ……………………………………………………（1）
  第一节　语言和语言学 ……………………………………（1）
  第二节　音系学在语言学中的地位 ………………………（8）
  第三节　音系学的基本概念 ………………………………（12）
  第四节　语音学的基本知识 ………………………………（21）
  第五节　区别性特征 ………………………………………（31）
  第六节　音系规则的符号 …………………………………（41）

第二章　语音的分布和变化 ……………………………………（48）
  第一节　福州话的辅音变化 ………………………………（48）
  第二节　福清话的鼻音节 …………………………………（58）
  第三节　福清话的韵母和声调 ……………………………（62）
  第四节　福清话唇音的分布 ………………………………（69）

第三章　音节 ……………………………………………………（74）
  第一节　关于音节的若干问题 ……………………………（74）
  第二节　福清话的音节结构 ………………………………（88）
  第三节　闽南话的音节结构 ………………………………（93）
  第四节　太原分音词 ………………………………………（98）

第四章　声调 ……………………………………………………（105）
  第一节　声调现象与自主音段概念的产生 ………………（105）
  第二节　浮游声调 …………………………………………（116）
  第三节　曲线声调及其描写 ………………………………（124）
  第四节　丹阳话的字组变调 ………………………………（132）

第五节　连接常规与强制性曲线原则 …………………………（142）
　　第六节　汉语方言其他变调现象 ………………………………（151）

第五章　骨骼层面与谐和程序 ………………………………………（157）
　　第一节　CV层面与阿拉伯语动词变化 ………………………（157）
　　第二节　浙江义乌话[n]尾韵元音音变 ………………………（163）
　　第三节　元音谐和 ………………………………………………（176）
　　第四节　鼻音谐和 ………………………………………………（180）
　　第五节　其他同化现象 …………………………………………（187）

第六章　节律音系学 …………………………………………………（193）
　　第一节　重音的特征 ……………………………………………（193）
　　第二节　北京话的轻声调
　　　　　　——兼论生成规则的语言学依据 ………………………（198）
　　第三节　节律栅和节律树 ………………………………………（208）
　　第四节　重音结构的两个参数 …………………………………（213）
　　第五节　北京话多音节词的韵律格式 …………………………（218）

第七章　词库音系学 …………………………………………………（227）
　　第一节　词库音系学的基本模型 ………………………………（227）
　　第二节　绝对循环条件与优先条件 ……………………………（232）
　　第三节　后词库音系规则的特点 ………………………………（236）
　　第四节　词库音系学存在的问题 ………………………………（240）

第八章　音系与句法的交叉研究 ……………………………………（247）
　　第一节　音系与句法交叉研究的兴起与争端 …………………（247）
　　第二节　直接理论与间接理论 …………………………………（248）
　　第三节　音系与句法交叉研究理论在汉语中的应用
　　　　　　——以北京话上声变调为例 ……………………………（255）

补遗　优选论 …………………………………………………………（268）

英汉术语对照 …………………………………………（272）

参考书目 ……………………………………………（279）

再版后记 ……………………………………………（287）

第一章 绪 论

第一节 语言和语言学

人类的生活和语言是分不开的。人们对语言的兴趣，自有文字以来就有详细的记载。古人对语言的兴趣，往往局限在词和义的关系上面。在古希腊，柏拉图（Plato）认为词义是人脑中的意念（idea）；亚里士多德（Aristotle）则认为词义是词所指的物的共性（universal）。古代印度的语言学家柏尼尼（Panini）更是对语言的音系形式作了细致的描写和分析；他的发现，在现代音系学界还有广泛的应用。中国古代思想家也留下了关于语言的精辟论述。孔子的正名思想，是针对语言在人的政治、社会生活中的作用而提出的。他认为，语言使用不当，会导致"礼乐不兴"、"刑罚不中"的政治后果（《论语·子路》），可见语言之重要。孔子的语言观，是和他的社会伦理观分不开的。孔子所要正的名，兼有语词和名分的意思。春秋战国后期的思想家对正名思想加以发挥，重点转移到了词的功能上面。荀子在《正名》篇中阐述了他对词的看法。他认为词（即"名"）的作用在于指称万物，"名闻而实喻，名之用也"。名实之间没有绝对、必然的关系（"名无固实"），是约定俗成的产物。荀子把名分成两大类：1. 共名，比如"物"，用来"遍举"万物；2. 别名，比如"鸟"，用来"偏举"某类物体。在荀子的理论里，没有柏拉图式的意念，也没有亚里斯多德式的共性。正确使用语言需要依靠人的眼、耳、鼻等"天官"。天官所得到的原始材料，通过"心"的综合处理，使人能够辨别物之"同异"，以达到正确使用语言的目的。荀子详尽地探讨了名实关系，提出了单词（"单名"）和复合词（"兼名"）的概念。但对兼名的构成，荀子只字未提。与荀子同时期的后期墨家提出的语言理论，注重语言在推理过程中所起的作用，对词句的结构，也一概不感兴趣。

　　古人着重语言的词形和意义，他们的研究成果往往取决于研究对象本身的词汇和音韵特点。汉语自古就有声调，词形不变，书写用方块字。中国传统语言学重点放在汉字的形状和发音上，《说文解字》、《中原音韵》就是这方面的成就。印欧语系多形态语言，如拉丁文，单词必须根据在句子里所起的功用而改变形态。西方传统语言学则着重词的形态变化，所谓语法，就是对词形变化规则的概括。在这种前提下，19世纪的一些语言学家关于汉语没有语法的观点，就不难理解了。传统语言学不但研究语言的形式，而且还注重语言在社会、政治和文化等方面的作用。尤其是语言的文字表达，更是传统语言学家的研究范畴。到了现代，语言的形式结构和语言的人文性分离，前者属于语言学的研究范畴，后者归于语文学（philology）。

　　对语言结构进行严谨的科学分析是现代语言学的特点。什么是语言，是语言学要解决的首要问题。虽然语言是人类最重要的交际工具，但是要给"语言"这一词下确切的定义，却不容易。在日常生活当中，"语言"这个词有好几个意思。我们说汉语、英语是语言，世界语是语言，BASIC也是语言。如果某人开口不逊，我们往往会说他语言粗鲁。这些用法，性质各不相同。汉语、英语是自然形成的语言，世界语是人造的语言，BASIC是人造的计算机程序语言。"他语言粗鲁"中的"语言"，意义又不同。语言学所要研究的，是自然形成的语言，如汉语和英语，而不是人为的语言，如世界语或BASIC。

　　自然语言是自然形成的符号系统，它有符号和系统两层意思。语言的符号包括声音、词、词组、句子等。声音是语言最基本的表达形式。声音组成词，词组成词组，词组组成句子，这些都不是任意的，都受到严格的制约。我们把制约符号的规则系统称为"语法"。一个语言的系统性，是由语法决定的。语言学是研究语言的科学，既然语言有符号和语法两个方面，语言研究或者以符号为对象，或者以语法为对象。现代欧美语言学的两大学派是结构语言学（structural linguistics）和生成语言学（generative linguistics），这两大学派在研究目的及方法上固然存在很大的分歧，但最根本的分歧是对语言本身的看法。结构语言学把语言看成是词句的集合，语言学的任务是对这一集合作出理论概括，总结出该语言的语法；生成语言学把语言看成是制约词句的内在规则（即语法），因此研究重点在于生成词句的语法，而不是语法所生成的词句。

这两大学派截然不同的语言概念是有其哲学根源的。现代科学深受以洛克（Locke）、休谟（Hume）为代表的经验主义哲学（empiricism）的影响。经验主义认为人没有先天知识，人脑只是一块"白板"，任由感官经验在上面涂写、刻画痕迹。结构语言学深受经验主义哲学思潮的影响，认为语言学的研究对象不能脱离感官经验。欧洲的索绪尔（Saussure）和美国的布龙菲尔德（Bloomfield）是对结构语言学作出巨大贡献的语言学家，他们把语言看成是人们所能听到的话语的总汇，比如汉语就是汉语语句的汇集，英语则是英语语句的汇集，等等。语法不同于话语，不能通过感官直接感受到，因而不能充当语言学的研究对象，语法只是在话语的基础上归纳出来的形式体系。在研究方法上，结构语言学主张"发现程序"——广泛收集语言材料，进行系统的分类，从中找出具有概括性的规则。只有这样归纳出来的语法才符合经验主义的标准。在结构语言学看来，语法不在人脑，也不在理念、思维（mind）；语法是语言学家通过分析具体的语言材料而得出的一个形式系统，脱离了语言材料就不复存在。

如果说结构语言学是在经验主义哲学影响下发展的，那么，生成语言学的哲学基础是理念主义（rationalism）。经验主义和理念主义是西方哲学史上的两大阵营，两派的不同，归根到底，是对理念的看法。经验主义否认理念（相当于古代中国哲学中的"心"的概念）的存在，坚持人的知识来自感官经验；理念主义承认理念的存在，在解释人类知识（包括语言知识）的获得和使用时，把理念放在中心位置。发育正常的儿童能在短短的几年时间内掌握一种、甚至几种结构非常复杂的语言。在掌握语言知识方面如此，在其他知识方面亦是如此，人类有能力从有限的经验当中迅速获得并正确地运用大量知识。贫乏的经验，丰富的收获，是人类知识积累的特征。问题是，人们是怎样在材料贫乏的情况下掌握丰富知识的呢？儿童又是怎样获得语言能力的呢？生成语言学的缔造者、美国语言学家乔姆斯基（Chomsky）把这类问题统称为柏拉图问题(Plato's Problem)，语言学所要解释的，就是柏拉图问题在语言上的反映。

在经验主义哲学的限制下，结构语言学否认理念在语言使用以及语言习得（language acquisition）上所起的作用，这正是生成语言学抨击结构语言学的焦点。乔姆斯基在1986年出版的《语言知识》（Chomsky 1986）一书中指出，否认人的理念在积累和使用知识上的作用，就无法解决柏拉图问题。儿童掌握母语语法时间短，速度均匀，不论智力高低，正常儿童几乎同时掌握母语的语法。如果我们从经验主义角度考察这一现象，掌握和使用语言是一个奇迹。儿童接触语言的经历非常有限，他们所接触的语言材料杂乱无章，不像语言教材那样，整理得井井有条；另外，他们所有的语言材料不可能完整地反映语言的全部面貌。儿童咿呀学语，面临的是这种贫乏、杂乱、局部的语言材料，不可能用分类和类推的方式归纳出成人的语法，只有通过人脑的先天作用，才能学会语言。生成语言学抛弃经验主义的教条，认为语言的基本结构框架是人的遗传基因决定的。语言和眼、耳一样，是人的器官之一；不过，眼、耳是身体器官，而语言是人的理念器官（mental organ）。儿童所接触的语言材料起触发作用，并给语言生长提供养料。在生成语言学看来，与其说儿童学习语言，倒不如说语言在儿童的脑子里"成长"。儿童学话大约四五年时间，因此，语言的"成熟期"为四五年。不过，应当指出，这种看法是生成语言学的假设，我们现在还不了解人脑表达语言的生理机制，因而无法知道语言成长的生物基础。

乔姆斯基（Chomsky 1986）把语言分成两类，即外部语言（external language，e-language）和内部语言（internal language，i-language）。所谓外部，是指人的理念之外的世界。外部语言和结构语言学的语言概念是一致的，指人所说的话语的总和。内部语言则相反，是存在于人脑（即理念）里面的、具有丰富结构的语言。瑞典语言学家叶斯柏森在1924年发表的《语言哲学》一书中提到这个概念。叶氏认为人对语言有抽象的结构意识，这种意识指导人们用语言进行日常交流活动。外部语言是一个相当杂乱的语言，有合乎语法的句子，也有不合语法的病句，更有不成句的话语片断。内部语言则不然，是语感的基础。人们对句子的好坏有明确的判断。试比较下列两句：

（1）a. 饭被吃完了

b. *饭被吃饱了

会汉语的人都知道（1a）可以说，（1b）不可以说（星号表示不合语法），这种明确的判断能力是人的内部语言决定的。外部语言是内部语言在一定时间和一定地点的反映。虽然不同时候不同地点会说不同的话，有时还说错话，但是内部语言在说话人的头脑里，却是非常明确的，在正常情况下不会因时因地而改变。外部语言可以通过感官直接收集，而内部语言不是感官经验所能观察得到的，必须通过人的直觉（intuition）才能"观察"到。生成语言学把内部语言作为研究对象，把直觉作为收集资料的主要手段。所谓"语法"，就是制约内部语言的规律体系。这样，生成语言学彻底抛弃经验主义哲学对科学研究定下的限制，把人的理念、人的思维引进语言研究。语言（即内部语言）是人的理念器官，是思维的一部分；而思维依靠大脑，所以语言学是生物学的分支，其最终目的，是找出人脑表现语言机制的物质基础。这个由人的基因决定的语言机制，生成语言学称为"共同语法"（Universal Grammar）。共同语法是人的生物特性之一，语言之间的共性由共同语法决定。

既然共同语法是人的遗传基因决定的，又怎样解释人类众多的语言呢？原来共同语法这一概念是生成语言学的理论假设，它包括规律（principle）和参数（parameter）两方面的内容。共同语法的规律（我们称作共同规律）决定语言的基本框架，汉语、英语等语言不得违反。我们举汉语（2a）和英语（2b）的例子来说明规律的重要性。

（2）a. 张三说［李四喜欢他］
　　　b. John said [Bill likes him]
　　　　 约翰 说　比尔 喜欢 他

这两句的意思是一样的。当我们考虑代词的指称时，就会发现"他"和"him"的相似性。在（2a）句里，"他"可以指张三或别人，但不能指李四；在（2b）句里，"him"可以指 John 或别人，但不能指 Bill。也就是说，人称代词受句子结构的制约，不能指称最小句子的主语。不但汉语、英语如此，其他语言也有类似现象，人称代词在发音和形态上有所不同，却受到相同的结构制约。这说明在高度抽象的层次上，人类的语言是相似的，都服从一定的规律。生成语言学的研究目标就是要找到这些规律，从而揭示语言的奥秘，最终理解人脑表现语言的生物机制。

共同语法除了规律，还有参数。参数像开关，有两个定点，通常用正"＋"或负"－"表示，参数的正负值决定语言间的差别。这里还是用汉语和英语来说明参数在生成语言学理论里所起的作用。我们知道，汉语疑问句的疑问词不能移到句首，（3a）合语法，（3b）不合语法。

(3) a. 张三喜欢谁？
b. *谁张三喜欢？

英语正相反，疑问词必须移至句首，否则就不合语法。

(4) a. Who does John like?
　　　谁　　　约翰 喜欢
b. *John likes who?

汉、英疑问句疑问词的位置可以通过一个参数来限定，我们暂且把它称为［疑问词移动］。对于汉语，这一参数的定值是［－疑问词移动］；对于英语，这一参数的定值是［＋疑问词移动］。参数确定之后，其他结构性质还是要受共同语法规律的制约。试比较（5）的汉语句子和（6）的英语句子。

(5) a. 我读过［张三写的书］
b. 你读过［谁写的书］？

(6) a. I　read the book that John wrote
　　　我　读过　　书　　约翰　写
b. *Who did you read the book _ wrote?

这两对句子的意思是一样的，有趣的是汉语可以问写书的人（5b），但英语却不能问同样的问题（6b）。这种差别和［疑问词移动］的定值有关：汉语不移动疑问词，所以（5b）可以问；英语可以把疑问词移至句首，但要受共同规律的制约——词不能任意移位。因篇幅关系，我们不能细谈制约移位的规律，（5）和（6）的例子足以说明参数和规律之间的相互依存关系。

共同语法和个别语法（如汉语语法、英语语法等）之间的关系，可用下图表示：

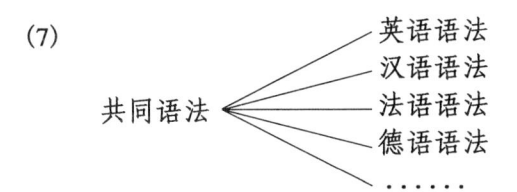

（7）

共同语法 ← 英语语法
汉语语法
法语语法
德语语法
……

生成语言学认为共同语法是人的器官之一，是天生的。人类语言都遵守共同规律的约束，语言间的差别是参数定值不同的结果。这是生成语言学的最基本的理论假设。从这一假设的角度看，儿童学说话，实际上是一个确定共同语法参数值的过程，可以用下列流程图表示：

（8）$S_0 \to S_1 \to \cdots \to S_i \to S_n$

S_0 代表儿童出生时的原始状态，即共同语法，这时还没有接触语言材料，参数还未定值；S_{1-n} 代表儿童头脑中不同阶段的语言状态。听人说话、接触语言后，开始给参数定值，进入程度不同的中间状态 $S_1 \cdots S_i$，最后进入成人状态，即 S_n，这时儿童完全掌握了母语的语法。近期研究成果表明，儿童的语言能力确实经过这么一个成长过程。

综上所述，生成语言学家认为语言学的研究对象是人脑的内部语言，不是我们所能听到的外部语言（即话语的总和）；而语法则是对内部语言结构的理论概括。语言学的目的，是分析内部语言，研究共同语法的性质，进而揭示语言的生物特性。

第二节 音系学在语言学中的地位

现代语言学的研究面相当广泛。随着研究日益深入，学科专业化和形式化势在必行。这种趋向在生成语言学理论尤其明显，以致各分支之间很难沟通。生成语言学理论的核心部分包括语义学、句法、词法、音系学和语音学，我们用下图表示：

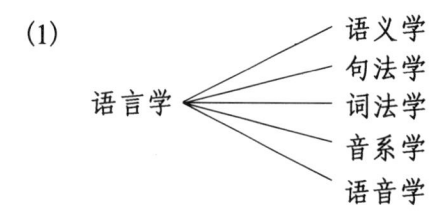

(1)　语言学 ← 语义学
　　　　　　　 句法学
　　　　　　　 词法学
　　　　　　　 音系学
　　　　　　　 语音学

除了上图所列的核心部分外，还有社会语言学，研究语言和社会的关系；心理语言学，研究人如何处理语言信息以及儿童的语言习得；神经语言学，研究人脑和语言的关系。这些都是跨学科的研究领域，纯语言学的范畴只限于如（1）所示的五个部分。

语义学研究语义以及表达语义的逻辑结构。名词和指称、动词和时态、否定词和否定范围（scope of negation）等等，都是语义学研究的课题。句法学研究句子的结构，在生成语言学里占主导地位。目前句法研究的理论很多，但是在方法论和概念框架上，一般都是以乔姆斯基（1981）为基础而建立起来的。二十多年来，句法理论在深度和广度上都得到发展，加深了人们对句法现象的认识。词法学研究词的内部结构和词的形成方式，在生成语言学的早期被置入冷门。随着研究的深入，特别是生成音系学的发展，人们渐渐的认识到词法的重要性。现在，词法学是一门相当活跃的语言学分支。

音系学和语音学都和语音有关，但差别还是相当大的。音系学研究语音之间的组织结构，语音学研究语音的发音生理、物理、听觉机制，两者研究对象不同。对音系结构的认识，是语言能力的一部分。人们往往对自己的母语有一种直觉的感受，这种直觉不仅仅表现在句子结构上，还表现在语音之间的搭配上。词由语音组成，语音之间的组合关系决定词的音系形式。一个语言的语音组合往往会产生三种情况。一、可能而存在的组合，比如北京话的 mái "埋"。二、不可能的组合，比如 muai，北京话唇音［m］不拼合口韵母 uai①，所以，无论 muai 有什么声调，都不可能用来作北京话的词。三、可能却不存在的组合，比如 māi，虽然 mai 没有阴平字，但如要造新词，还用得上。这种在音系直觉上可以接受却不存在的语音形式，我们称为意外缺口（accidental gap）。

除了语音组合规律以外，音系学还研究语音在语流中的变化。语音在词句里往往会产生变化，我们把这种变化称为音变（phonological alternation）。音变是一个非常普遍的音系现象，例子俯拾皆是。英语的过去时态-ed，加在动词后表示动作已经发生。-ed 的发音受动词最后一个音的影响：动词以［t/d］结尾，-ed 读［-əd］；动词以清音结尾，如［s］或［p］，-ed 读［t］；在其他情况下，-ed 读［d］（关于音符的说明，参阅本章第四节）。下面列出-ed 的音变。

（2） a. ［-əd］　　lift-ed　　拉起
　　　　　　　　　ground-ed　着地
　　　 b. ［-t］　　　miss-ed　　想念
　　　　　　　　　stopp-ed　　停下
　　　 c. ［-d］　　　slow-ed　　慢下来
　　　　　　　　　call-ed　　　喊叫

汉语的语流音变在闽南方言中相当普遍，但在官话方言，包括普通话，类似英语的音变不多见。汉语表达语气的词，如"呀"、"哪"，就是一例。"呀"、"哪"不能任意地替换使用；该用"呀"的地方不能用"哪"，该用"哪"的地方不能用"呀"。如：

（3） a. 他呀，还没吃呢！　　　（*他哪，还没吃呢！）
　　　 b. 天哪，他还没吃呢！　　（*天呀，他还没吃呢！）

---

① 用方括号表示国际音标，汉语拼音字母不用方括号。

"呀"和"哪"的使用是有条件的：前者用在以元音结尾的词后面，后者用在以鼻音结尾的词后面，互不干扰。正因如此，我们可以认为普通话的"呀"和"哪"只是同一个语气词，二者是这个语气词的音变结果。

汉语是一种有声调的语言。声调的数量各方言不同。北京话有四个，按《汉语拼音方案》的称法，分别是第一声（阴平），第二声（阳平），第三声（上声），第四声（去声）。声调和声音一样，在语流中会产生变化。汉语的音变，主要体现在声调上。声调变化很普遍，它是有声调语言的一种常见的音系现象。以汉语为例，在闽南方言的厦门话里，一个字单说是一个调，在词组里又是一个调。厦门话一共有七个单字调，每个调都有与之相对应的变调。比如"故"，单念时是低平调，但在"故事"这一词里，念高降调（袁家骅等 1989），与单字调完全不同。官话方言也有变调现象，只是不如闽南方言那么广泛。北京话两个上声字组成一个词组时，第一个上声会变成阳平（第二声），这样，"好酒"就念成了"毫酒"，"起码"念成了"骑马"。其他方言的变调情况将在第四章重点介绍。

为什么语言会有音变？这个问题不容易回答。人们也许会认为声音变化是为了便于说话，发音的简化是音变的原因。这种观点是片面的。不可否认，有些音变结果的确便于发音。英语否定前缀 in- 就是一个例子。这个前缀的鼻音 [n] 有下列五种读法（关于语音名称的说明，参阅本章第四节）：

(4) a. 唇音 [m]：　　im-possible　　不可能
　　　　　　　　　　im-balance　　 不平衡
　　b. 龈音 [n]：　　in-active　　　不积极
　　　　　　　　　　in-sane　　　　不正常
　　　　[l]：　　　　il-legal　　　　不合法
　　　　[r]：　　　　ir-regular　　　不规范
　　c. 腭音 [ŋ]：　　in-correct　　　不正确

很明显，这些音变结果都便于发音，[m] 和 [p] 同是双唇参与发音，而［n］和［s］同在齿龈发出，音变后发音简便了。汉语方言也有类似的音变现象。福建福清方言的否定词"勿"就有［m, n, ŋ］三种读法，实际读法根据它所否定的词的起首音而定：［ŋ pɔ→m mɔ］"勿抱"，［ŋ li→n ni］"勿来"，［ŋ koŋ→ŋ ŋoŋ］"勿讲"（引自高玉振1978）。与此同时，被否定的词的起首音也受"勿"的影响而发生变化。由于音变缘故，福清话否定词"勿"的发音与被否定的词的起首音是一样的。音变简化了否定词组的发音。

纵观音变现象全貌，我们会发现许多音变并不是为了简化发音而发生的。声调变化就是这方面的例子。北京话上声音变，原调不比变调难说。"好酒"和"毫酒"，"起码"和"骑马"，按单字调念，都可以说得很顺。上声变阳平，发音并没有简化。厦门话由于音变的缘故，每个字都有两个声调，一个调单用，一个调在词组里用。这不但没简化发音，字还多了一个调，给学厦门话带来很多麻烦。声调变化不能全部用简化来解释。同理，声音的变化，与发音的方便没有直接关系。英语有两个否定前缀，in-和un-。in-随被否定词的起首音而变；但un-不同，不管后词以何音起首，un-总是［ən-］，如un-beaten"未败"，un-tidy"不整洁"，un-clear"不清楚"。假如简化发音是音变的原因，那么，un-应和in-一样，随后词起首音而变化，事实不然。这类现象还有很多，这里不一一列举。音系结构的性质和演变并不取决于人的发音器官。不过，音系变化以语音为基础，音变的结果不可能成为咬牙切齿却发不出来的语流。

语音的组合和变化反映语言的音系结构。音系结构是语言结构的组成部分，我们的语感包含对语音的直觉判断能力。凡学过外语的人都有体会，初学外语时语音和语调是不容易掌握的，无论怎样下功夫，说外语总有口音。外国人学说汉语，我们也会觉得发音不怎么纯正地道。这些经验说明人们对母语的音系结构有充分的认识，并有能力对话语的正确与否作出判断。我们对语音的判断力，是语言能力（linguistic competence）的一部分。语言的音系结构是抽象的，表现在具体的话语里面。音系学的研究目的，就是分析语音材料，揭示语言音系结构的面貌，进而认识人们的语言知识。

第三节　音系学的基本概念

　　生成音系学充分认识语言的音系结构和语音现象之间的差别，并在理论高度加以严格区别。这种做法不是生成音系学的首创。早期结构语言学家观察到一个有趣的语音现象，即人们往往辨不出自己本族语那些听似相同的语音差异，或者把具有不同声学特点的音听成相同的，或者把几乎相同的音听成不同的。这种现象称之为"语音假象"（phonetic illusion）。最早讨论语音假象的是美国结构语言学的创始人之一、美国语言学家萨丕尔（Sapir）。他在1933年写的一文（Sapir 1933）中详尽描写了语音假象现象，在语言学界引起很大的反响。他在调查萨其语（Sarcee，一种加拿大印第安语言）时发现，跟他合作的发音人强调［bìní］"这一个"不同于［bìní］"出声"，但萨丕尔却听不出两词的差别。经过反复验证，萨丕尔还是听不出两词之间的语音差别。原来，"出声"这一词在别的语言环境下作［bìnít］，有［t］尾；而"这一个"无论在什么环境下都作［bìní］，无［t］尾。单说时，［bìnít］的［t］尾脱落，听起来就和"这一个"［bìní］一样了。萨其人之所以"听"得出两词之间的差别，是因为他们掌握了萨其语的知识，具有萨其话的语感。不懂萨其语的人，只能在语音这一表面层次考察词与词之间的关联性，而无法在抽象的层次上作出判断。

　　语音假象是很普遍的现象。英语的p，在pot里为送气音，p后面多一股气，与汉语拼音字母p（如"怕"pà）完全一样；但在spot里，p不送气，后面没有气流，与汉语拼音字母b（"罢"bà）相仿。这两个音，即送气的p和不送气的b，在汉语里是截然不同的声音，英美人却看成是相同的，并以同一个字母p书写。这就是语音假象，英美人掌握英语的音系知识，使他们能够去掉次要的语音信息，把不同的音"听"成相同的。在英语里，一个声音的送气与否并不重要。

　　语音假象在汉语当中也有例可举。汉语有声调，能区别词义，如"妈"和"骂"，前者的声调（第三声）不同于后者（第四声）。但在英美人听来，这两个字是一样的，都是ma，"听"不出字音的调。会汉语的人有时也会忽略字的声调。北京话"起"字，单念是第三声，但在

"起码"一词里,念成第二声,听起来和"骑马"一样。本来不同的字("起"与"骑"),在特定的环境下变得相同了。即使说话人把"起码三斤"说成"骑马三斤",听话人还是听成"起码三斤",把二声字"骑"还原成三声字"起"。这类例子很多。

语音是语言的物质外壳。语音假象的存在,说明我们的语言知识,不但包括具体的语音,还包括把语音组合起来的音系结构。换句话说,掌握一门语言,不但要掌握该语言所特有的语音,还要掌握音系结构。我们之所以能够对母语的语音现象作出判断,是因为我们掌握了母语的音系结构。语音和音系是两个不同层次却又有关联的范畴。可以这么说,语音假象,实际上反映音系结构的真相。

为了解释语音方面的现象,生成音系学设立两个基本的表达形式,即音系表达(phonological representation)和语音表达(phonetic representation)①。音系表达是语言的音系结构,而语音表达直接反映语音的发音特点,与抽象的音系表达相比,语音表达包含相当具体的发音信息。这两个表达在形式上是独立的,由音系规则(phonological rule)联接。音系表达、语音表达、音系规则之间的关系,如(1)所示。

(1) 　　　　音系表达
　　　　　　　⇓
　　　　　　音系规则
　　　　　　　⇓
　　　　　　语音表达

我们可以把音系表达看作规则的输入,把语音表达看作规则的输出。通常把图(1)叫作推导(derivation),由输入(音系表达)、规则以及输出(语音表达)三部分组成。语音表达式是音系规则从音系表达式推导出来的;反过来说,从语音表达分离出音系规则的因素,可以得到音系表达。生成音系学认为音系表达和音系规则是语言音系结构的理

---

① 英语 representation 有两层意思,一是表达本身之抽象概念,二是表达信息的具体形式。我们用"表达"指前种意思,"表达式"指后一种意思。

论概括。那么，图（1）的模式又是怎样解释语音假象呢？我们用汉语和英语的例子加以说明。

先说汉语。前面说过，北京话两个三声字在一起时，第一个三声变二声，"老马识途"念成"劳马识途"，但这句话的意思依然是老马识途，而不是劳累马去识别路途。把二声字之"劳"听成三声字之"老"，是一种语音假象。产生原因有二。一是"老马识途"的音系表达式中，"老"字为三声；二是北京话语法有规则如（2）。

（2）三声在三声前变二声

在规则（2）的作用下，"老"变成语音表达式里的二声字"劳"。用图（1）的模式，"老马识途"与"劳马识途"的关系如下：

（3） 音系表达　　　lǎo mǎ shí tú　　老马识途
　　　音系规则（2）　láo　　　　　　劳
　　　语音表达　　　láo mǎ shí tú　　劳马识途

此处用"劳"代表音变后的音；别的二声字当然也可以。可见，语音假象，实为音系真相。

再说英语。英语有些音在词中时隐时现，比如 bomb "炸弹"，词尾之 b 是不发音的；但在 bombard（bomb + ard）"轰炸"里，却是出声的。这说明 bomb 的音系表达式是有词尾 b 的，并且反映在英语书写里，b 只在语音表达式里脱落。更有趣的是 r。英语动词 soar "飞扬"，在有些英语方言里不发音，所以 soar 和 saw "锯"同音，都是 [sɔ:]①。当加上进行时态-ing 时，发音就不一样了：soaring 为 [sɔ:rɪŋ]，而 sawing 为 [sɔ:ɪŋ]。为什么 soaring 会多出个 [r] 来呢？萨丕尔认为，即使英语不把 [r] 拼出来，说这种英语方言的人也会把 soar 和 saw 这两个同音词区别开来，前者有 [r]，为 [sɔ:r]；后者无 [r]，为 [sɔ:]。用（1）模式，萨丕尔的例子可作如下解释：

---

① [:] 表示长音。关于音符的说明，参阅本章第四节。

(4) 音系表达式   soar [sɔ:r]   saw [sɔ:]
    音系规则（去掉词尾 [r]）   ø   —
    语音表达式   soar [sɔ:]   saw [sɔ:]

Bomb/bombard 的例子也可按同样方式分析。从（4）可以看出，soar 和 saw 有相同的语音表达式，两词同音；音系表达式不同，这正是语音假象的起因。

除了表达式、规则之外，生成音系学理论还包括制约（constraint）。可以说现代音系学研究是围绕这三大课题间的微妙关系而进行的。制约的理论作用十分复杂，大体上是对音系（或语音）表达的形式以及音系规则的使用作出限制。表达式的构成不是任意的，而是受到严格的限制。假如某表达式合乎其形成之制约条件，称之为规范（well-formed）的表达式；反之则为不规范（ill-formed）的表达式。语音的结合，受相当严格的制约。比如汉语，辅音和辅音之间是不能搭配的，我们把这一制约原则写成

(5)（C 为辅音，[代表字首）。

(6)   *[CC

按常规，星号"*"表示不合规范。（5）的意思是，两个连接的辅音是不规范的。在（5）的作用下，汉语有 san "三"和 tan "贪"，却无 stan。英语人名 Stan 汉语译成"斯坦"（si tan），就是（5）在作祟。另外，英语 Bob 一名，汉语用"鲍勃"二字翻译，也是因为汉字只以元音和鼻音收尾的缘故。因为（5）制约语音之间的搭配，所以我们称这类原则为配音律（phonotactics）。配音律是制约的一种。关于制约的特点，我们在以后几章介绍音系现象时会详细讨论，这里仅仅提一笔。

既然表达和规则在音系研究中占主导地位，组成表达式的原始单元（primitive）、音系规则的形式特点就成了重要的理论问题，对此，结构

音系学和生成音系学有截然不同的回答。为了揭示生成音系学和结构音系学的渊源关系，我们从历史发展的角度考察一些重要的音系学概念。应当指出，结构音系学对音系分析的理解与生成音系学的理解是不同的。为了方便起见，我们还是以（1）中提出的模式介绍音系表达和语音表达的组成成分。

早期结构语言学家认为，音系表达式是由音位（phoneme）组成的，而语音表达式则是由音素（phone）组成的。为了区别音位和音素，习惯上用/.../表示音位，用［...］表示音素。音位是能够区别意义的最小单位，就像汉语的/s/和/f/，能区别"三"san和"帆"fan两个词。"三"、"帆"是一对最小对子（minimal pair），二者的唯一差别在于/s/和/f/。汉语声调也是音位，"三"和"伞"组成最小对子，二者同声异调。"三"和"饭"不算最小对子，因为除了/s/和/f/外，二者声调也不同。最小对子是寻找音位的有效手段。

音素是音位在特定语境里的具体体现。一般情况下，音位和音素的关系是一多对应，也就是说，一个音位能有多个音素的体现。比如英语的/p/，可以念成送气的［pʻ］（pot，［pʻ］后有气流）；也可念成不送气的［p］（spot，［p］后无气流）。汉语"安"和"昂"二字，汉语拼音分别作 an、ang；但"安"和"昂"的元音是不同的，这点我们发完整音节时可以听出来。为什么《汉语拼音方案》用同一个符号 a？这是因为"安"之 a 和"昂"之 a 是同属一个音位的音素。凡属同一音位的音素，称之为同位音（allophone）①，如英语的［p］和［pʻ］，是/p/的同位音。同位音表达音素和音位之间的依属关系，音素则泛指所有我们能听到的语音，不管音素之间在音质上的相关性。［p］、［pʻ］、［a］都是音素，其中［p］和［pʻ］的差别甚微，而［p］/［pʻ］和［a］，在发音上毫不相干。同属一个音位的音位变体，发音一般相近；相近的程度，视具体语言而定。为了方便叙述，我们把音位和音素统称为声音（segment，sound）。

语言的音系系统不同，音位也不同，甲语言的音位不一定是乙语言

---

① 英语词 allophone 由 allo-和 phone 组成，allo-意为变体，phone 意为语音、音素，所以 allophone 也可译成音位变体或语音变体。我们根据董同龢、赵元任的意见，用"同位音"（见赵元任1980）。

的音位。英语［pʻ］（pot）和［p］（spot）是/p/的同位音，但在汉语里，两者是独立的音位："怕"（音［pʻa］，汉语拼音为pa）、"坝"（音［pa］，汉语拼音为ba）形成最小对子。［pʻ］和［p］的差别在汉语里是音位性质的，在英语里则是音素性质的。

有了音位和音素的概念，我们可以讨论音系分析的过程。前面说过，音系分析包括音系表达、规则（或制约原则）和语音表达三部分。当我们着手分析音系现象时，所面临的是具体的语音材料。从这些材料出发，建立音系表达式，然后给出音系规则，并以此推导原有的语音材料——这是音系分析的大致过程。音系规则的特点和音系表达有密切的形式关系，我们用一个熟悉的例子说明这点。英语的［p］和［pʻ］是/p/的同位音，说/p/是音位，实际上是出于习惯；我们也可以说［p］和［pʻ］是/pʻ/的同位音。推导语音表达的音系规则，受音系表达的直接影响。如果/p/是音位，规则为（6a）；如果/pʻ/是音位，规则为（6b）。

(6) a. /p/在词的起首位置上变成［pʻ］
　　 b. /pʻ/在/s/的后面变成［p］

英语［p］和［pʻ］的分布要复杂得多。这里，仅仅考虑这个音位在词首位置上的情况，没有把词中和词尾考虑进去。但（6）足以说明表达和规则之间相辅相成的关系。具体的推导过程如（7）。

(7) a. 音系表达　　　/p/ot　　s/p/ot
　　 音系规则（6a）pʻ　　　 －
　　 语音表达　　　［pʻ］ot　s［p］ot
　　 b. 音系表达　　　/pʻ/ot　　s/pʻ/ot
　　 音系规则（6b）－　　　 s［p］ot
　　 语音表达　　　［pʻ］ot　s［p］ot

这两种分析都能推导出正确的语音表达式。假如一个音系现象可以用多种方法分析，我们就要选择一个最佳的分析。音系分析的选择，同是结构音系学和生成音系学的理论课题。从（7）的推导式可以看出，表达形式决定音系规则的特性；音系规则的特性反过来影响音系表达的构造。音系分析兼顾表达、规则以及制约原则三方面的内容，不能顾此失彼。

音位这一概念在结构音系学理论中占主导地位，音系表达也称为音位表达（phonemic representation），而音系分析就是音位分析。可是，结构语言学家对音位没有统一的看法，最重要的原因是音位的两重性。一方面，音位是音系系统中的"位置"，是由音位之间的相互关系确定的；另一方面，音位最终要说出口，与语音的发音不能完全脱离。所以在结构音系学领域里，有人强调音位的语音本质，也有人强调音位在音系体系里的功能。从语音本质考虑，同属一个音位的音素（即同位音），应有一定的相似关系；英语［p］和［pʻ］是/p/的同位音，而［a］不可能是/p/的变体，语音上的差别太大。从音系的角度考虑，定义音位的主要因素是对立（contrast, opposition），比如英语/b/和/p/之间的声带振动与不振动之对立，/i/和/u/之间舌位前、后之对立，等等。音系理论着重音位的对立关系，至于这些对立关系如何在语音上得到体现，这是语音学的问题，音系学不必多论。在研究方法上，持前一种看法的人往往注重具体的语音内容，比如英国的琼斯（D. Jones）、美国的布龙菲尔得（L. Bloomfield）、赵元任等；持后一种看法的人往往注重抽象的结构形式，强调音系的系统性，如布拉格学派（Prague School）的特鲁贝兹考伊（N. Trubetzkoy）。但音位是音系表达的原始单元，这个看法是一致的。

首先对这一看法提出质疑的是雅可布森（Roman Jakobson）。雅氏是布拉格学派的中心人物，曾经与特鲁贝兹考伊合作研究语言学。雅氏否定音位是音系表达的原始单元，相反，音位可以分解成区别性特征（distinctive feature）。换句话说，音系表达的原始单元是特征；所谓音位，不过是这些特征的综合。区别性特征理论和特氏提出的音位对立观是一脉相承的；但特氏的音系理论把音位看成是不可分解的个体，而雅氏并没有把音位看得很重——音位仅仅是区别性特征的复合产物，根本不是音系表达的原始单元。这点是雅可布森、特鲁贝兹考伊之间最根本的差别。早期结构音系学对音位的看法是和特氏的看法是一致的；到了后期，虽然一些主要的结构语言学家，如郝盖特（C. Hockett）、赵元任等，对区别性特征产生极大兴趣，但是结构语言学本身却没有把区别性特征融化于音系理论。相反，生成音系学理论从一开始就把区别性特征作为一大支柱，许多研究课题是围绕着区别性特征而进行的，这点我们在以后几章的叙述中会有所体会。生成音系学创始人之一的哈勒（M. Halle）是雅可布森的学生，深受雅氏的影响；区别性特征理论之所以在生成音系学占重要地位，应当归功于这一师承关系。生成音系学的区别性特征这一概念是从音位发展出来的，生成音系学本身也从结构音系学的框架中脱颖而出。生成音系学和结构音系学在理论上、方法论上、甚至在音系解释的充分性上都存在不可逾越的差异，不过，许多研究课题留下结构音系学的痕迹，这说明了生成音系学和结构音系学的历史渊源。

以上从历史发展的角度介绍了生成音系学的基本概念，我们把这些主要概念总结如下：

(8) a. 表达（representation）、表达层次（音系、语音）
　　b. 规则（rule）
　　c. 制约（constraint）
　　d. 区别性特征（distinctive feature）

表达式大小单位如（9）所示。

声音包括音系表达层次上的音位以及语音表达层次上的音素，这里用汉语拼音符号表示。词素是最小的、有意义的语言单位。绝大多数汉字都有意义，因此汉字一般都是词素。音节、声音和区别性特征在以后章节中会详细介绍，这里就不赘言了。

表达、规则、制约间的平衡，是生成音系学发展的动力。生成音系学的发展，根据研究重点，可以分成三个阶段。第一阶段为经典生成音系学，以乔姆斯基、哈勒1968年所著《英语音系》（Chomsky & Halle 1968）为代表，重点放在音系规则上，表达和制约原则占次要地位。《英语音系》是现代音系研究的奠基石。第二阶段为自主音段音系学（autosegmental phonology），以 Williams（1976）、Goldsmith（1976）、McCarthy（1980）为代表，研究重点从音系规则转移到音系表达。目前的优选论（Optimality Theory）属第三阶段，以 Prince & Smolensky（1993）为代表，研究重点转移到制约原则，音系规则失去其原有的理论作用。

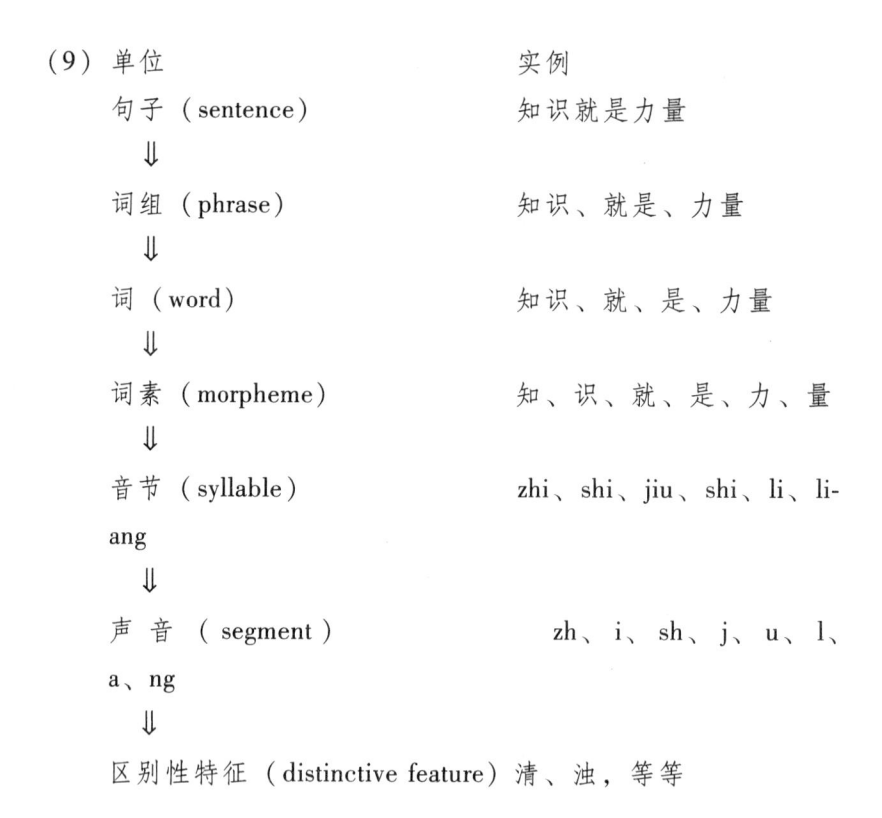

(9) 单位 实例
　　句子（sentence）　　　　　　知识就是力量
　　⇩
　　词组（phrase）　　　　　　　知识、就是、力量
　　⇩
　　词（word）　　　　　　　　 知识、就、是、力量
　　⇩
　　词素（morpheme）　　　　　 知、识、就、是、力、量
　　⇩
　　音节（syllable）　　　　　　 zhi、shi、jiu、shi、li、liang
　　⇩
　　声音（segment）　　　　　　zh、i、sh、j、u、l、a、ng
　　⇩
　　区别性特征（distinctive feature）清、浊，等等

　　许多源于结构音系学的概念，如音位、音素、同位音（音位变体）、最小对子等，在生成音系学文献中经常用到，但只是作为术语使用，没有像结构音系学那样予以重要理论地位。音位是结构音系学研究的中心，但在生成音系学理论里却让位于区别性特征。所谓音位，不过是区别性特征定义下的产物；无论是音系表达式还是语音表达式，都由区别性特征组成。换句话说，在生成音系学里，区别性特征取代了音位而成了音系学理论的最小单元。

　　区别性特征的定义，在生成音系学早期是以语音的声学特点以及发音方式为基础的（见 Jakobson, Halle & Fant 1952），但在《英语音系》里，乔姆斯基、哈勒完全撇开语音的声学特点，专以发音方式来定义区别性特征。以后虽有学者对乔、哈二氏提出的特征在定义上和数量上加以修改，但在目前的音系研究中基本上是采用《英语音系》一书给出的特征和定义。在讨论区别性特征之前，我们先介绍一下发音知识。

第四节 语音学的基本知识

语言交流主要靠声音，书写文字是依附于语音之上的表达工具。拼音文字如此，汉语的方块字，也和语音有密切关系。"湖、糊、蝴、鹕、葫"等字，意思各不同，但都念"胡"；而"胡"字的发音又和"古"字的发音有关联。可见字的发音和字的构造并不是任意的。事实上，绝大多数汉字可以分解成意符和音符两部分，意符表意，音符表音，例如"糊"，是由"米"和"胡"组成的，前者表意，后者表音。虽然随着时间的消逝，语音、语意都发生变化，但汉字构造的语音基础现在还很明显。不过，汉语的表音符号在数量上要比拼音文字多得多；这是汉字和拼音文字的最大区别（参阅 Chao 1968b）。

既然语言的基础单位是语音，研究语言的音系系统，首先要了解语音的特点。我们可以从三个方面研究语音：一、说话人的说话过程，二、听话人的听话过程，三、声音在空气中传播的物理特性。现代生成音系学是以发音为基础的，所以语音学的知识对深刻理解音系学理论必不可少。在这一节里，我们简单介绍人的发音机制，以及各类声音的发音过程；详情请参阅语音学方面的专著，如 Ladefoged（1982）、罗常培、王均（1981）等。我们的描写从气流离开肺部后开始。

发音器官

人的发音器官可以分成喉下（sublaryngeal）、喉头（laryngeal）、喉上（supralaryngeal）等三大部分。喉下部分有肺、支气管和气管，为发声提供气流。世界上绝大多数语音是用肺气流发出的。喉头在气管之上、咽腔（pharynx）之下，是人的发声器。喉上部分实为共鸣箱，包括咽腔、鼻腔（nasal）以及口腔（oral cavity）等三个相对独立的共鸣空间。发音器官的示意图，见下页。

现分别叙述这三个部分在发音时的作用。从肺里挤出来的气流，经

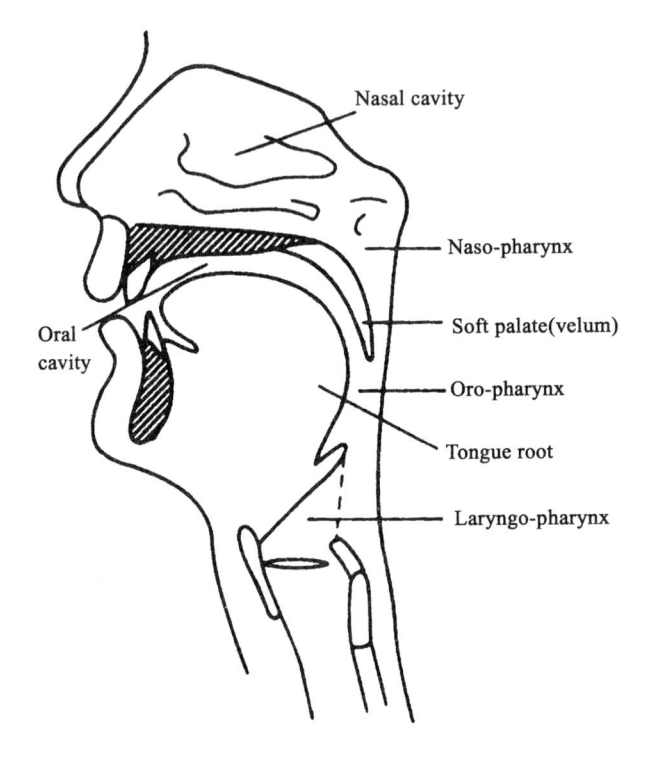

发音器官示意图（喉上部分）（引自 Kenstowicz 1994：142）
Oral cavity 口腔，Nasal cavity 鼻腔，naso-pharynx 鼻咽腔，Soft palate（velum）软口盖，Oro-pharynx 口咽腔，Tongue root 舌根，Laryngo-pharynx 喉上腔

过喉头、喉上两部分的修饰，产生语音，所以肺是发音的动力源。喉头是一软骨组织，在中间偏上部位，有两片带状薄片，称之为声带（vocal folds），通常把声带之间的空间称为声门（glottis）。声带（或说声门）在发音时起极大的作用。在发音时，我们可以控制声带的位置、确定声门的状态。声门的状态有很多种，最常见的有两种，即开和关（或微开）。当声门大开的时候，气流可以毫无阻挡地通过喉头，进入喉上部分，这是第一种常见的声门状态。我们呼吸时，声带就是分开的。另一种状态是声门关闭（或微开），从肺部出来的气流受阻，势必造成喉下气压高于喉上气压的局面。当气压差别达到一定程度时，气流冲开声带，喉头上、下的气压差别也随之消失。这时，声带重新关闭，气流又开始在喉下部位受阻而聚集，导致喉下气压的上升。如此重复不止。在

这种情况下，从肺部上来的连续气流被声带切割成一片片的气流串，如（1b）所示。

    （1）气流经过喉头后的情况
        a. 连续气流　　　　　　　——
        b. 非连续气流　　　　　　------

我们用线段表示气流，空格表示无气流或少量气流。（1b）代表声带开合所带来的结果。声带的开合动作称为声带振动（vocal fold vibration）。声带振动是可以感觉到的。把手指放在喉头的两侧，并连续说"啊"，就可以感觉到声带的振动。声带从合到开再到合，称为周期（cycle）；一秒钟内所完成的周期数，称为频率（frequency），单位是赫兹。由于生理构造上的原因，男性的声带振动频率大约每秒100赫兹到200赫兹，女性的频率高一倍左右，大约400赫兹。频率和我们耳朵感觉到的音高（pitch）有直接关系，频率越高，音高越高；频率越低，音高也越低。所以在听觉上，女性的声音高扬，男性的声音低沉。

气流离开喉头，常见的有两种情况：声门张开，气流依旧是连续的（见（1a））；声门关闭（或微开），引起声带振动，气流被切割成片段（见（1b））。在声带振动的情况下发出的声音，称为浊音（voiced）；在声带不振动的情况下发出的声音，称为清音（voiceless）。（1a）代表清音的气流，（1b）代表浊音的气流。由于声带的作用，语音分成清音和浊音两大类。

肺是语音的能源，喉头是语音的发音器；喉上部分，则是语音的共鸣箱。共鸣箱的形状，决定声音的音质。通过改变喉上部分的形状，我们可以发出不同的声音。喉上部分可分成咽腔、鼻腔、口腔等三个空间，每个空间是一个相对独立的共鸣箱，分别修饰声音的音质。紧靠喉头的是咽腔，在咽腔上面，分口腔和鼻腔。咽腔通过舌根的前后移动而变形，影响声音的物理特性。使用咽腔音的语言有阿拉伯语，以及非洲的一些语言，为数不多。

出了咽腔，气流有两条路可走：一是进鼻腔，一是进口腔。控制气流走向的，是软腭（soft palate 或 velum）。软腭在口腔后面，连着小舌。

软腭在发音过程中起分流作用，把气流引入鼻腔或口腔。我们呼吸时，软腭下垂，气流自由进出鼻腔。当软腭升起，进入鼻腔的通道受阻，从咽喉来的气流无法进入鼻腔，只能进入口腔。从发音的角度看，气流通过软腭时有三种情况：一是气流只从鼻腔流出，发出的声音称为**鼻音**（nasal）；二是气流同时从鼻腔和口腔流出，发出的声音称为**鼻化音**（nasalized）；三是气流只从口腔流出，发出的音称为**口音**（oral）。鼻腔的形状是无法控制的，因此，气流一旦进入鼻腔，就不再受阻碍。口腔则不然，移动下颌（下巴）或舌头，都可改变口腔的形状，因此，口腔在发音中起的作用要大于咽腔或鼻腔。

气流在口腔内受阻程度是不同的。在气流毫不受阻的情况下发出的声音，称为**元音**（vowel）；在气流受到阻碍时发出的声音，称为**辅音**（consonant）。元音和辅音是语音的两大类，主要区别是气流受阻与否。我们下面分别描述元音和辅音的发音过程和分类方法。

元　音

影响元音的发音器官有三要素：一是嘴唇的形状，或圆或展；二是舌头的位置，或前或后，或高或低；三是软腭的状态，下垂为鼻化元音，上升则无鼻化。按常规，元音发音时鼻腔进气，称鼻化元音，不进气，则称元音。口腔作为共鸣箱的形状，是由唇形和舌位两要素决定的。虽然口腔是个三维空间，但是可以用高低、前后两个坐标来确定舌头的位置，并以此为元音分类。这种做法是有道理的。我们说话时，舌头或上或下（下颌自然随之而动），或前或后，却绝不左右摆动。高、低、前、后需要一个参照物来定义，为简便起见，我们以呼吸时的舌头位置为参照，舌头往上升则高，舌头往下降则低，舌头往前进则前，舌头往后退则后[1]。在读"衣"这个字的时候，我们会感觉到舌头不但上升，而且前进，我们把"衣"代表的元音称为前高音，用［i］记；读"乌"字时，舌头上升且后退，我们称这个元音为后高音，用［u］记。有些元音是介乎高低之间的，试比较"雷"、"间"、"兰"三字的元音，

---

[1] 生成音系学理论基本上沿用乔姆斯基、哈勒（1968）对参照舌位的定义，即英语 bed "床"中元音的舌位。严格说来，我们的说法不符合乔、哈二氏的定义，但比较直观，而且差别不大，不会引起误解。谨此说明。

我们会发现，"雷"字元音比"间"字元音高，而"间"字元音又比"兰"字元音高，国际音标分别用［e］、［ɛ］和［a］记这三个元音。习惯上，把［i］称为高元音，［a］低元音；［e］和［ɛ］居中，但［e］偏高，故名为半高元音，［ɛ］偏低，名为半低元音，两者有时统称为中元音。这四个元音的前后位置是一致的，为前元音，发音时舌头都朝前移动，这点我们连着说［i, e, ɛ, a］时会有所体会。

后元音，除了［u］以外，汉语当中还有"鹅"和"朗"所代表的元音。"鹅"的高低位置接近于"雷"，但舌头居后；"朗"的位置则接近"兰"，但舌头明显后移。这两个元音国际音标是［ɤ］和［ɑ］[①]。

舌位介于前、后之间的元音，通常称为央元音。央不同于中，央为前后坐标的中点，中为高低坐标的中点。央元音的舌头位置没有偏前或偏后之分，这和中元音不同。央元音不多见，英语［ə］（about）和［ʌ］（but）是央元音。汉语拼音在s、sh、c、ch、z、zh后面的i，如"思"si，是代表央高元音的，国际音标为［ɨ］。至于《汉语拼音方案》为什么使用同一个符号（即i）表示不同的元音，是因为汉语的前高元音［i］和央高元音［ɨ］是同一音位的音变的结果，跟用a代表前低、后低元音是同样道理。这点我们在后面几章还会谈到。

除了舌头的位置，确定元音音质的另一要素是唇形。在汉语中，唇形在高元音中尤其重要，如"语"和"衣"，国际音标为［y］和［i］，［y］圆唇，［i］展唇，两者舌位都是前、高，再加上［u］"乌"，汉语共有三个高元音。圆唇元音虽然前后都有，但多见于后元音，比如英语，前元音皆展唇，唯后元音圆唇。汉语圆唇元音，除［u］以外，都是音变的结果，这点我们在讨论汉语音系时会详细论述。汉语的部分元音列表如下：

（2）　　　　前　　　央　　　后
　　　高　　i 衣　　ɨ 思　　u 乌
　　　半高　e 雷　　　　　　ɤ 饿

---

① 《汉语拼音方案》把"间"、"兰"以及"朗"分别注音为jian、lan、lang，用的是同一元音符号。这是因为［ɛ, a, ɑ］是音变的结果，同属一个音位。

半低　ɛ　见
低　　a　兰　　　　ɑ　朗

  我们能说的元音自然比以上元音在数量上多得多，而且，有的元音还不能用舌头位置、软腭状态以及嘴唇的圆展这三要素来描写和分类。英语的 [i]（beat）和 [ɪ]（bit），同是前高元音，但 [i] 在发音时舌头肌肉要比 [ɪ] 来的紧。紧和松是元音的一个要素，其重要性不及前面提到的三要素。英语的紧元音发音时间比较长，松元音比较短，如 [i] 就比 [ɪ] 长。因此，在音系学文献里有人用长音符 [ː] 注紧元音，松元音则无此符号，如以 [biːt] 注 beat，以 [bɪt] 注 bit。长短和紧松在概念上截然不同，长元音不一定发音时舌肌紧张，短元音也不一定舌肌松弛。好在一般语言并不同时使用长短、紧松之元音。混用长短、紧松的概念，虽缺乏精度，却也不妨碍对元音的分类。在英语里，长元音和紧元音、短元音和松元音是相同的。现把英语的部分元音列表如下（摘自 Ladefoged 1982，略作改动）：

（3）　　　　　　前　　　　　　央　　　　　　后
高　紧（长）[i] beat　　　　　　　　　　[u] boot
　　松（短）[ɪ] bit　　　　　　　　　　 [ʊ] book
中　紧（长）[e] bay　　　[ə] about　　[o] boat
　　松（短）[ɛ] bed　　　　　　　　　　[ɔ] bought
低　紧（长）　　　　　　　　　　　　　[ɑ] father
　　松（短）　　　[æ] bad　[ʌ] but

  英语拼写一符多音或一音多符的例子很多，（3）的例词足以说明这点。

辅　音

  与元音相反，辅音在发音过程中气流受到不同程度的阻碍。影响辅音音质的因素有二，都跟气流受阻有关：一是气流受阻地点，称为发音部位（place of articulation）；二是气流受阻程度及流通方式，称为发音方式（manner of articulation）。先谈气流受阻的部位。

口腔分上、下两个部。从上唇到小舌为口腔上部，有上齿、齿龈（alveolar ridge）、硬腭（hard palate）、软腭。齿龈是紧挨着上齿的凸出部位，用舌头可以感觉到；舌头再往里翘，就可感觉到"平坦"的上腭，前半部分较硬，称硬腭，后半部分较软，是软腭。软腭的里端，接连小舌，对着镜子可以看见。这种细微的分割没有解剖学上的意义，但对语音的分类，是很重要的。口腔下部包括下唇、下齿及舌头。舌头分舌尖（tip）、舌面（blade）、舌身（body）和舌根（root）四小片。舌的分割也缺乏解剖学意义，只是在描述辅音发音时起作用。习惯上把这些部位称为发声器（articulator）；上唇、上齿、齿龈、硬、软腭为上发声器，下唇、下齿、舌头各部为下发声器。我们说话要动下颌，所以下颌上的发声器也称为主动发声器，口腔上膛的发声器则为被动发声器。

对气流的阻碍，是由主动发声器和被动发声器完成的，不外以下两种方法：一、主动发音器接触被动发音器，完全阻止气流的流通，如[t]，舌面和齿龈接触，气流不得通行，滞留在齿龈后。当舌面离开齿龈，气流爆破而出，所发之音称塞音（stop），取气流完全受阻塞之意（也称爆破音，取气流破阻之意）。二、主动发声器接近被动发声器，形成狭窄的通道，气流通过时产生波动（turbulence），这跟河道狭窄水流湍急是一个原理。这样发出的音叫擦音（fricative）。比如[s]，是舌面（主动发音器）和齿龈（被动发音器）形成狭窄通道时产生的声音。除了塞音和擦音外，还有所谓的塞擦音（affricate），如「tsʻ」（"擦"字起首音，汉语拼音作c）。塞擦音以塞起，以擦终；先完全阻塞气流，然后形成狭窄通道，气流通过时有波动而无爆破。国际音标用一塞音符号（如[t]）、一擦音符号（如[s]）代表塞擦音（如[ts]），是有道理的。

辅音的发音部位习惯上用被动发音器来命名，这与中国传统语言学的做法不同（见王力1956）。气流在嘴唇受阻而发的音，如塞音[pʻ]（"坡"）和擦音[f]（"佛"），都叫做唇音（labial）；为了区别细致，也有称[p]为双唇音，[f]为齿唇音（labiodental）或唇齿音。气流在齿龈受阻的音，如塞音[tʻ]（"叹"）和擦音[s]（"三"），叫齿龈音（alveolar）。在齿龈和硬腭之间受阻的音，如擦音[ʃ]（"西"，拼音为

x），叫龈腭音（alveopalatal）；在硬腭受阻的，叫硬腭音，不见于汉语；在软腭受阻的，如塞音［kʻ］（"卡"）和擦音［x］（"好"，汉语拼音为h），叫软腭音（velar），如此等等。

辅音的发音还有两个特点，即卷舌（retroflex）和送气（aspiration）。卷舌指发音时舌尖上卷，如"吃、识、知"的起首辅音（汉语拼音分别用 ch、sh、zh 注卷舌音）。由于舌尖上卷，卷舌音在发音时气流往往在齿龈和硬腭之间受阻。卷舌音有擦音（"识"）、塞擦音（"吃、知"）及塞音（不见于汉语），以及下文要谈到的边音（lateral）。

送气特点限于塞音（以及塞擦音的塞成分）。送气音在发音时比不送气音多一股气流，汉语拼音 p 是一个送气塞音，b 不送气。把手放在嘴前，比较"排 pai"、"摆 bai"，就会感觉到说前字 p 时有气流尾随，后字 b 没有。国际音标用［ʻ］代表送气。汉语（北京话）没有浊音，汉语拼音的 p 和 b，都是清塞音，国际音标分别为［pʻ］和［p］。英语的清塞音在一般情况下是送气的，如 pot "壶"，但在 s 后面却不送气，如 spot。

常见的辅音如（4）所示。

（4）		唇	龈	卷舌	龈腭	软腭	喉头
塞	清	p	t	ṭ		k	ʔ
	浊	b	d	ḍ		g	
擦	清	f	s	ṣ	ʃ	x	
	浊	v	z	ẓ	ʒ	ɣ	
塞擦	清		ts	tṣ	tʃ		
	浊		dz	dẓ	dʒ		
鼻音		m	n			ŋ	
边音			l				

按常规，鼻音在表（4）中另列一项。从发音过程看，鼻音也是塞音，气流在口腔内完全受阻而不得通过。何为边音？我们在下文解释。

元音、辅音的气流，前者无阻，后者或多或少地受到一些阻碍。下面我们谈谈介乎两者之间的语音，即边音（（4）中的［l］）和半元音。

边音、半元音

当我们说边音时，舌尖的中间部位和嘴上膛接触，导致气流从舌头的两边流出。所以边音和塞音有共同之处，口腔中部不通气流。最常见的边音是用舌尖和齿龈发出的，国际音标和汉语拼音均为 [l]，如"拉"之起首音。另一个比较常见的边音是卷舌边音 [ɭ]，舌尖上翘，与齿龈稍后部位接触。北京话不见此音，但晋中地区方言多把"儿"字念成卷舌边音[ɭ]（见徐通锵 1981）。

半元音通常指 [j，w，r，h]。发这些音时，主动发声器和被动发声器组成的通道，比发元音时的通道窄，比发辅音时的通道宽，气流通过时不至于产生波动与摩擦。半元音实际上是具有辅音性质的元音。[j] 和 [w] 是非常普遍的半元音，汉语拼音作 y 和 w，如"盐 yan"、"晚 wan"。r 这个符号代表很多不同的音：美国英语的 r 是一个齿龈音，但舌尖一般不碰齿龈，嘴唇略呈圆状，如 red；汉语 r 则是卷舌音，舌尖对着齿龈后的部位。国际音标用不同的符号，但我们为了简洁起见，通用 [r]。[r] 的分类有争议，有人把 [r] 和边音 [l] 合并一类，叫做流音（liquid）。流音并没有发音上的意义，只是 [l] 和 [r] 通常有相同的音系特点，所以归为一类。流音为语音四大类之一，其他三类是元音、辅音以及半元音。

国际音标的 [h] 代表喉头音，或称声门音（glottal），发音时声门大开，喉上部分无发音位置，只是元音前多一股气流，如英语的 hot。这个音和送气塞音的送气部分在发音上是一致的，所以送气塞音也有人用上标 [ʰ]①，如 [pʻ] 为 [pʰ]，[tʻ] 为 [tʰ]。汉语北京话无喉头音 [h]，"好" hao 中的 h，代表软腭塞音 [x]。属于吴方言的上海话有 [h]，如"好"念 [hɔ]。另外一个喉头音是喉塞音，国际音标为 [ʔ]。发音时声门关闭，气流不得通过喉头。喉塞音很普遍，《汉语拼音方案》不用任何符号代表这个音，但以元音起首的字，如"饿"ɤ，通常都以喉塞音起首，念 [ʔɤ]。上海话喉塞音在元音前后都可出现，

---

① 国际音标辅音送气附加符号为[ʻ]。本书举汉语例有时以 [ʻ] 表示送气，是为了方便。

如"鸭",上海话念[ʔʌʔ]。英语也没有字母代表喉塞音,但和北京话一样,以元音起首的词,如 add "加",一般都以喉塞音起首。此外,美国英语 button "纽扣"慢念为[bʌtn̩]([n̩]表示音节化的[n];音节将在下几章讨论),但快念时却成了[bʌʔn̩],也就是说,[t]被"喉化"了。

综上所述,元音和辅音的发音要素如下:

(5) 元音要素
  舌头位置: 前后、高低(口腔开闭)
  嘴唇形状: 圆、展
  声带状态: 振动(浊)
  软腭状态: 开(鼻腔进气)、闭(鼻腔不进气)
  舌肌状态: 紧、松
  时间因素: 长、短
 辅音要素
  发音位置: 唇、齿、龈、硬腭、软腭等
  发音方式: 塞、擦、塞擦
  声带状态: 振动(浊)、不振动(清)
  软腭状态: 开(鼻腔进气)、闭(鼻腔不进气)

流音([r, l])的发音要素同辅音,半元音发音要素同元音。

为了方便讨论,我们用(5)所列要素,将《汉语拼音方案》的辅音分类为(6),方括弧里的是国际音标。

(6)

		唇	龈	卷舌	龈腭	软腭
塞	送气	p[pʻ]	t[tʻ]			k[kʻ]
	不送气	b[p]	d[t]			g[k]
擦		f[f]	s[s]	sh[ʂ]	x[ʃ]	h[x]
塞擦	送气		c[tsʻ]	ch[tʂ]	q[tʃ]	
	不送气		z[ts]	zh[tʂ]	j[tʃ]	
鼻音		m[m]	n[n]			ng[ŋ]
流音			l[l]	r[ɻ]		

除了鼻音和流音外，北京话的辅音只有送气不送气之分，无清浊之别。值得注意的是，《汉语拼音方案》用的符号和国际音标很不一致，所以我们把国际音标放入方括弧内，以示区别。

以上所描写的语音，都是用肺部气流发出的。世界绝大多数语言所用的语音，都是用这种气流机制（airstream mechanism）发声的。还有其他气流机制可以发声，但只在个别语言中使用。比如上海近郊的松江、南汇方言，把北京话的［b］和［d］念成缩气塞音（implosives），"扁担"为［ɓi ɗɛ］（钱乃荣 1992）。在一些非洲语言里，还有吸气音（clicks），犹如表达遗憾的啧啧声。这些语音非常罕见，我们这里就不一一介绍了。读者若有兴趣，可参阅语音学方面的专著。这一节所介绍的语音知识足够帮助我们理解生成音系学的原理。

第五节　区别性特征

说话本是司空见惯的事，人们往往不多加考虑。可是，当仔细考察语言现象时，就不难发现说话实际上是一个非常复杂的过程。一个声音如同一部交响乐，发声器如同乐器，大脑如同指挥。乐器在指挥的统一安排下才能形成交响曲；同样道理，各发声器在大脑的协调下方能发出准确的声音。例如/p/，发音时声带不振动，软腭上升堵塞鼻腔，嘴唇紧闭阻止气流外流；倘若声带振动，发出的声音便是/b/。声音是各发声器同时动作下的产物，不同的发声器所作的动作或者同一发声器所作的不同的动作，都会产生不同的声音。这一观察不容置疑，它为区别性特征的定义提供可靠的物质基础。

要强调的是，生成音系学在分析音韵现象时广泛使用区别性特征，而区别性特征的定义依赖于发音机制，因此区别性特征是连接音韵表达和语音表达的纽带，音韵现象可以在语音层次上得到解释。也就是说，音系现象千变万化，都离不开发音机制的制约。

自从布拉格学派的雅可布森提出区别性特征这一概念以来，区别性特征的定义就成了一个迫切的理论课题。这个课题有两方面的内容。首先是数量，区别性特征必须足以描写世界上所有语言的语音。其次是选择，语音的特征很多，作为区别性特征的语音特征，必须能够概括语音在音系中的行为。对区别性特征的定义基本上有两种，一种是以语音的物理特性为主，一种是以语音的发音机制为主。雅可布森、哈勒以及方特（G. Fant）是最早对区别性特征进行系统研究的语言学家，他们提出的理论基本上是按照语音的物理特点选择和定义区别性特征的（Jakobson, Fant & Halle 1952）。乔姆斯基、哈勒在《英语音系》一书中提出的理论完全放弃语音的物理特性，专用发音机制定义区别性特征。乔、哈二氏提出的理论至今在生成音系学研究中得到广泛应用，说明《英语音系》在音系学界的影响之深远。乔、哈二氏提出的区别性特征涉及的面很广，我们从中选出比较常用的，按照影响发音的气流、声带、软腭、发音部位、发音方式等因素来描写区别性特征。为了避免误解，区别性特征用方括号括起来，如"［辅音］"不同于"辅音"，前者指区别性特征，后者指语音。

［辅音］和［响音］

语音可以分成辅音、元音、介音以及流音四个主要音类。这四类语音，可以用［辅音］（［consonantal］）和［响音］（［sonorant］）加以区别。这两个特征跟气流经过发音器官时的状态有关，定义如下：

（1）［＋辅音］：发音时气流在口腔内受阻碍
　　　［－辅音］：发音时气流在口腔内没受阻碍
　　　［＋响音］：发音时气流从口腔或鼻腔顺利流通
　　　［－响音］：发音时气流在口腔产生波动

以这两个特征可区分下列语音类别：

（2）　　　　元音　介音　流音　鼻音　辅音
　　　　　　i, u　y, w　l, r　m, n　p, b, t, d
　　［辅音］　－　　－　　＋　　＋　　＋
　　［响音］　＋　　＋　　＋　　＋　　－

所谓介音，指的是"叶"（汉语拼音 ye）、"蛙"（汉语拼音 wa）之类的首音，在听觉和发音上接近与之相对应的高元音（y 对 [i]，w 对 [u]）。它们在分类上有些麻烦。关于介音问题我们在介绍音节结构时再详细讨论，这里暂且把介音和元音归在一起，都是 [-辅音，+响音]。发流音和鼻音时，口腔内气流受到一定程度的阻碍，所以都是 [+辅音]，但阻碍程度不至于影响气流顺利通过口腔（流音）或鼻腔（鼻音），因此都是 [+响音]。辅音在发音时气流受阻严重，为 [+辅音，-响音]。[-辅音，-响音] 是不存在的。根据定义，[-辅音] 的声音一定是 [+响音]。

[连续] 和 [边流]

[连续]（[continuant]）和 [边流]（[lateral]）根据气流在口腔内受阻的情况定义如下：

(3) [+连续]：气流能连续流出口腔
    [-连续]：气流在口腔内完全受阻
    [+边流]：气流从舌头两边流出口腔
    [-边流]：气流从舌头中间流出口腔

塞音（如 /p, t, k/）和鼻音都是 [-连续]，擦音以及其他音类均为 [+连续]；只有边音是 [+边流]，其他都是 [-边流]。

[浊]、[送气]、[鼻]

[浊]（[voice]）和 [送气]（[aspiration]）是声带的区别性特征，而 [鼻]（[nasal]）则是软腭的区别性特征，它们分别定义为：

(4) [+浊]：发音时声带振动
    [-浊]：发音时声带不振动
    [+送气]：发音时有伴随气流
    [-送气]：发音时无伴随气流
    [+鼻]：发音时软腭下垂，气流进入鼻腔
    [-鼻]：发音时软腭上升，气流不得进入鼻腔

鼻音和鼻化元音为［＋鼻］，其他声音则为［－鼻］。一般说来，辅音有清（［－浊］）、浊（［＋浊］）之分，元音、流音、介音和鼻音都是浊音，即［＋浊］；但也有例外，如温州话的鼻音，低调时是浊音，高调时则为清音（见郑张尚芳1964）。［送气］是塞音的特点，汉语拼音的p和b、t和d、k和g的差别在送气上：p、t、k是［＋送气］塞音，b、d、g是［－送气］塞音。

［舌冠］、［龈前］、［宽阻］、［后］、［高］、［低］

这六个特征和发音部位有关，前三者确定气流在口腔内受阻的部位和形式，后三者确定舌头的位置。［舌冠］（［coronal］）的定义如下：

（5）［＋舌冠］：发音时舌叶（blade）高于中性位置
　　　［－舌冠］：发音时舌叶处于中性位置

舌冠包括舌尖（tongue tip）和舌叶（tongue blade）。舌冠音包括齿音（如英语的th音（thin, that）国际音标为［θ, ð］）、齿龈音（如t, s, n, l）、卷舌音（如汉语拼音的sh"师"，ch"吃"，zh"枝"和r"扔"）以及龈腭音（如汉语拼音的x"希"和q"七"）。唇音（如p）、软腭音（如k）以及元音，发音时都没有用上舌冠，故为［－舌冠］。［舌冠］对各发音部位的分类情况总结如（6）。

（6）辅音的区别性特征

	双唇	唇齿	齿	齿龈	卷舌	硬腭	软腭	小舌	咽头	喉
	ɸ	f	θ	s	ʂ	ʃ	ç	x	χ	ħ	h
［舌冠］	－	－	＋	＋	＋	＋	－	－	－	－	－

（6）列出辅音发音部位，并用国际音标标出各部位的代表性清擦音，其中［ɸ］是双唇擦音，符号底下有一小勾的（有时底下加点），是卷舌音，［χ］是发音部位在小舌（uvular）的擦音。小舌音北京话没有，但汉语方言有，如"好hao"字的h在北京话是软腭擦音［x］，在

温州话却是小舌擦音 [χ]（见郑张尚芳 1964；罗常培、王均 1981）。

辅音还用 [龈前]（[anterior]）和 [宽阻]（[distributed]）进一步细分：

(7) [+龈前]：发音时气流受阻部位在齿龈或齿龈前面
　　[-龈前]：发音时气流受阻部位在齿龈后面
　　[+宽阻]：发音时气流流向受阻面宽
　　[-宽阻]：发音时气流流向受阻面不宽

加入上列两个特征，(6) 扩充为 (8)。

(8) 辅音的区别性特征

	双唇	唇齿	齿	齿龈	卷舌	龈腭	硬腭	软腭	小舌	咽头	喉
	ɸ	f	θ	s	ʂ	ʃ	ç	x	χ	ħ	h
[舌冠]	-	-	+	+	+	+	-	-	-	-	-
[龈前]	+	+	+	+	-	-	-	-	-	-	-
[宽阻]	+	-	-	+	-	+					

[宽阻] 在硬腭以后各部位没有区别性作用，所以 (8) 没有标出 [宽阻] 正负值。[舌冠]、[龈前]、[宽阻] 主要用于辅音分类，对元音不起什么作用，特别是 [宽阻]，完全是按气流受阻状况定义的，因此元音既不是 [+宽阻] 也不是 [-宽阻]。至于 [舌冠] 和 [龈前]，习惯上把元音标为 [-舌冠，-龈前]，也就是说，元音发音时没用舌冠，气流也没有在齿龈前受阻。

影响元音发音的主要因素是舌头的位置，因此，与元音分类有直接关系的三个特征，即 [后]（[back]）、[高]（[high]）、[低]（[low]），都是以舌头的中性位置为参照来定义的。

(9) [+高]：发音时舌位在中性位置之上
　　[-高]：发音时舌位不在中性位置之上

［＋低］：发音时舌位在中性位置之下
［－低］：发音时舌位不在中性位置之下
［＋后］：发音时舌位在中性位置之后
［－后］：发音时舌位不在中性位置之后

中性位置指的是舌头在说［ə］时的位置，而不是呼吸时的舌位。英语的［ə］是弱元音，与重音有关系；汉语的［ə］可以出现在轻声词里，如"了"，也可以出现在普通韵母里，如北京话的"恩"en。高、低、后三个特征把元音分成下列五类：

（10）元音的区别性特征

	前	央	后	高	中	低
［高］				＋	－	－
［低］				－	－	＋
［后］	－	＋	＋			

［高］、［低］两特征分别出高、中、低三类元音，把高元音定为［＋高］，低元音定为［－高］，中元音则定为［－高，－低］，［＋高，＋低］的元音不存在，舌头不可能同时上升下降。［后］的特征只能分出两类元音，前元音为［－后］，央、后元音归一类，为［＋后］。有的音系学家还使用［前］（［front］），定义如下：

（11）［＋前］：发音时舌头在中性位置之前
　　　［－前］：发音时舌头不在中性位置之前

这样前元音为［－后，＋前］，后元音为［＋后，－前］，央元音为［－后，－前］。［＋后，＋前］是不存在的，舌头不可能同时前移又不前移。［高］、［低］、［后］虽然用于元音分类，对辅音也有区别作用。（8）硬腭以后的发音部分可以使用这三个区别性特征，如（12）所示。

（12）辅音的区别性特征

	双唇	唇齿	齿	齿龈	卷舌	龈腭	硬腭	软腭	小舌	咽舌	喉头
	ɸ	f	θ	s	ʂ	ʃ	ç	x	χ	ħ	h
[舌冠]	−	−	+	+	+	+	−	−	−	−	−
[龈前]	+	+	+	+	−	−	−	−	−	−	−
[宽阻]	+	−	−	+	−	+	−	−	−	−	−
[高]	−	−	−	−	+	+	+	−	−	−	−
[低]	−	−	−	−	−	−	−	−	−	+	+
[后]	−	−	−	−	−	−	−	+	+	+	+

从（12）看出，咽和喉头音有相同的区别性特征，显然，（12）中的六个特征不足以区别辅音的各部位。好在没有哪种语言同时用软腭、小舌、咽以及喉头等部位的，所以我们不打算引进区别咽和喉头音的特征。

唇音有两种，一为圆唇，一为展唇。试比较北京话的"佛"、"法"两字，拼音分别作 fo 和 fa，但发音时前字 f 嘴唇呈圆状，后字 f 嘴唇是平展的。为了区别这两类唇音，我们用［唇］和［圆］这两个特征：

（13）［+唇］：发音时使用嘴唇
　　　［−唇］：发音时没使用嘴唇
　　　［+圆］：发音时嘴唇呈圆形
　　　［−圆］：发音时嘴唇不呈圆形

根据（13）的定义，如果一个声音是［+圆］，那就一定用到嘴唇，因而是［+唇］。在这种情况下我们说［+圆］和［+唇］之间有蕴涵关系。有了［圆］，可以区别圆唇元音和展唇元音，前者为［+圆］，如［u］，后者为［−圆］，如［i］。

我们把已经介绍的十六个区别性特征按发音特点排列如下：

（14）a. 主要语音特征：　　［辅音］、［响音］
　　　b. 声带：　　　　　　［浊］、［送气］

c. 软腭： [鼻]
d. 发音方式(气流)： [连续]、[边流]
e. 发音部位： [舌冠]、[龈前]、[宽阻]、[唇]、
[圆]
f. 舌位： [高]、[低]、([前])、[后]

[前]可用可不用，我们暂且归入（14）。常见的语音基本上可以用（14）的区别性特征来定义。（15）和（16）排列了一些元音、流音和辅音的区别性特征值。

（15） 元音和流音的区别性特征

	i	y	ɛ	æ	u	o	ɤ	ɑ	l	r
[辅音]	−	−	−	−	−	−	−	−	+	+
[响音]	+	+	+	+	+	+	+	+	+	+
[浊]	+	+	+	+	+	+	+	+	+	+
[送气]										
[鼻]	−	−	−	−	−	−	−	−	−	−
[连续]	+	+	+	+	+	+	+	+	−	+
[边流]	−	−	−	−	−	−	−	−	+	−
[舌冠]									+	+
[龈前]									+	+
[宽阻]									+	+
[高]	+	+	−	−	+	−	−	−		
[低]	−	−	−	+	−	−	−	+		
[后]	−	−	−	−	+	+	+	−		
[唇]	−	+	−	−	+	+	−	−		
[圆]	−	+	−	−	+	+	−	−		

（16） 辅音的区别性特征

	pʻ	p	b	m	f	v	tʻ	t	n	s	ṣ	ʃ	k	x	ŋ	ʔ	h
[辅音]	+	+	+	+	+	+	+	+	+	+	+	+	+	+	+	−	−
[响音]	−	−	−	+	−	−	−	−	+	−	−	−	−	−	+	+	+

[浊]	-	-	+	+	-	+	-	-	+	-	-	-	-	+	-	-
[送气]	+	-	-	-	-	+	-	-	-	-	-	-	-	-	-	+
[鼻]	-	-	-	+	-	-	-	-	+	-	-	-	+	-	-
[连续]	-	-	-	-	+	+	-	-	+	+	+	-	+	-	-	+
[边流]	-	-	-	-	-	-	-	-	-	+	-	-	-	-	-	-
[舌冠]	-	-	-	-	-	-	-	-	+	+	+	+	-	-	-	-
[龈前]	+	+	+	+	+	+	+	+	+	+	+	+	-	-	-	-
[宽阻]	+	+	+	+	+	+	+	+	+	-	-	-	-	-	-	-
[高]	-	-	-	-	-	-	-	-	-	-	+	+	+	+	+	-
[低]	-	-	-	-	-	-	-	-	-	-	-	-	-	-	-	-
[后]	-	-	-	-	-	-	-	-	-	-	-	-	+	+	-	-
[唇]	+	+	+	+	+	+	+	+	-	-	-	-	-	-	-	-
[圆]	-	-	-	-	-	-	-	-	-	-	-	-	-	-	-	-

上面我们介绍了以发音为基础的区别性特征。区别性特征这一概念起源于布拉格学派的雅可布森，在欧美结构语言学理论里影响甚微，但在生成音系学理论里却占中心地位。区别性特征是结构音系学和生成音系学的主要分歧之一。乔姆斯基、哈勒的《英语音系》很大篇幅讨论区别性特征，而音系变化的规则也是用区别性特征来写的。近年来音系理论的发展可说是突飞猛进、日新月异，但都是以区别性特征为音系描写和音系解释的基本单元。音位是结构音系学的核心概念，但在生成音系学里失去了其原有的理论功能。音位由区别性特征定义；换句话说，声音，不管是音位还是音素，就是特征矩阵（feature matrix）。(17)的矩阵有三列，每列为一音（在音系表达上为音位，在语音表达上为音素），整个矩阵表达"兰花"一词（汉语拼音为 lan hua，国际音标是 [lan xuɑ]）。

(17)　　　　　l　a　n　　x　u　ɑ
　　[辅音]　　+　-　+　　+　-　-
　　[响音]　　+　+　+　　-　+　+
　　[送气]　　-　-　-　　-　-　-
　　[鼻]　　　-　-　+　　-　-　-

[连续]	−	+	−	+	+	+
[边流]	+	−	−			
[舌冠]	+	−	+	−	−	
[龈前]	+	−	+	−		
[宽阻]	+	−	+			
[高]	−	−	−	−	+	−
[低]	−	+	−	−	−	+
[后]	−	−	−	+	+	+
[唇]	−	−	−	−	+	−
[圆]	−	−	−	−	+	−

在上列矩阵里，[a] 和 [ɑ] 是不同的，前者是前元音 [−后]，后者是后元音 [+后]。汉语拼音用同一符号表示，说明这两个元音虽然在语音表达上不同，但在音系表达上是相同的，也就是说，[a]、[ɑ] 同属一个音位。为什么"兰"里的元音是 [−后] 而"花"里的元音是 [+后] 呢？从 (17) 的矩阵里就可看出：在 [后] 这一行里，元音后面的 [n] 也是 [−后]，显然 [a] 是受 [n] 的影响。这种在语音环境影响下所产生的音变是普遍的音系现象，后面详细探讨汉语音系时还会涉及。

区别性特征有两个功能：第一是确定声音的语音特点，第二是对语音进行分类。比如 [+舌冠，+龈前] 从北京话的音库里选出 /t, tʻ, s/ 三个音位归为一类，这三个音的发音都用到舌叶，而且气流都在齿龈受阻；汉语没有 /θ, ð/，要不然这两个舌冠牙音符合 [+舌冠，+龈前] 的规定，应和 /t, tʻ, s/ 属一类。我们把区别性特征分化出来的类称为自然音集（natural class）。同属一个自然音集，有些发音特点相同，也有些发音特点不同。比如 /t/ 和 /s/，是 [+舌冠，+龈前] 音集的成员，两者都是用舌叶在齿龈部位发出的辅音，但 /t/ 是 [−连续] 的塞音，而 /s/ 是 [+连续] 的擦音。(18) 是部分北京话的自然音集（为了简便，我们根据习惯做法只写出主要特征，不具区别作用的特征除外）。

(18) a. [+辅音，+响音]: 　　　　　l, r（"兰"、"然"）

b. [−辅音，−后，+高]： i, y（"衣"、"雨"）
c. [−辅音，−后，+高，+圆]：y（"雨"）
d. [+鼻]： m, n, ŋ

自然音集是一个基本的理论概念，在音系分析中起重要作用。举一个熟悉的例子加以简要说明。我们从（17）矩阵里已经知道/a/在/n/前为前元音，即[−后]；其实，在/i/前面，/a/也是前元音，如"来"[lai]。北京话音节元音后只有/i, u, n, ŋ/四音，其中/i, n/是[−后]。由此可见，/a/变前元音，是受了/n/和/i/的影响，这说明音变这一音系现象涉及自然音集。

第六节 音系规则的符号

在描写音系现象时，生成音系学必须使用一些符号。符号能帮助研究者精确无误地写出音韵表达式（包括音系表达式和语音表达式）和音系规则，如使用得当，能把音系现象显示得清晰明了。这一节我们介绍常用符号和有关术语，为下面各章的讨论作准备。

音系规则的基本形式是：

（1） A→B/C ＿ D

A、B、C、D都是音韵表达（包括音系表达和语音表达）的成分单位（constituent），可以是区别性特征，或者音位、音节等；箭头表示变化，斜线"/"表示"在……环境下"，下横线＿＿表示A变化时的位置。(1)可以念成"A在C与D之间的环境下变成B"。规则（1）的作用是把CAD变成CBD，如（2）所示。

（2） 表达式Ⅰ： C A D
　　　规则（1）： 　B
　　　表达式Ⅱ： C B D

表达式 I 为规则（1）的输入（input），表达式 II 为输出（output）。（1）所表示的过程称为推导（derivation）。推导由三部分组成：输入表达式、输出表达式以及规则。在规则（1）的形式里，A、B、C 和 D 的任何一项都可能是空项（null，empty），也就是说，缺乏音韵内容，我们用 Ø 代表空项。假如 A 是空项，（1）就成了（3）。

(3) Ø→B/C _ D

(3)在 C、D 之间插入(insert) B，得 CBD。因此，类似(3)的规则称为插入规则。如果 B 为空项，我们得到(4)。

(4) A→Ø/C _ D

这一规则删除（delete）CAD 中的 A，使 CAD 成为 CD。形式上类似（4）的规则，称为删除规则。

规则的环境不必包括前后两项。当 C 为空项时，得到（5）；当 D 为空项时，得到（6）。注意：这两种情况下都不用空项符号 Ø。

(5) A → B /_ D
(6) A → B/ C _

(5)念成"A 在 D 之前的环境下变成 B"，（6）念成"A 在 C 之后的环境下变成 B"。

现在来看推导和规则的次序（order）。（2）是一个简单的推导，只有一个规则；如果有 n 个规则，便可能产生 n+1 个表达式，如（7）所示。

(7) 表达式 1
　　⇓　　　　←规则 1
　　表达式 2
　　⇓

⋮
⇩
表达式 n
⇩   ←规则 n
表达式 n+1

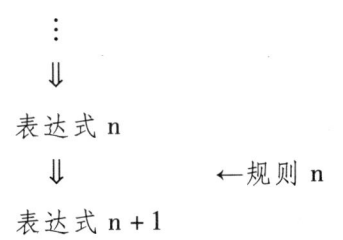

规则的使用遵守一定的次序，(7) 的一系列推导显示这一点。由于使用先后的关系，规则之间可能存在某种形式上的关系，最常见的有两种：一种是前规则创造了后规则的使用条件，称为成全关系（feed）；另一种是前规则破坏了后规则的使用条件，称为拆除关系（bleed）。我们用（8）的规则说明这两种关系[①]。

(8) a. A → B / C _ D
    b. D → Ø / B _
    c. Ø → E / B _ D

(8a) 把 C 与 D 之间的 A 变成 B，(8b) 删除 B 后的 D，(8c) 在 B 和 D 之间插入 E。为了充分显示这些规则之间的关系，我们把 CAD 经所有可能的规则次序的输出形式排列如下：

(9) a. 表达式 I：   CAD   b. 表达式 I：   CAD
       规则（8a）：CBD   规则（8a）：CBD
       规则（8b）：CB   规则（8c）：CBED
       规则（8c）：-   规则（8b）：-
       表达式 II： CB   表达式 II： CBED

    c. 表达式 I：   CAD   d. 表达式 I：   CAD
       规则（8b）：-   规则（8b）：-

---

① 所谓拆除关系，英语是 bleed，意为流血；从功能方面考虑，"拆除"似更为妥当。成全关系，英语是 feed，意思是"喂"。用"成全"，依其功能翻译。

	规则（8c）：	-		规则（8a）：	CBD
	规则（8a）：	CBD		规则（8c）：	CBED
	表达式 II：	CBD		表达式 II：	CBED

e.	表达式 I：	CAD	f.	表达式 I：	CAD
	规则（8c）：	-		规则（8c）：	-
	规则（8a）：	CBD		规则（8b）：	-
	规则（8b）：	CB		规则（8a）：	CBD
	表达式 II：	CB		表达式 II：	CBD

从（9）的推导看出两点：一、（8a）和（8b,c）之间有成全关系：（8a）给（8b）和（8c）创造了条件；二、（8b）和（8c）存在互相拆除关系，无论哪个规则先使用，都毁坏另一个规则的条件，因此两者的次序有截然不同的效果。规则的使用次序是生成音系学的重要课题，尤其在早期，更是学者讨论的焦点。问题在于如何确立规则的次序，一般认为，次序排列以推导结果是否符合语言现实为准。以（9）所列的规则为例，假如甲语言凡 CAD 式都读 CB，那么在甲语言（8）中的规则的次序为（9a, e），而（8c）不起作用；假如乙语言 CAD 念 CBED，那么规则次序为（9b, d），在这种情况下（8b）不起作用。

上面说的规则次序是线性排列，也就是说后面的规则紧挨着前面的规则。规则的次序和规则的形式特点一般没有直接的关系。有些规则的排列却不同，规则甲先于规则乙，一旦规则甲使用了，规则乙就不能用，反之亦然。这种排列称为互斥次序（disjunctive order）。互斥次序的建立和规则的形式特性有关，在这点上与线性排列不同。芬兰籍美国语言学家基帕斯基（Kiparsky 1973，1982）把这种关系概括为优先条件（Elsewhere Condition），即：

（10）设定两个规则，甲和乙，如果甲的使用条件是乙的使用条件的一部分，那么，在使用次序上，甲先于乙。

习惯上，把规则甲称为特殊规则，把规则乙称为普遍规则，优先条件的内涵就是普遍规则只有在特殊规则后使用；倘若特殊规则的输入不同于输出，即特殊规则产生效果，那么普遍规则就不能使用。受优先条件制约的规则不少，现举英语过去时的音变为例来说明。汉语例子见第二章。

英语过去时态用后缀-ed表示，有三种读法，如（11）所示。

(11) 英语-ed的读法
  a. 在t，d收尾的动词后读［-əd］
   looted   "抢劫"
   landed   "着陆"
  b. 在清音收尾的动词后读［-t］
   kicked   "踢"
   slapped   "打（耳光）"
  c. 在浊音收尾的动词后读［-d］
   bagged   "装袋"
   banned   "禁"
   stayed   "住"

从（11）看出，-ed的三种读法都是有条件的，而不是任意的。-ed虽有三种读法，但我们不能认为英语有三个过去时的词素，分别用在不同的音系环境内。生成语言学的一个基本假设是，一种语言的词汇（lexicon，也称词库）只包括词素特有的、且不能通过规则推导出来的信息。我们把词素在词汇上的表达形式称为词汇形式（lexical form）。-ed的三种读法有各自独特的音系环境，因此，我们认为英语过去时词素只有一个词汇形式，另外两个通过规则推导出来。那么，（11）所列的三个形式中哪个是词汇形式呢？这个问题在音系学的研究中占中心位置，因为音系研究在表达与规则之间进行，两者之间的平衡是音系分析的一个重要标志。一个词可以有众多体现，或称变体（variant），从中选出一个作为该词的词汇形式，要考虑许多因素，最主要的有两个原则：

(12) a. 音系表达和语音表达尽可能接近；
　　　b. 假定一个词素有多种体现形式（即语音表达式），那么，选择能使音系分析最简单的形式作为该词素的词汇形式（即音系表达式）。

由于（12a）的制约，音系表达不至于抽象到与语音表达相脱离的地步；音系表达虽然抽象，跟与之相关的语音表达还是有一定的音韵关系。（12b）以科学分析的简易性（simplicity）为依据来衡量音系分析，选出该词素的词汇形式。（12）所列的原则并不适合于所有的音系现象，有些音系现象在分析时必须设立非常抽象的音系表达式，甚至于违反（12a）的规定。但是，绝大多数音系现象都遵守（12）的原则。

以（12）为基础，英语过去时词素的词汇形式（音系表达式）应是/d/，通过音系规则的作用，/d/演化成我们所观察到的三个语音表达式。我们用（13a）推导（11a），用（13b）推导（11b）：

(13) a. ∅ → [ə] / t, d _ d

　　　b. [+辅音] → [−浊] / $\begin{bmatrix} +辅音 \\ -浊 \end{bmatrix}$ _

/ə/是英语的轻元音，大致和北京话"喷"的元音相近。为了节省篇幅，我们不用区别性特征定义/t, d/这一自然音集，而是直接使用国际音标。这两个规则，（13a）插入一个轻元音，（13b）是同化（assimilation）规则，把浊辅音变成相对应的清辅音。（14）是推导的例子：

(14) 音系表达：　/lænd + d/　/kɪk + d/　/bæg + d/
　　　规则（13a）：　　ə　　　　　−　　　　　−
　　　规则（13b）：　　−　　　　　t　　　　　−
　　　语音表达：　　[lændəd]　　[kɪkt]　　[bægd]

如果动词以/t/收尾，那么（13a）和（13b）都可使用，使用次序不同，推导的结果也不同：

(15) a. 音系表达： /lut + d/   b. 音系表达： /lut + d/
       规则 (13a)：   ə   规则 (13b)： t
       规则 (13b)：   —   规则 (13a)： —
       语音表达：   [lutəd]   语音表达： *[lutt]

从 (15) 的推导看，(13a) 必须排在 (13b) 之前，要不然就会推导出错误的结果 (15b)。如果查看 (13) 两规则的形式结构，就不难发现凡 (13a) 能用上的，(13b) 也能用上；但 (13b) 能用上的，(13a) 不一定用得上。也就是说 (13a) 是特殊规则，相对说来，(13b) 是普遍规则。根据优先条件的规定，(13a) 必须先于 (13b)，这跟 (15) 推导所得出的结论相吻合。

第二章 语音的分布和变化

语音的分布和变化是生成音系学的研究课题。所谓分布，是语音在词里出现的情况；所谓变化，是语音在语流中因受前后环境的影响而发生的变化。虽然我们的发音器官所能发的声音非常多，但是一种语言的语音数量不多，英语元音、辅音一共不过四十来个，《汉语拼音方案》声母、韵母加起来才四十六个，如果只考虑韵母中单个元音的话，那么《汉语拼音方案》所列的语音包括声调在内不超过三十个（王力1980）。以这么有限的语音数量，可以说出无穷多的句子，主要依赖于语音的组合。也就是说，语音组合成音节（汉语往往是一个字），音节组合成词，词组合成词组，词组组合成句子，句子组合成段落。这些大小不同的单位，是语言组织的一部分。这一章我们探讨汉语方言的一些音系现象，揭示语音在词或词组中的分布情况和变化规律。我们会看到，音系分布和音系变化都符合下列假设：

(1) 音系现象涉及自然音集。

以上是生成音系学最基本的假设，因为我们用音系规则解释音系现象，(1) 可理解为音系规则所适用的语音必须是同一自然音集的成员。这一章将围绕这一假设介绍汉语方言的一些音韵现象。

第一节 福州话的辅音变化

语音在词组里的变化，北京话不明显。北京话除了三声字在另一个三声字前变二声字，如"好酒"变"毫酒"，别的语音一般情况下是不变的（儿化除外）。在方言里却不同，汉语各方言要数闽方言的音变现象最为普遍。闽北方言群的主要代表——福州方言，不但声母（即辅音）变化，且韵母也随之而变。福州方言的分析论述不少，有陶燠民（1930/1956）、袁家骅等（1989）、陈天泉等（1981）等；英文专著有 Wright（1983）和 Chan（1985），是在美国大学写的博士论文。这一节我们考察辅音在词组里的变化，材料引自袁家骅等（1989）。福州话辅音共十四个，按辅音发音部位和方式排列如（2）。

（2）

		唇	齿龈	龈腭	软腭
塞音	送气	p´	t´		k´
	不送气	p	t		k
擦音	清		s		x
	浊	(β)	(z)		
塞擦	送气		ts´		
	不送气		ts		
边音			l		
鼻音		m	n	(ñ)	ŋ

从（2）可以看出，福州话只有送气、不送气的区别，没有浊辅音；圆括弧里的音是音变的结果，不见于单词。另外还有喉头塞音/ʔ/，只在元音后出现。（3）是辅音的区别性特征。

（3）福州话辅音的区别性特征

	p	p´	m	t	t´	n	l	s	k	k´	ŋ	x	β	z	ñ
[辅音]	+	+	+	+	+	+	+	+	+	+	+	+	+	+	+
[响音]	−	−	+	−	−	+	+	−	−	−	+	−	−	−	+
[送气]	−	+	−	−	+	−	−	−	−	+	−	−	−	−	−
[浊]	−	−	+	−	−	+	+	−	−	−	+	−	+	+	+
[鼻]	−	−	+	−	−	+	−	−	−	−	+	−	−	−	+
[连续]	−	−	−	−	−	−	−	+	−	−	−	+	+	+	−
[边流]	−	−	−	−	−	−	+	−	−	−	−	−	−	−	−
[舌冠]	−	−	−	+	+	+	+	+	−	−	−	−	−	+	+
[龈前]	+	+	+	+	+	+	+	+	−	−	−	−	+	+	−

许多特征，如［高］、［低］等，对于福州方言的辅音不起区别性作用，为了简便，没有归入（3）。严格说来，［浊］在非变音辅音里也没有区别作用，但变音都是浊音，必须用［浊］这一特征表达音变后清、浊辅音的差别。有一点必须加以说明，就是塞擦音的处理问题。（3）没有把塞擦音包括进去，是因为塞擦音的特殊性。塞擦音的发音过程是先塞后擦，因此，塞擦音一般有两种处理方式。有的学者用乔姆斯基、哈勒提出的特征［缓除］（［delayed release］）来定义塞擦音。乔、哈的定义如下：

（4）［＋缓除］：发音时，气流阻塞不是瞬间消除的
　　　［－缓除］：发音时，气流阻塞是瞬间消除的

只有塞擦音是［＋缓除］，其他语音都是［－缓除］。有的学者认为塞擦音是塞音和擦音的复合音，没有必要设立［缓除］这么一个特征。国际音标用两个符号代表塞擦音，体现这一观点；如/ts/，前一个是塞音，后一个是擦音。我们可以用下面的矩阵形式表达福州话的塞擦音/ts, ts'/。

$$（5）\begin{bmatrix} +辅音 \\ -响音 \\ +/-送气 \\ -浊 \\ -鼻 \\ -连续 \quad +连续 \\ -边流 \\ +舌冠 \\ +龈前 \end{bmatrix}$$

我们知道，一列特征矩阵定义一个音位。（5）的矩阵代表送气或不送气的塞擦音，先是［－连续］，稍后是［＋连续］。这两种处理方式虽然不同，但在分析福州话辅音变化上并没有很大差异；为了方便起见

我们用［缓除］定义塞擦音。福州话的音节或以元音结尾，如"衣"/i/；或以软腭鼻音结尾，如"音"/iŋ/；或以喉塞音结尾，如"亦"/iʔ/。（3）所列的辅音都可在元音前出现，如"寡"/kua/。两字组成一词时，后字的声母（起首辅音）会发生变化。例如（声调不标）：

（6） a. 枇杷　　pi　　　pa　　　→　　pi　　　βa
　　　　土匪　　t'u　　　p'i　　　→　　t'u　　　βi
　　　　买卖　　mɛ　　　ma　　　→　　mɛ　　　ma
　　 b. 戏台　　xie　　　tai　　　→　　xie　　　lai
　　　　课程　　k'uɔ　　　t'iaŋ　　→　　k'uɔ　　　liaŋ
　　　　水仙　　tsuei　　 sieŋ　　→　　tsuei　　 lieŋ
　　　　波浪　　p'ɔ　　　lauŋ　　→　　p'ɔ　　　lauŋ
　　　　大脑　　tuai　　　nɔ　　　→　　tuai　　　nɔ
　　 c. 祖宗　　tsu　　　tsuŋ　　→　　tsu　　　zuŋ
　　　　芥菜　　kai　　　ts'ai　　→　　kai　　　ʒai
　　 d. 米缸　　mi　　　kouŋ　　→　　mi　　　ouŋ
　　　　布裤　　puɔ　　　k'ou　　→　　puɔ　　　ou
　　　　西风　　sɛ　　　xuŋ　　→　　sɛ　　　uŋ
　　　　礼仪　　lɛ　　　ŋi　　　→　　lɛ　　　ŋi

（6）的例子第一字都以元音结尾；按第二字起首辅音（声母），（6a）是唇音，（6b，c）是齿龈音，（6d）是软腭音。我们把（6）所显示的音变现象总结如下：

（7） 在两个元音之间
　　　a. 双唇部位，清塞音/p，p'/变浊擦音/β/；
　　　b. 齿龈部位，清塞、擦音/t，t'，s/变边音/l/；
　　　c. 齿龈塞擦音/ts，ts'/变浊擦音/z，ʒ/；
　　　d. 软腭部位，清音/k，k'，x/脱落；
　　　e. 由于（a）-（d）的作用，两元音之间的辅音一定是［＋浊］。

我们说过，生成音系学的基本假设就是音系现象影响自然音集，(7) 的结论充分证明这一点：音变仅仅影响到 [-响音] 自然音集，丝毫不影响 [+响音] 自然音集。另外，双唇塞音变擦音，这种变化并不涉及齿龈塞音或软腭塞音。用符号来描写，(7) 可以写成 (8)。

(8) a. [+辅音] → [+浊] / [-辅音] _ [-辅音]

b. $\begin{bmatrix} -连续 \\ -舌冠 \\ +龈前 \end{bmatrix}$ → [+连续] / [-辅音] _ [-辅音]

c. [+缓除] → [+连续] / [-辅音] _ [-辅音]

d. $\begin{bmatrix} -响音 \\ +龈前 \\ +舌冠 \end{bmatrix}$ → [+边流] / [-辅音] _ [-辅音]

e. $\begin{bmatrix} -响音 \\ -龈前 \\ -舌冠 \end{bmatrix}$ → Ø / [-辅音] _ [-辅音]

(8) 的规则简化了区别性特征矩阵，只包括直接相关的、有区别性的特征 [完整的区别性特征请参考(3)]。在这些规则形式里，箭头的左右边都是自然音集，适用于满足各自条件的语音。(8a) 用 [+辅音] 而不用 [-响音]，主要原因是 [+辅音] 这一自然音集除了塞音、擦音和塞擦音外还包括边音和鼻音，但 [-响音] 仅仅包括前三类语音而已。因为边音和鼻音都属 [+浊]，用 [+辅音] 可以使规则适用于所有可以出现在两个元音之间的语音。前面说过福州话音节结尾的音有元音、软腭鼻音 /ŋ/ 以及喉头塞音 /ʔ/，两字成一词，连接处可能产生下列情景。

(9) a. ...V V...　　...Vŋ V...　　...Vʔ V...
　　b. ...V [-浊]V......Vŋ [-浊]V......Vʔ [-浊]V...
　　c. ...V [+浊]V......Vŋ [+浊]V......Vʔ [+浊]V...

实际上（8a）只对（9b）各式有效，其结果使（9b）式变成相对应的（9c）式。（9c）各式本身已是［+浊］，（8a）虽适用，不产生效果。元音都是［+浊］，（8a）是典型的同化（assimilation）规则，使［-浊］音变成［+浊］，与前后的元音同化。（8b）使唇塞音变成唇擦音，这在音系学里称作擦音化（spirantization）。擦音化也可看作是一种同化现象，塞音变擦音，在［连续］这一区别性特征上与前后元音一致。（8a）和（8b）都是同化规则，不过，（8a）是声带振动方面的同化，而（8b）则是气流连续性方面的同化。

塞擦音比较特殊［见（7c）］，（8c）不能推出/z/和/ʒ/的区别，只能部分地解释（7c）的观察。袁家骅等（1989）所列的材料不多，无法找出塞擦音音变规律，但（8c）能帮助解释两个重要的理论概念，即规则的次序（rule order）和优先条件（Elsewhere Condition），这是我们为讨论塞擦音而设立（8c）的主要原因。

用（8）的规则可以推导出所观察到的福州声母的音系现象，如（10）所示。

(10) 音系表达：　/pi pa/　/xie tai/　/tsu tsu/　/mi kouŋ/
　　　规则（8a）：　b　　　　d　　　　dz　　　　g
　　　规则（8b）：　β　　　　-　　　　-　　　　-
　　　规则（8c）：　-　　　　-　　　　z　　　　-
　　　规则（8d）：　-　　　　l　　　　-　　　　-
　　　规则（8e）：　-　　　　-　　　　-　　　　Ø
　　　语音表达：　[pi βa]　[xie lai]　[tsu zuŋ]　[mi ouŋ]

（10）所显示的推导还说明一个非常重要的音系原则。当我们仔细考察规则（8c）和（8d）时，就不难发现两者都适用于塞擦音，这样，规则使用的先后次序就成一个具有理论意义的命题了。（10）的推导是（8c）先于（8d）；如果先用（8d），后用（8c），就会推导出错误的语音表达式。

(11) 音系表达：　　　　　　　/tsu　tsuŋ/

规则（8a）：	dz
规则（8b）：	—
规则（8d）：	l
规则（8c）：	—
规则（8e）：	—
语音表达：	*[tsu luŋ]

（8d）破坏了（8c）的条件，因而不能使用。这说明（8）的规则之间应有次序，（8c）先于（8d）。至于（8a, d, e），次序不重要，哪个先用都能得出正确的语音表达。仔细考察（8c）和（8d）的形式结构，我们会发现（8c）适用于齿龈塞擦音/ts, ts'/，而（8d）适用于所有的齿龈辅音/t, t', s, ts, ts'/。换句话说，（8c）的条件是（8d）条件的一部分，前者是特殊规则，后者是普遍规则。（8c）先于（8d）不是偶然的，而是受优先条件的制约。优先条件是：

（12）给定两个规则，甲和乙，如果甲的使用条件是乙的使用条件的一部分，那么，在使用次序上，甲先于乙。

现在继续考察福州方言的辅音变化现象。当前字以鼻音结尾时，后字起首辅音的变化不同，例如：

（13） a. 棉袍　　mieŋ pɔ→mieŋ mɔ
　　　　　黄蜂　　uoŋ p'uŋ→uoŋ muŋ
　　　　　风帽　　xuŋ mɔ→xuŋ mɔ
　　　b. 皇帝　　xuɔŋ ta→xuɔŋ na
　　　　　甜汤　　tieŋ t'ouŋ→tieŋ nouŋ
　　　　　新诗　　siŋ si→siŋ ni
　　　　　便利　　pieŋ lei→pieŋ nei
　　　　　男女　　naŋ ny→naŋ ny
　　　c. 限制　　aiŋ tsie→aiŋ ñie
　　　　　清唱　　ts'íŋ ts'yɔŋ→ ts'íŋ ʒyɔŋ

第二章 语音的分布和变化　　　　　　　　　　55

  d. 战国　　　tsieŋ kuɔʔ→tsieŋ ŋuɔʔ
   轻气　　　kʻiŋ kʻei→kʻiŋ ŋei
   品行　　　pʻiŋ xaiŋ→pʻiŋ ŋaiŋ
   汉魏　　　xaŋ ŋuei→xaŋ ŋuei

  从（13）的例子我们可以看到后字辅音都变成鼻音，但发音部位不变。原辅音是唇音，音变后为唇鼻音，如（13a）；原辅音是齿龈音，音变后为齿龈鼻音，如（13b）；原辅音是软腭音，音变后为软腭鼻音，如（13d）。塞擦音音变后为龈腭鼻音/ñ/或龈腭浊擦音/ʒ/，如（13c）、（7c），这是特殊的音变现象，似无规律可循，在此作例外处理。（13）所显示的其他音变现象，可用（14）提出的音系规则推导出来。

  （14）［＋辅音］→［＋鼻］／［＋鼻］＿

  在福州方言里，任何辅音在鼻音后一律变成鼻音。具体推导过程如下。

  （15）音系表达：　　mieŋ pɔ　　siŋ si　　tsieŋ kuɔʔ
    规则（14）：　　　m　　　　n　　　　ŋ
    语音表达：　　mieŋ mɔ　　siŋ ni　　tsieŋ ŋuɔʔ

  与规则（8a）一样，规则（14）也是一个同化规则，使本来［－鼻］的辅音在［＋鼻］辅音后同化为鼻音。
  这里还有一个细节问题需要说明。以/pɔ/的推导为例，/p/的区别性矩阵如（16a），/m/的区别性矩阵如（16b）。

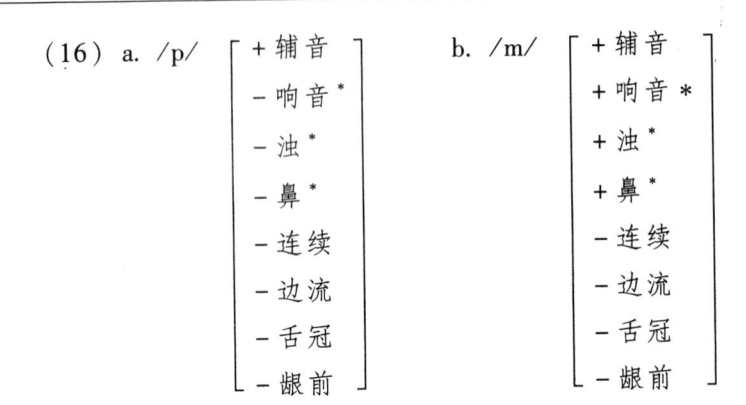

（16） a. /p/ $\begin{bmatrix} +辅音 \\ -响音^* \\ -浊^* \\ -鼻^* \\ -连续 \\ -边流 \\ -舌冠 \\ -龈前 \end{bmatrix}$ b. /m/ $\begin{bmatrix} +辅音 \\ +响音^* \\ +浊^* \\ +鼻^* \\ -连续 \\ -边流 \\ -舌冠 \\ -龈前 \end{bmatrix}$

两个矩阵的不同在于［响音］、［浊］、［鼻］等三个特征（用星号标志），而规则（14）仅仅把/p/的矩阵中的［－鼻］变成［＋鼻］，即：

（17） $\begin{bmatrix} +辅音 \\ -响音^* \\ -浊^* \\ +鼻 \\ -连续 \\ -边流 \\ -舌冠 \\ -龈前 \end{bmatrix}$

（17）的矩阵和/m/的矩阵不完全相同，怎么能说（14）可以从/p/推出/m/呢？原来在所有语言中，［＋鼻］的语音都是响音，即［＋响音］，这可以从（3）的辅音矩阵中证实。我们把［鼻］和［响音］的关系写成音系规则如下。

（18）［＋鼻］→［＋响音］

从（3）我们还可以看出响音都是浊音，因此有（19）。

(19) [＋响音] → [＋浊]

事实上，响音（元音、鼻音和流音）一般都是浊音，只有在特殊情况下才是清音。(18) 和 (19) 是具有普遍性（universal）的蕴涵规则，不但适用于福州方言，也适用于其他方言或其他语言。在这两个规则的作用下，(17) 就自动变成 (20)。

$$(20)\begin{bmatrix} +辅音 \\ +响音 \\ +浊 \\ +鼻 \\ -连续 \\ -边流 \\ -舌冠 \\ -龈前 \end{bmatrix}$$

(20) 就是 /m/ 的矩阵。/t/ 变 /n/ 和 /k/ 变 /ŋ/ 的推导过程相同。福州方言的鼻音同化还涉及擦音，如 /s/ 变 /n/，如 (13b)。我们知道当软腭参与发音时，有下列三种语音：

(21) a. 软腭上升，鼻腔不进气，所发之音有：
口音，兼有 [－连续]（塞音）和 [＋连续]；
b. 软腭下垂，鼻腔进气，所发之音有两种：
i. 鼻音，气流在口腔内完全阻塞，是 [－连续]，所以鼻音也称鼻塞音；
ii. 鼻化元音，气流在口腔内畅通，是 [＋连续]（元音符号上加"~"代表鼻音化，如 /a/ 是口腔元音，/ã/ 是鼻化元音）。

于是，软腭参与发音的结果，凡辅音的都是 [－连续]，无鼻化擦音。因此我们有 (22)。

$$(22) \begin{bmatrix} +辅音 \\ +鼻 \end{bmatrix} \rightarrow [-连续]$$

（22）也是具有普遍性的规则，所有鼻音在发音时气流都要在口腔内受阻塞，所以擦音被鼻音同化后就自动获得［－连续］的区别性特征。

有一个术语在这里应当介绍一下，那就是音段（segment）。音段是音位和语音的统称。音系表达上的音段，对应于结构音系学的音位；语音表达上的音段，对应于结构音系学的语音（或同位音）。（18）、（19）和（22）有一个共同特点，都表示音段内部区别性特征之间的关系，从而确定音段的结构，所以这些规则也称为音段结构（segmental structure）规则。当某音系规则在某区别性特征矩阵内（即某语音内）改变区别性特征的值时（譬如［－鼻］变［＋鼻］），别的特征必须作出调整。特征值的调整往往是自动完成的，因此，（18）、（19）和（22）这类规则，称为自动规则（default rule）。并不是所有的音段结构规则都是自动规则，但是为了维持音段的内部结构，绝大多数具备自动规则的作用。

上文对福州方言的辅音音变现象作了透彻分析，通过分析接触到一些重要的理论概念。音系规则当中有的只见于一种语言，有的具有普遍性。从使用上看，音系规则往往讲究次序。有的次序是由优先条件规定的，当然也有规则不受优先条件的制约，这些规则的次序只能凭推导结果来确定。由于先后次序的排列，规则之间可以存在拆除关系以及成全关系，视规则的特性而定。

第二节 福清话的鼻音节

上节分析福州方言辅音的同化现象，表现在辅音在元音之间浊化、擦音化，在鼻音后鼻音化。这一节我们考察福州附近的福清话，介绍一个非常普遍的同化现象：辅音的发音部位受环境影响而变化。

福清话和福州话接近，都属于闽北方言群。福清话的辅音和福州话的相同，共十四个［见本章第一节（3）］。词组里辅音产生音变，大致

第二章 语音的分布和变化

与福州辅音的音变相仿。这一节我们只考察否定词的音变，材料引自高玉振（1978），冯爱珍（1993）也有类似材料。

福清话的否定词"勿"单念时为音节性软腭鼻音/ŋ/，用在动词之前作否定作用。跟动词合用时，"勿"的发音部位因动词词首音而定。具体材料如下。

(1) a. 勿抱　/pɔ/　　→　m mɔ
　　　 勿派　/pʻai/　 →　m mai
　　　 勿买　/mɛ/　　→　m mɛ
　　b. 勿等　/tiŋ/　　→　n niŋ
　　　 勿贴　/tʻæʔ/　 →　n næʔ
　　　 勿来　/li/　　 →　n ni
　　　 勿做　/tsɔ/　　→　n nɔ
　　　 勿唱　/tsʻioŋ/ →　n nioŋ
　　　 勿洗　/sɛ/　　 →　n nɛ
　　c. 勿讲　/koŋ/　　→　ŋ ŋoŋ
　　　 勿去　/kʻɔ/　　→　ŋ ŋɔ
　　　 勿碾　/ŋien/　 →　ŋ ŋien
　　　 勿扶　/xou/　　→　ŋ ŋou
　　d. 勿画　/ua/　　 →　ŋ ŋua
　　　 勿学　/ɔ/　　　→　ŋ ŋɔ

/.../是动词的音系形式（即音系表达式），箭头右边是否定词加动词后的音变情况。纵观（1）所列音变过程，有两个步骤。一、"勿"的发音部位完全取决于动词的声母，所以，动词若以唇音为声母，"勿"变唇鼻音［见（2a）］；动词若以齿龈音为声母，"勿"变齿龈鼻音［见（3b）］。二、动词的声母一律变成鼻音，但仍保持原来的发音部位。这点与福州话声母鼻音化一致。从（1d）得知，当动词无声母时（亦称零声母），"勿"的发音部位是软腭，说明"勿"的词汇形式是/ŋ/。需要两个规则说明"勿"的音变：

（2） a. ［＋辅音］→［＋鼻音］/［＋鼻音］＿

b. ［＋鼻音］→ $\begin{bmatrix} \alpha \text{龈前} \\ \beta \text{舌冠} \end{bmatrix}$ / ＿$\begin{bmatrix} \alpha \text{龈前} \\ \beta \text{舌冠} \end{bmatrix}$

（2a）是鼻音同化规则，跟福州话鼻音同化是一样的。与福州话不同之处，就是福清话的鼻音同化涉及所有辅音，而福州话的鼻音同化不涉及塞擦音。这使得我们的分析更趋简化，因为鼻音都是响音，所以在（2a）的作用下，［＋辅音］成鼻音化，［－响音］自然变成［＋响音］，这点跟福州话一致。

（2b）规则的符号需要说明一下。这个规则使得鼻音的发音部位同化于后一音素，因此这一规则所解释的现象称发音部位同化。在此规则里，α 和 β 都是变数，其值或是 + 或是 -。如果环境中的［龈前］是 α = +，那么鼻音的［龈前］也是 α = +；如果环境中的［龈前］是 α = -，那么鼻音的［龈前］也是 α = -。［舌冠］的 β 亦作同解。（2b）实际上是下列四个规则的缩写形式。

（3） a. α = +，β = + ［＋鼻音］→ $\begin{bmatrix} +\text{龈前} \\ +\text{舌冠} \end{bmatrix}$ / ＿$\begin{bmatrix} +\text{龈前} \\ +\text{舌冠} \end{bmatrix}$

b. α = +，β = - ［＋鼻音］→ $\begin{bmatrix} +\text{龈前} \\ -\text{舌冠} \end{bmatrix}$ / ＿$\begin{bmatrix} +\text{龈前} \\ -\text{舌冠} \end{bmatrix}$

c. α = -，β = + ［＋鼻音］→ $\begin{bmatrix} -\text{龈前} \\ +\text{舌冠} \end{bmatrix}$ / ＿$\begin{bmatrix} -\text{龈前} \\ +\text{舌冠} \end{bmatrix}$

d. α = -，β = - ［＋鼻音］→ $\begin{bmatrix} -\text{龈前} \\ -\text{舌冠} \end{bmatrix}$ / ＿$\begin{bmatrix} -\text{龈前} \\ -\text{舌冠} \end{bmatrix}$

（3a）把鼻音变成齿龈鼻音［n］；（3b）把鼻音变成唇鼻音［m］；（3c）把鼻音变成齿龈鼻音［ñ］，但福清话没有齿龈音，因而这种情况不会产生；（3d）把鼻音变成软腭鼻音［ŋ］。使用诸如 α 和 β 的变数可以使规则更加简练、明了。福清话的发音部位同化现象完全可以用（2b）解释，不必用（3a，b，d）三个规则。有关推导如下：

(4) 音系表达式　　/ŋ+pɔ/　　/ŋ+tiŋ/　　/ŋ+sɛ/　　/ŋ+koŋ/
　　规则（2a）　　m　　　　n　　　　　n　　　　ŋ
　　规则（2b）　　m　　　　n　　　　　n　　　　—
　　语音表达式　　[m+mɔ]　[n+niŋ]　　[n+nɛ]　　[ŋ+ŋoŋ]

从/p, t, s, k/到/m, n, ŋ/，光靠（2a）是不够的，还需要下面三个规则。

(5) a. [+鼻音] → [+响音]
　　b. [+响音] → [+浊音]
　　c. $\begin{bmatrix} +辅音 \\ +鼻音 \end{bmatrix}$ → [−连续]

（5）的规则是具有普遍性的自动规则，我们在讨论福州话时已经见过；这些规则弥补（2a）之不足。

有一点值得一提。福清方言以元音为首的动词在否定后多出一个[ŋ]，如"画"单念是[ua]，在"勿"后念[ŋua]［见（1d）］。鼻化规则（2a）把鼻音后的辅音变为鼻音，倘若动词没有辅音，（2a）就用不上，（1d）的例子作何解释呢？研究汉语的学者有比较一致的看法，即以元音起首的音节都有一个所谓"零声母"（zero initial）（见 Hocket 1947；Chao 1968a；王力 1956，1958；赵元任 1980）。这个零声母并没有固定的发音，因此在语音表达式上不必纳入零声母，《汉语拼音方案》就是用这种方法处理"安"an、"恩"en 这类具有零声母的音节，高玉振（1978）也没有用任何符号代表福清方言的零声母。但在音系表达上，我们可在音节之首为零声母"保留"一个位置，"画"的音系表达式是/□ua/（其中□代表零声母的位置）。

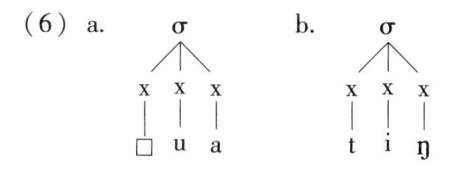

(6) a.　　σ　　　　b.　　σ
　　　　／|＼　　　　　　／|＼
　　　　x x x　　　　　　x x x
　　　　| | |　　　　　　| | |
　　　　□ u a　　　　　　t i ŋ

在（6）的两个结构中，σ代表音节，对应一个汉字，x代表音位的"位置"，表示一个时间单元（timing unit），t、ŋ、i、u、a分别代表各自的区别性特征矩阵。本书在介绍自主音段表达式（autosegmental representation）时会详细讨论（6）所显示的表达式。有了如（6）所示的表达式，我们可以把（2a）的鼻音同化规则改写成（7）。

(7) ［－鼻］→［＋鼻］／［＋鼻］［$_\sigma$＿

上式中"［σ"表示音节之首。(7) 把音节的第一个音，包括零声母，同化成鼻音。当然，还需要一些自动规则使零声母在鼻音化后念成软腭鼻音，这些规则的作用与（5）所列的自动规则是一致的，在此省略不谈。

第三节 福清话的韵母和声调

语音在音节里的分布是受约束的，不是每个辅音都可以跟任何一个元音相配而成词。声音在词里所受的制约，称为配音律（phonotactics）。从狭义上理解，配音律制约词内部语音的搭配关系，从而确定词的音韵形式。这种制约有时也称词素结构条件（morpheme structure condition）。最近国内外一些学者对这个问题下了功夫，写出不少精辟的论文，如Wright（1983）、Chan（1985）、Yip（1989a）、Lin（1989）、Duanmu（1990，2000）、Chiang（1992）等等。社会科学文献出版社出版的方言调查丛书，也在这方面作出了贡献。本章第三节和第四节将通过分析实例，把语音分布方面的研究方向和方法介绍给读者；福清话的材料引自冯爱珍（1993）。

福清话有十四个辅音，加上所谓的零声母，一共十五个，跟福州话的辅音完全相同。韵母也跟福州话相似，分紧、松两类，各四十五个；另外还有四个不常用的韵母：三个自成音节的鼻音/m, n, ŋ/（见本章第二节），一个紧韵母/iau/，共九十四个韵母。福清话的韵母见（1）（冯爱珍 1993：31）。

(1)　　　　　i　　　　ii　　　　　iii　　　　　iv　　　　　　v
　　　a.　i/e　　　iŋ/eŋ　　iʔ/eʔ　　　　　　　　　iu/ieu
　　　b.　y/ø　　　yŋ/øŋ　　yʔ/øʔ
　　　c.　e/ɛ　　　eŋ/ɛŋ　　eʔ/ɛʔ　　　　　　　　 eu/ɛu
　　　d.　ø/œ　　　øŋ/œŋ　　øʔ/œʔ
　　　e.　u/o　　　uŋ/oŋ　　uʔ/oʔ　　　ui/uoi
　　　f.　o/ɔ　　　oŋ/ɔŋ　　oʔ/ɔʔ　　　oi/ɔi
　　　g.　a/ɑ　　　aŋ/ɑŋ　　aʔ/ɑʔ　　　ai/ɑi　　　au/ɑu
　　　h.　ie/iɛ　　ieŋ/iɛŋ　 ieʔ/iɛʔ　　　　　　　 ieu/iɛu
　　　i.　ia/iɑ　　iaŋ/iɑŋ　 iaʔ/iɑʔ　　　　　　　 iau
　　　j.　yo/yɔ　　yoŋ/yɔŋ　yoʔ/yɔʔ
　　　k.　uo/uɔ　　uoŋ/uɔŋ　uoʔ/uɔʔ　　uoi/uɔi
　　　l.　ua/uɑ　　uaŋ/uɑŋ　uaʔ/uɑʔ

（1i）列的韵母以元音结尾（无韵尾），（1ii）的韵母有韵尾/ŋ/，（1iii）的韵母有韵尾/ʔ/，（1iv）的韵母有韵尾/i/，（1v）的韵母有韵尾/u/。斜线前的是紧韵母，斜线后的是与之相对应的松韵母。紧、松韵母在音节里的分布和声调有直接关系。福清话有七个声调，分紧、松两类，紧调与紧韵母同用，松调与松韵母同用。福清话的声调如下：

(2)　　紧调：　　阴平　53　　阳平　55
　　　　　　　　 上声　33　　阳入　5
　　　　松调：　　阴去　21　　阳去　41
　　　　　　　　 阴入　2

（2）里的1—5是赵元任在40年代设计的标调符号：1代表低调，5代表高调。53表示高降调，声调由5开始下滑至3；55为平调，声调以5始，以5终；别的调以此类推。阴入2冯书作22，因为是入声，我们改用一个2，表示短调。

有一点应该特别提出，就是所谓的紧松韵母（紧松声调）与紧松元音完全不同。紧元音发音时舌头肌肉紧张，松元音则舌头肌肉松弛；紧松韵母与舌头在口腔的位置有关，与舌头肌肉状况没有关系。

为了澄清声调和韵母之间的关系，首先检讨紧调与松调、紧韵母与松韵母之间的语音差异。从（2）的声调看出，声调的音高与韵母的紧松有直接关系：福清话有两个降调，高降调［53］为紧，相对低降调［41］为松；对于平调，相对的高调［55，5，33］为紧，低调［21，2］为松。用区别性特征来定义声调是一个有争议的问题（参阅第四章），一般同意用两个区别性特征来定义声调，即［高调］（［upper］）和［提升］（［raised］）（Yip 1980，1989b，2002；Pulleyblank 1986），定义如下：

(3) ［+高调］：声带能发出的音高上半部分
　　　［-高调］：声带能发出的音高下半部分
　　　［+提升］：音高上、下部分的高处
　　　［-提升］：音高上、下部分的低处

用这两个区别性特征，福清话的声调可作如下处理。

(4) ［+高调］　［+提升］　55，5，53
　　　　　　　［-提升］　33
　　　［-高调］　［+提升］　2，41
　　　　　　　［-提升］　21

声调的区别性特征在音系层次上区分声调，没有绝对的语音体现，这是区别性特征的一大特点。因此，［33］在甲语言是［+高调，-提升］，在乙语言就可能是［-高调，+提升］。福清话里我们把［33］看成高调，有两个原因。第一，福清话还有两个比［33］更低的调，即［2］和［21］；第二，［33］与其他高调有些相同之处，不仅仅体现在紧松对立上，在连读变调上，也有些相似的表现（见冯爱珍 1993：39）。我们把［21］看成平调［22］，［53］、［41］看成降调。这样，所谓紧调实际上是［+高调］；所谓松调，实际上是［-高调］。

根据冯爱珍的分析，紧松韵母的主要差别是元音舌位前后高低的不同。如果我们把韵母中的主要元音分析出来，紧松元音的对应情况如

(5)所示。

```
(5)      紧  松         紧  松         紧  松
    a.   i   e     b.   y   ø     c.   e   ɛ
    d.   ø   œ     e.   u   o     f.   o   ɔ
    g.   a   ɑ     h.   e   ɐ     i.   o   ɐ
                    (ieu/iɐu)       (uoi/uɐi)
```

（5h）、（5i）的对应比较特殊，只用于括弧里的韵母。从（5）的对应看出，紧音（包括元音和声调）与松音的关系是相对的，而且不能从发音机制方面得到解释。音为紧是相对于松而言，音为松是相对于紧而言。某个紧音的松音可能是另一音的紧音，比如［e］，是［i］的松音（5a），同时是［ɛ］的紧音（5c）。紧、松是一个音系现象。我们说过，音系变化的动因在于音系内部，这就是一个实例。

这些元音按国际音标归类如（6）所示（冯爱珍 1993：9）。

```
(6)        前        央        后
    高    i, y                  u
    半高   e, ø                  o
    半低   ɛ, œ                  ɔ
    低     a         ɐ          ɑ
```

福清话元音在语音层次上如此众多，给我们启用的区别性特征带来麻烦。在讨论语音的发音机制时，我们曾把半高、半低元音统称为中元音，并用［高］、［低］两特征区别之；（6）的四个层次是无法用两个相关特征来定义的。此外，我们用［后］区别前后元音，同时把央元音归于后元音。在许多语言的音系里，这三个特征就足够了，但对福清话来说，区别半高和半低以及央后元音，是个问题。对于前后元音方面，可以用［前］（［front］）特征，定义如下。

（7）　［+前］：发音时舌头前移

[－前]：发音时舌头不前移

[前]、[后] 两特征可以区别三个舌位：

(8)   前元音 央元音 后元音
  [前]   +   －   －
  [后]   －   －   +

解决了央后区别，现在考虑如何区别半高和半低。从发音角度看，半高和半低，与其说是舌位上的差别，不如说是舌肌紧张程度上的差别。乔姆斯基、哈勒（1968）认为，舌肌（其实包括喉头以上的整个控制发音器的肌体）紧张时发出的元音往往比较长，英语的紧肌（tense）元音有 [i, u, e, o]，前面两个为长元音 [iː, uː]，后面两个是双元音（diphthong）[ei, ou]。福清话的半高元音 [e, o, ø] 也一样，都有双元音倾向（冯爱珍 1993：31）。因此需要引进一个新的区别性特征——[紧肌]，并使用乔姆斯基、哈勒的定义如下。

(9) [＋紧肌]：发音时舌肌紧张
   [－紧肌]：发音时舌肌不紧张

半高元音为 [＋紧肌]，半低元音为 [－紧肌]。应该强调的是，紧肌元音不是紧韵母，松肌（lax）元音不是松韵母，应加以严格区别。

为了便于说明福清话的紧松元音的对应现象，我们把（6）的元音用区别性特征标示如下：

(10)

	i	e	y	ø	ɛ	œ	a	u	o	ɔ	ɑ
[高]	+	－	+	－	－	－	－	+	－	－	－
[低]	－	－	－	－	－	－	+	－	－	+	+
[前]	+	+	+	+	+	+	+	－	－	－	－
[后]	－	－	－	－	－	－	－	+	+	+	－

| [圆] | − | − | + | + | − | + | − | + | + | + | − | − |
| [紧肌] | + | + | + | + | − | + | − | + | + | − | − | − |

为了简洁，不相干的区别性特征没有列入。

介绍了紧、松韵母的语音特点后，我们可以清楚地看到紧松对应的真相。冯爱珍所说的高低前后变化，只适合于高、低元音。具体说来，高元音变［+高］为［−高］［见（5a, b, e）］；低元音变［+前］为［−前］［见（5g）］；而紧肌中元音（半高元音）则变［+紧肌］为［−紧肌］（半低元音）［见（5c, d, f）］；半低元音［ɛ, œ, ɔ］没有紧松对应，分别是［e, ø, o］的松韵母。我们把紧、松韵母之对应总结如下：

(11)　　主要元音　　紧韵母　　松韵母　　举例
　　a.　高　　　　　［+高］　　［−高］　　(5a, b, e)
　　b.　紧肌（半高）［+紧肌］　［−紧肌］　(5c, d, f)
　　c.　松肌（半低）（无紧松韵母之对应）
　　d.　低　　　　　［+前］　　［−前］　　(5g)

半低元音之所以没有紧松对应，因为这些元音是［−紧肌］，而中元音的紧松韵母之对应，正是［+紧肌］和［−紧肌］的对立。(5h, i) 的对应属例外，因为半高元音［e, o］对应央元音［ɐ］。

前面说过，紧声调音高相对比较高，松声调音高相对比较低，可以用［+高调］定义紧声调，［−高调］定义松声调。采用冯爱珍的分析，把紧韵母作为紧、松对子的基本形式，即音系表达形式，那么，要推导出在语音表达上的紧、松对立，我们用下面三个规则。

(12) a. ［+高］ → ［−高］／［＿］$_N$
　　　　　　　　　　　　　│
　　　　　　　　　　　　［-高调］

　　　b. ［+低］ → ［+后］／［＿］$_N$
　　　　　　　　　　　　　│

$$\text{c.} \begin{bmatrix} -高 \\ -低 \end{bmatrix} \rightarrow [-紧肌] \;/\; \begin{matrix} [-高调] \\ [\_]_N \\ | \\ [-高调] \end{matrix}$$

在上列规则里，[ ]_N 代表音节核心，| 是连接线（association line），表示音节核心与低调（[-高调]）连接在一起①。(12) 的音系环境是相同的，都是元音在与低调相配的环境下才使用。(12a) 把 [+高] 元音（/i, y, u/）变为 [-高] 元音（[e, ø, o]），(12b) 把 [+低] 元音（/a/）变成 [+后]（[ɑ]），(12c) 把中元音（[e, ø, o]）变成松肌元音（[ɛ, œ, ɔ]）。其中 (12a, b)、(12b, c) 各不相干，先后次序不影响推导结果；但 (12a, c) 却有形式上的关联，(12a) 的结果符合 (12c) 的条件。为了避免推导出错误的语音表达式，必须把 (12c) 安排在 (12a) 之前。这种次序跟优先条件没有关系，因为二者的音系条件是相互独立的。福清话韵母紧松对立的推导过程如下（将阴平53作高调，阴去22作低调）。

	a.	b.	c.	d.	e.	f.
(13) 音系表达	53	22	53	22	53	22
	|	|	|	|	|	|
	su	su	to	to	pa	pa
规则（12c）	—	—	—	—	—	22
						|
						pɑ
规则（12a）	—	22	—	—	—	—
		|				
		so				
规则（12b）	—	—	—	22	—	—

---

① 连接线是自主音段表达（autosegmental representation）的主要概念。简单说来，凡是用连接线连接起来的单位在发音上是同时的，见本书第四、第五章。

第二章 语音的分布和变化   69

			ɔ			
语音表达	53	22	53	22	53	22
	|	|	|	|	|	|
	su	so	tɔ	tɔ	pa	pɑ

（13a, c, e）有高调，不满足（12）的使用条件。可以清楚地看到，如果（12c）在（12a）之后使用，就会有 su 22→so 22→sɔ 22 的错误结果。

以上分析还不能解释（5h）、（5i）的对应。二者对应如下：

（5）　　紧　松　　　　　　　紧　松
　　　h. e ɐ（iɐu/iɐu）　　i. o ɐ（uoi/ion）
（iɐu/iɐu）

按规则，紧元音 [e, o] 分别对应于松元音 [ɛ, ɔ]［见（5c, f）]。也许（5h, i）的推导过程是 [e, o] 先按规则变成 [ɛ, ɔ]，由于福清话没有 [iɐu] 和 [uɔi]，[ɛ, ɔ] 再变成 [iɐi] 和 [uɐi]。必须承认（5h, i）是比较复杂的音变。

福清话的紧松韵母的分布是有条件的：紧韵母配紧调，松韵母配松调。我们的分析在音系层次上只假设一个形式，语音层次上的紧、松差别是音系规则的产物。换句话说，紧、松元音是同一音位的变体。因为紧、松韵母分布在各自的音系环境而互不干扰，这种分布称为互补分布（complementary distribution）。凡处于互补分布的语音，都可以用相同的方法加以分析。

第四节　福清话唇音的分布

上一节讨论了福清话紧、松韵母与声调的关系，并指出紧、松韵母的分布是互补的。这一节将探讨语音在音节中的搭配情况。语言的配音律往往决定该语言词素的音系形式，因此制约语音搭配的规律称为词素结构条件。人们对语音串是否为词有直觉上的判断力，其根据就是语法中的词素结构条件。唇音搭配现象在汉语方言里相当普遍，但各方言的具体制约条件在细节上有差别。

福清话的韵母在第三节已经提过，现将韵母按开、齐、合、撮排列如下（不取松韵母）。

(1) a. 开口呼　　e　　eŋ　　eʔ　　　　eu
　　　　　　　　a　　aŋ　　aʔ　　ai　au
　　b. 齐齿呼　　i　　iŋ　　iʔ　　　　iu
　　　　　　　　ie　　ieŋ　　ieʔ　　　ieu
　　　　　　　　ia　　iaŋ　　iaʔ　　　iau
　　c. 合口呼　　ø　　øŋ　　øʔ
　　　　　　　　u　　uŋ　　uʔ　　ui
　　　　　　　　o　　oŋ　　oʔ　　oi
　　　　　　　　uo　　uoŋ　　uoʔ　　uoi
　　　　　　　　ua　　uaŋ　　uaʔ
　　d. 撮口呼　　y　　yŋ　　yʔ
　　　　　　　　yo　　yoŋ　　yoʔ

上式的名称是中国语言学界常用的术语。从各呼的韵母来看，所谓开口呼就是韵头元音（或介音）是［－圆，－高］，齐齿呼的元音（或介音）是［－圆，＋高］，合口呼的元音是［＋圆］，撮口呼是［＋圆，＋前］。福清话的声母有十四个（不包括零声母），按发音部位分三类，即：

(2) a. 唇音　　　　p, pʻ, m
　　b. 齿龈音　　　t, tʻ, n, l, ts, tsʻ, s
　　c. 软腭音　　　k, kʻ, ŋ, h

声母、韵母配合情况如下（例字的声母用/p, t, k/，韵母用紧韵母）。

（3） a. 开口呼韵母

疤　pa 53　　择　ta 53　　胶　ka 53
排　pe 55　　低　te 53　　街　ke 53

b. 齐齿呼韵母

壁　pia 21　　值　tia 53　　茄　kia 53
陂　pie 53　　爹　tie 53　　鸡　kie 53

c. 合口呼韵母

莆　pu 55　　都　tu 53　　姑　ku 53
簸　pua 33　　大　tua 41　　瓜　kua 33
硼　pøŋ 55　　东　tøŋ 53　　江　køŋ 53

d. 撮口呼韵母

*py　　　　　猪　ty 53　　居　ky 53
*pyŋ　　　　忠　tyŋ 53　　斤　kyŋ 53
*pyʔ　　　　轴　tyʔ 5　　菊　kyʔ 2
*pyo　　　　着　tyo 53　　桥　kyo 55
*pyoŋ　　　张　tyoŋ 53　　姜　kyoŋ 53
*pyoʔ　　　着　tyoʔ 5　　决　kyoʔ 2

（3b）的"壁"、（3c）的"大"、（3d）的"菊"、"决"等字，由于松调的关系，韵母都会松化，（3）没有标出（详见第三节）。从这些例子可以看出，除了唇音不拼撮口韵母外，其他辅音在原则上可以跟任何元音相拼。（3c）偶尔有些音节福清话不存在，例如有 [pua 33]"簸"而无 *[pua 53]，这些属于缺口，若要造新词，完全可用上。事实上，[pua 33] 不能单独使用，但可作为两字组后字用。根据冯爱珍的归纳，福清话两字组变调，上声 [33] 在阴平 [53] 后变成 [53]，因此"颠簸"的"簸"念成 [pua 53]。单字的缺口，完全有可能在词组里得到弥补。（3d）则不同，福清话的唇音无论在什么场合都不能跟撮口呼韵母相拼。为了表示这点，我们提出一条配音律如下：

（4） *[+唇] $\begin{bmatrix} +唇 \\ +高 \\ -后 \end{bmatrix}$

这条配音律规定一个唇音不能与一个前高圆唇音相拼；福清话只有一个前高圆唇音［y］。

对于唇音的限制是汉语方言的普遍现象，也引起很多学者的兴趣。但各个方言的限制情况，或严或松，各不相同。比如北京话就比较严，唇音不但不能与撮口韵母相拼，也不能与除［u］以外的其他合口韵母相拼，如无*［puan］而有［suan］"算"。只要翻开字典，查看《汉语拼音方案》，就可知道一个大概（参见罗常培、王均1981）。山东博山话、江苏镇江附近的丹阳话，同北京话一样，唇音不拼合口、撮口（［u］除外）（吕叔湘1993；钱曾怡1993）。吴语区的嘉定话，情况又有所不同，唇音可以与开、齐、合三类韵母配合，但不能与撮口呼韵母配合（汤珍珠、陈忠敏1993）。从唇音的搭配来看，吴语嘉定话不同于官话方言，却与闽北方言的福清话完全相同。

属闽南方言的台湾闽南话对唇音的限制更有其独特一面。台湾闽南话的唇音现象颇受学者注意，Lin（1989）、Yip（1989b）、Duanmu（1990）、Chiang（1992）等都对这一现象作了透彻的分析，其研究方法和目的我们在分析福清话时已经作了介绍。台湾闽南话没有撮口韵母，因此对唇音的限制一定不同于闽北的福清话，也不同于官话方言以及吴方言。在台湾闽南话里，唇音［p, pʻ, b］与合口韵母，有些能拼，如"杯"［pue 55］，有些则不能，如*［uai］，并无一致的表现。与闽北、官话方言不同，台湾闽南话有以［p, t, k, m, n, ŋ］结尾的韵母，张振兴（1983）列出其中六个韵母，即：

（5）a. im   am   iam
     b. ip   ap   iap

唇音一概不与这类韵母配合，因此台湾闽南话没有类似*pim,*pam,*piam,*pip,*pap,*piap的音节。由此可见台湾闽南话唇音限制的独特性，其规则如（6）。

$$(6)\quad *\begin{bmatrix}+辅音\\+唇\end{bmatrix}\cdots\begin{bmatrix}+辅音\\+唇\end{bmatrix}$$

"…"代表两辅音之间的元音。(6)规定台湾闽南话音节不能有两个唇辅音。

虽然各语言对唇音都作出某些限制，但在程度和细节上各有差异。限制的目的是防止相同或相近的声音共同出现，所以/u/不能用在/p, b, m, f, v/后面。英语 pub [pʌb] "酒吧" 仅仅在拼写上有 u，发音上没有 [u]。此外，英语复数在名词后加词缀-s（音 [-z]）构成，如果名词以/s, z/结尾，如 miss [mɪs] 和 lens [lɛnz]，中间必须插入元音/ə/，成为 [mɪsəz]、[lɛnzəz]。这样一来，两个相同（或相近）的辅音就不连在一起了。由于语言避免同音相邻是一个非常普遍的音系现象，生成音系学便设立一个原则，称强制性曲线原则（Obligatory Contour Principle）。这一原则是 Leben（1973）在分析声调现象时首先提出来的，以后许多研究发现，非声调音系现象也有这种情况（见 Yip 1989b，2002；McCarthy 1989；Chen 2000 等等）。强制性曲线原则后面几章会讨论，这里只是顺便提及。

第三章 音节

第一节 关于音节的若干问题

从生成音系学理论的发展来看，音节理论有着一番不平常的历史。美国结构音系学对音节相当重视，对这一概念的阐述也非常清晰。音节有两大组成成分，分别称为起首（onset）和韵基（rime）；韵基又包含韵核（nucleus）和韵尾（coda）。音节内部由小到大的等级结构可用树形图表示，如（1）。

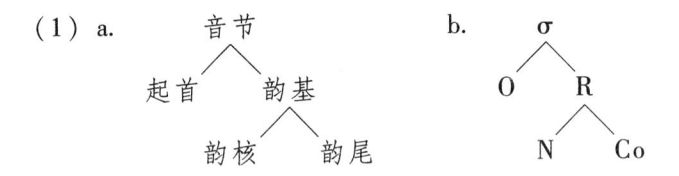

（1）a.　　　音节　　　　　　b.　　　σ
　　　起首　　韵基　　　　　　　O　　R
　　　　　韵核　韵尾　　　　　　　　N　Co

（1b）是（1a）的简写，σ代表音节，O代表起首，R代表韵基，N代表韵核，Co代表韵尾。如音节 [pan]，其结构如（2）。

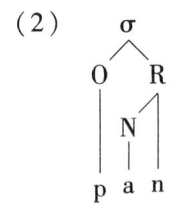

（2）　　σ
　　O　　R
　　　N
　　p a n

出于习惯，韵尾（Co）一般不标。为了节省篇幅，我们用方括弧取代树形图，（2）的结构可写成（3）。

（3）$[p[[a]_N n]_R]_\sigma$

起首、韵基、韵核、韵尾与中国传统音韵学的术语有所不同。中国音韵学家（见王力 1956）大都把一个音节（即一个字）分成声母和韵母两大部分，韵母还分韵头、韵腹以及韵尾。至于声调，普遍的看法是属于韵母。如 pian，p 是声母，ian 则是韵母；其中 i 是韵头，a 是韵腹，n 是韵尾。这些概念同（1）中的概念不同。我们下面会看到，韵头不一定属于韵母的一部分。

音节这一概念在结构音系学得到广泛运用，其内部结构没引起争议。在早期生成音系学理论里，音节成了多余的，特别是在《英语音系》一书里，乔姆斯基、哈勒对英语音系的分析没有用音节这一概念。音节受到冷落跟早期生成音系学对音系表达的看法有直接关系。我们知道，音系（或语音）表达的形式是区别性特征矩阵，上面提到的 pan，其音系表达式为（4）的特征矩阵。

$$(4) \begin{bmatrix} +辅音 & -辅音 & +辅音 \\ -响音 & +响音 & -响音 \\ -浊 & +浊 & +浊 \\ +送气 & -送气 & -送气 \\ -鼻 & -鼻 & +鼻 \\ -连续 & +连续 & -连续 \\ -边流 & -边流 & -边流 \\ -舌冠 & -舌冠 & -舌冠 \\ +龈前 & -龈前 & +龈前 \\ +宽阻 & -宽阻 & +宽阻 \\ -高 & -高 & -高 \\ -低 & +低 & -低 \\ -后 & -后 & -后 \\ +唇 & -唇 & -唇 \\ -圆 & -圆 & -圆 \end{bmatrix}$$
$$\quad\quad\quad p \quad\quad a \quad\quad n$$

（4）是一个简单的线性结构，不能容纳音节，原因有二。首先，区别性特征是以发音为基础的，特征矩阵包含发音指令；其次，音节是语音的组织概念，跟语音的具体发音没有直接关系。这是以《英语音系》为代表的早期生成音系学把音节打入冷宫的主要原因。

音系表达不用音节这一概念，给音系现象的描写带来许多麻烦，许多音系现象不能得到圆满的解释。英语的塞音/p, t, k/有两种发音，在一般情况下这些塞音是送气的，但在/s/后面不送气，例如：

（5） a. pin   [pʰɪn]   针
       tin   [tʰɪn]   罐头
       kin   [kʰɪn]   亲戚
     b. spin   [spɪn]   转
       stink   [stɪnk]   臭
       skin   [skɪn]   皮
     c. aspen   [æspən]   白杨
       mistake   [mɪsteɪk]   错
       askew   [əskju:]   歪
     d. sample   [sæmp'l]   样品
       ontology   [ɒntɒlədʒɪ]   本体论
       spanking   [spæk'ɪŋ]   打屁股

为什么塞音在/s/后面不送气（5b, c），但在别的场合下却送气呢？原来英语音节的起首辅音群（consonant cluster），在塞音前只有/s/，没有别的辅音。因此，pin 的音节结构如（6a），而 spin 的音节结构如（6b）。

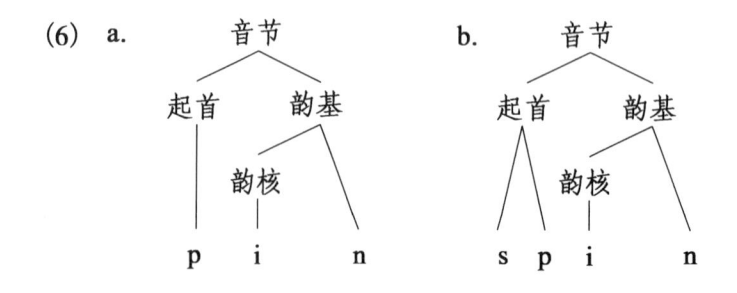

（6） a. 音节　　　　　　b. 音节
　　　／＼　　　　　　　／＼
　　起首　韵基　　　　起首　韵基
　　　　／＼　　　　　　　　／＼
　　　　韵核　　　　　　　　韵核
　　　　│　　　　　　　　　│
　　p　i　n　　　　　　s　p　i　n

也就是说，塞音只在音节起首的第二位置上才不送气，其他环境下均送气。我们把英语送气规则写成（7）。

(7) [- 连续] → [- 送气] / [C _

在规则里，斜线右边的 [代表音节的开端，即起首，C 代表 [+ 辅音] 的音段（即音系表达上的音位，或语音表达上的语音），但音节起首里能出现在塞音之前的辅音只有 /s/，因此实际上（7）适用的音节不外乎类似于（5b，c）所列的例子。

上面的例子足以说明音节在音系解释中起决定性作用，这方面的例子当然还很多。上一章我们讨论的语音分布和变化，举的例子都和音节有关：比如对唇音分布的制约是相对于音节而讲的，超过音节的范围是不起作用的。许多语言与英语一样，重音（stress）能区别词义，无论是重音的语音体现还是配置规律，都和音节有密切关系。而在声调语言里，虽然声调主要体现在元音的音高上，但涉及的范围包括整个音节。许多以语音为基础的语言游戏，也离不开音节这一音系单位。目前，音节为大多数生成音系学家所接受，是音系学理论不可缺少的一部分，不过争议还是存在。围绕音节主要有三个理论课题。第一是音节的内部结构，第二是音节化（syllabification）的进行过程，第三是构词以及其他音系变化所引起的音节重建（resyllabification）问题。我们下面一一叙述。

音节结构

音节的内部结构是什么？对此，影响比较广的观点有三个。第一，音节没有内在结构，同属一个音节的音段彼此关系相等，用树形图表示，如（8a）（以 pit 为例）。

(8) a.　　　σ　　　　　　b.　　　　σ
　　　　　╱│╲　　　　　　　　╱╲
　　　　 p i t　　　　　　　O　　R
　　　　　　　　　　　　　　│　　│
　　　　　　　　　　　　　　│　　N
　　　　　　　　　　　　　　│　╱　╲
　　　　　　　　　　　　　　p　i　　t

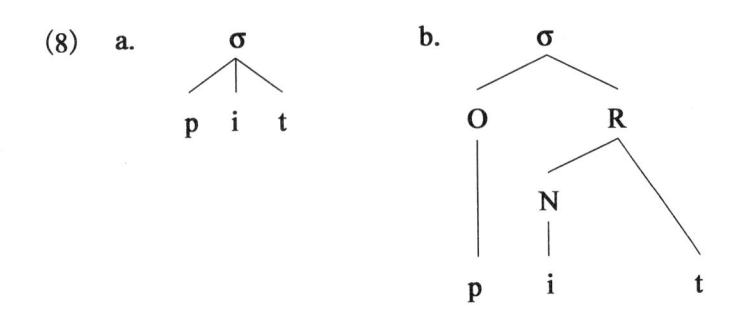

　　提出（8a）观点的有 Clements & Keyser（1983）。第二种看法（8b）已经在上文提及过，音节内部有等级关系，这个观点继承了结构主义音系学的音节说。持这一观点的学者很多，有 Steriade（1982）、Fudge（1987）、Lin（1989）、Bao（1990b）、Chung（1990）、Duanmu（1990，2000）、Goldsmith（1990）、Chiang（1992）、Wan（2002）。这个结构与中国语言学界对音节的主流观点是一致的。

　　第三种观点认为音节是由莫拉（mora）组成的，莫拉则由音段组成。所谓莫拉，是指音节"轻重"而言。音节重的，元音或者长，如英语的 bee/biː/；或者有辅音跟随，如 pet［pɛt］、list［lɪst］、beat［biːt］；轻音节只有短元音，如 better［bɛtə］中的两个音节。重音节由两个莫拉组成，轻音节则由一个莫拉组成。轻、重音节可以用英语词 a 和 pit 的音节结构表示如下：

(9) a.　　σ　　　　　　b.　　　σ
　　　　│　　　　　　　　　╱│╲
　　　　μ　　　　　　　　　μ　μ
　　　　│　　　　　　　　　│　│
　　　　a　　　　　　　　　p i t

　　莫拉并不是生成音系学的发明。布拉格学派的特鲁贝兹考伊提出这一概念来表达音节的轻重。生成音系学引用莫拉，主要用于描写和解释受词素大小影响的音系现象，比如重音在句、词中的分布。这三种观点孰是孰非，依然是学者争论不休的课题。

音节化

除了音节结构及其表达外，与音节有关的第二个课题是音节化（syllabification）的性质。生成语言学的一个基本假设就是词库仅仅包含规则推导不出来、一个词所特有的信息；对于不属于个别词的信息一概不列入词库，用音系规则加以解决。音节就是属于这类信息。因此，一个词的词汇形式是一串音段，把音段串分成若干音节的过程，称为音节化。音节化有两个方式，第一，采用规则生成音节结构；第二，认定音节的最佳形式作为样板，然后在音段串上依样板造出音节；我们管这种样板叫音节模（syllabic template）。在介绍这两个音节化方式之前，先说说语音的音响度（sonority）这一概念。

我们在讨论区别性特征时，曾把语音分成四大类，即元音、介音、流音以及辅音。在这些音当中，只有辅音是［－响音］，其他类，再加上鼻音，都是属于［＋响音］的语音，因此这些音也统称为响音。响音自然比辅音要响的多，但在响音当中，响的程度并不一致。元音要比介音响，介音要比流音响，流音又比鼻音响。把这些语音按响度排列，就有所谓的"音响度衡"（sonority scale），如（10）。

（10）元音 ＞ 介音 ＞ 流音 ＞ 鼻音 ＞ 辅音

人们发现，音节结构以及音节化过程，与语音的音响度有直接关系。一个音节，音响度是低—高—低这么一个形状；换句话说，起首音响低，韵核音响高，韵尾音响低。这是音节的最主要的规范条件，我们写成（11）。

（11）音节的音响度必须是先升后降

因此，音节可分成两部分，以韵核为分界线，前半部分音响度上升，后半部分音响度下降。无论是用规则还是用音节模，产生的音节都得遵守音响度升降之形状。

先分析音节化规则。综观世界之语言，尽管音节结构有所不同，但音节有一个共性，就是韵核是音节的必要成分；其他成分，如起首和韵尾，都是可有可无的。另外，音节结构的不同，可以体现在起首上，也可以体现在音节的其他成分上。比如英语音节起首可以有两个辅音的音群，如 sp（spit"唾沫"），或者三个辅音的音群，如 spl（split"分裂"）。但英语的辅音群是受严格制约的，不是任何辅音都可以跟别的辅音结合成群。（12）列出两个英语辅音群的规范条件。

(12) a. 一个音节起首如是 C_1C_2，并且 C_1 不是 /s/，那么，C_1 和 C_2 不能都是 [-响音]。
b. 一个音节起首如是 $C_1C_2C_3$，那么，C_1 是 /s/，C_2 是塞音，C_3 是流音或介音。

所谓塞音，就是 [-连续] 的音段；所谓流音，就是 [+辅音，+响音] 的音段（只有 /l, r/ 两个）。（12）概括了英语音节起首的辅音群，举例如下（以清音为例）。

(13) a. 两个辅音的音群

pl	play	玩	pr	price	价格
*tl			tr	try	试
kl	clean	干净	kr	cry	哭
sp	spy	间谍			
st	star	星			
sk	sky	天			

b. 三个辅音的音群

spl	split	分裂	spr	Sprite	雪碧
*stl			str	strike	打
skl	sclerosis	硬化	skr	screen	银幕

在这些例子中，*tl 和 *stl 是因为别的原因而不在英语里出现。应当指出，从表面看，英语的 sp-、st-、sk- 不符合（11）的要求，因为擦音的音响度高于塞音。这是英语音节研究上的一个重要课题，这里不

打算介绍，有兴趣的读者可参阅 Fudge 1987、Goldsmith 1990、Kenstowicz 1994。

与英语的音节结构相比，汉语的音节结构要简单得多。北京话起首不能有辅音群，而韵尾也只有/n, ŋ/两个（再加两个介音/i, u/，但是也可以认为/i, u/属于韵核）。我们规定北京话音节的两个规范条件如下。

（14） a. *[$_\sigma$ CC
b. *C]$_\sigma$，除非 C = n, ŋ

（14a）规定音节起首不能有两个或两个以上辅音，（14b）规定韵尾不能有除/n, ŋ/之外的辅音。（14）是北京话音节的规范条件，别的方言不一定遵守。山西平定方言的儿话产生诸如/pl/的辅音群（徐通锵 1981），违反（14a）的规定；粤方言、闽方言、吴方言或多或少有以/p, t, k, ʔ/结尾的入声音节，违反（14b）的规定。类似（14）的制约条件决定某个语言的音节形式，在音节化的过程中起很大作用。

音节化过程有三个步骤，分别由三个规则执行。第一步，韵核规则搭出音节的基本框架；第二步，起首规则生成音节的起首；第三步，韵尾规则给音节添加韵尾。这三个规则所产生的音节都得服从（14）的制约。韵核规则、起首规则以及韵尾规则如下。

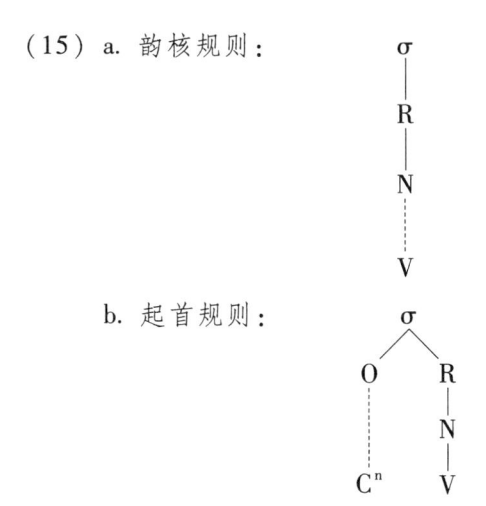

（15） a. 韵核规则：

$$\begin{array}{c}\sigma\\|\\R\\|\\N\\\vdots\\V\end{array}$$

b. 起首规则：

$$\begin{array}{c}\sigma\\\diagup\diagdown\\O\quad R\\\vdots\quad|\\\quad\quad N\\\quad\quad\vdots\\C^n\quad V\end{array}$$

c. 韵尾规则：

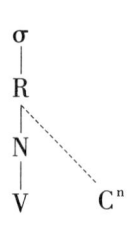

```
        σ
        |
        R
       / 
      N   
      |    ⋱
      V    Cⁿ
```

　　(15) 的 Cⁿ 代表 n 个辅音，n≥0。只要不违反规范条件，起首规则和韵尾规则分别把所有邻近辅音都归入起首或韵尾；V 代表可成为韵核的音段。在所有语言里，元音都可以是韵核，其他响音，如鼻音和流音，只有在条件许可的情况下作为韵核。在汉语和英语里，辅音（[－响音]）是不能作为韵核的。(15a，b，c) 这三个规则受 (11) 约束，因此 V 音响度一定要比邻近的音段高。下面是音节化过程三个步骤的推导例子（相关步骤用虚线表示）。

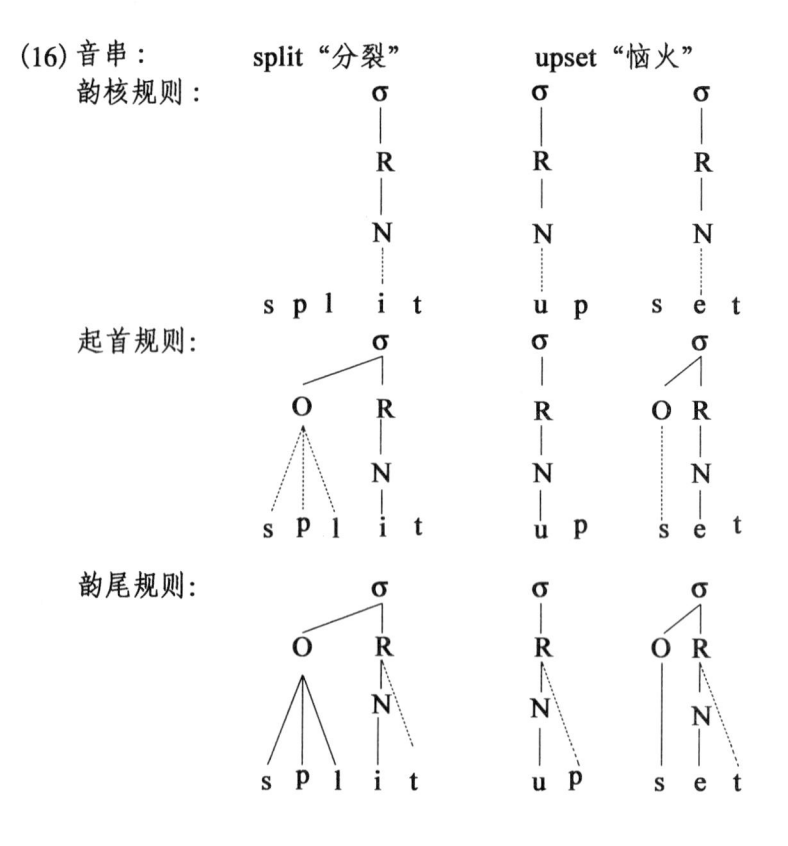

(16) 音串：　　　　split "分裂"　　　　　upset "恼火"

韵核规则：
```
           σ              σ         σ
           |              |         |
           R              R         R
           |              |         |
           N              N         N
           ⋮              ⋮         ⋮
       s p l i t        u p       s e t
```

起首规则：
```
           σ              σ         σ
          /|              |        /|
         O R              R       O R
        ⋰⋰ |              |       ⋰ |
            N              N         N
            |              |         |
       s p l i t        u p       s e t
```

韵尾规则：
```
           σ              σ         σ
          /|\             |        /|\
         O R \            R       O R \
        /|\ N \          /|\      | N \
           |  ⋮          N  ⋮     |    ⋮
       s p l i t        u p       s e t
```

从上面的推导看出，起首规则尽可能把所有辅音都归入起首（O），/spl/不违反（12b）的规定，这三个辅音可以是同一音节的起首；在 upset 一式中，/ps/违反（12a）的规定，起首规则不能把这两个音归入起首，结果韵尾规则把/p/归入韵尾。upset 的音节化结果是 up.set，如（16）所示；而不是 u.pset。

上面简单地介绍了音节化过程中规则的作用，但是如何把音段归入音节是现代音系理论的一个有争议的问题。不少学者认为音节化不一定用类似（15）的规则，也可用音节模的方式进行（Ito 1986）。所谓音节模，就是音节的最佳形式；音节化过程就是把音段与音节模联系起来。音段和音节模的对应受各种规范条件制约，这一点，跟用规则进行音节化的方式是一致的。以北京话为例，我们定义一个音节模，如（17）。

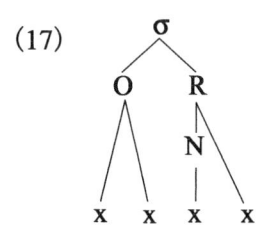

(17)
```
        σ
       / \
      O   R
     /|   |\
     | |  N \
     | |  |  \
     x x  x   x
```

式中的 x 代表音段在音节里的"位置"，可称"时位"（timing slot），时位是自主音段音系学的关键概念。由于多维表达的需要，音段的区别性特征所代表的发音信息与该音段在发音时所占的时间相互分离，二者以连接线连接，按习惯用 x 代表时位（详见第五章）。以（17）的模式对应 tian"天"，则有（18）。

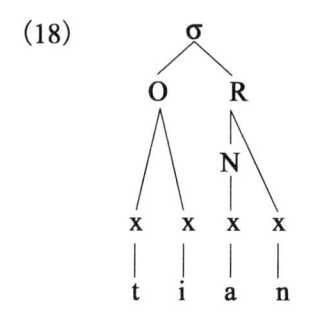

(18)
```
        σ
       / \
      O   R
     /|   |\
     | |  N \
     | |  |  \
     x x  x   x
     |  |  |  |
     t  i  a  n
```

/a/占韵核位置，因为音响度最高（低元音音响度比高元音高），整个音节符合（11）的规范条件。我们假定官话的介音（即传统所说的韵头）属于起首O（实际上我们所掌握的语料还不能证明这一点）。汉语各方言的音节结构很不一致，详见 Bao 1990b、1996、2000、2001；Wan 2002。

综上所述，在进行音节化时无论是采用音节模还是规则，都少不了规范条件。规范条件有的是所有语言共有的，如（11）（前此曾说过韵核是音节的必要成分，这一规范条件也属此列）；有的是语言特有的，如（12）和（14）。语言之间的音节化规则差别不大，但音节的规范条件却大相径庭，这是学习外语的一大障碍。只要考察一下音译外来词引进后的情况就可清楚地认识到音节规范条件的差异。比如，英语音节起首允许三个辅音的音群，但汉语却不允许，因此像 Strong "斯特朗"这样的单音节名字，在汉语里就成三个音节的名字了；要不然，汉语的规范条件不能得到满足。Strong /strɔŋ/ 的音节化过程如下：

(19) a. Strong　b. 斯特朗

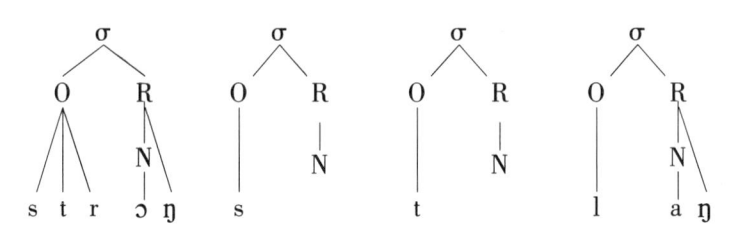

（19a）用英语的规范条件，（19b）用北京话的规范条件，两个空韵核分别填入元音 i 和 e。外来语一定要经过一番调整才能被引进吸收。调整对象有语音（英语的/r/变成汉语的/l/），也有音节规范条件，Strong 译成 si te lang "斯特朗"，就是这方面的例子。

音节、构词、音变

上面分析音节化规则在单个词的使用情况。当词与词或词缀相结合而组成新词时，往往会产生音变。音变是常见的音系现象。音系变化和新词的构造都会影响词的音节结构，有必要重建音节。

音节重建（resyllabification）从现象上看很简单，但所涉及的问题比较复杂。以英语为例，table 一词有两个音节，ta - 和 - ble。后一音节以边音/l/为韵核，因为跟/b/相比，/l/的音响度更高，所以把 table 分成两个音节完全符合规范条件。

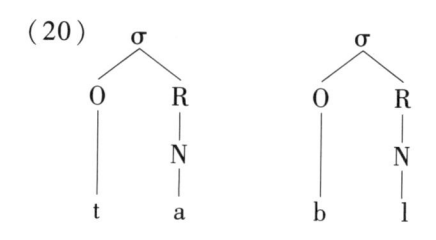

（20）

当 table 用作动词、加上 - ing 表示进行时态时，情况有所变化，/l/后面多了一个元音，/l/不能充当音核了，因此 table 的音节必须重建，结果是/b/和/l/为第二音节的起首，/i/取代/l/作为音核，如下所示：

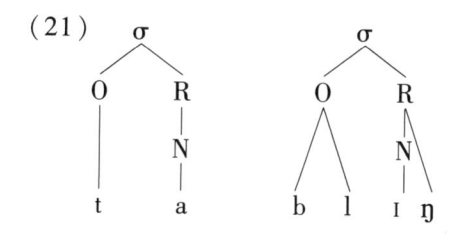

（21）

音节重建往往伴随词的构造，table/tabling 就是一个例子。但并不是所有语言的构词过程都会导致音节重建。北京话构词几乎完全不影响音节结构："天" tian 和 "安" an 组成 "天安"，n 还是 "天" 的韵尾，不变成 "安" 的起首。唯一的例外是 "啊、哪、呀、哇" 等语气词；这些语气词的发音受前一音节的影响，我们说 "你呀！"、"天哪！"，而不说 "你哪！"、"天呀！"，就是这个道理。"呀" 的起首音/i/受前字"你" 的元音/i/的影响，而 "哪" 的/n/受了前字 "天" 的/n/的影响。换句话说，"哪、呀" 的基本音系表达式同为/a/，受前字音段的影响而分别变成 "哪" 和 "呀"，过程如下所示。

（22） 音系表达   /tian a/   /ni a/

⇓　　　　　⇓　　　←音节化规则
语音表达　　[tian na]　　[ni ia]

由于音节化规则（或者音节模）的作用，/a/的音节重建为[na]或[ia]：[n]和[i]来自前字的最后一个音段。

音变也是音节重建的一大原因。现举北京话"咱们"一词加以说明。"咱们"在一般情况下往往念成[zam m]：首音节的-n同化为-m，次音节的"们"因弱化而韵母被删除，剩下的声母m便成了韵母。其过程表述如下：

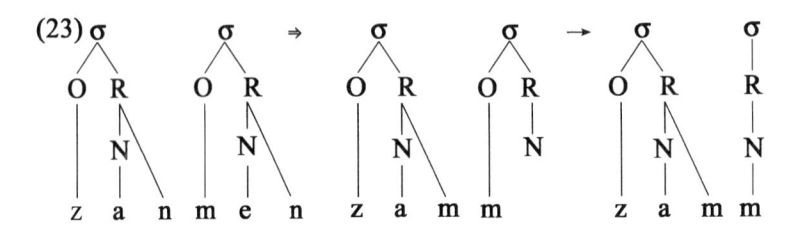

(23)

```
σ    σ    →    σ    σ    →    σ    σ
O R  O R       O R  O R       O R   R
  |    |         |    |         |   |
  N    N         N    N         N   N
  |\   |         |\   |         |\  |
  z a n m e n    z a  m m       z a m m
```

上式里，⇒表示音变的结果，→表示音节重建的结果。这类例子在别的语言里司空见惯。英语词如 garden [gɑ: dən] 和 library [laibrərɪ] 中的弱元音[ə]可以完全删除，导致音节重建，使响音 n、r 变成韵核。

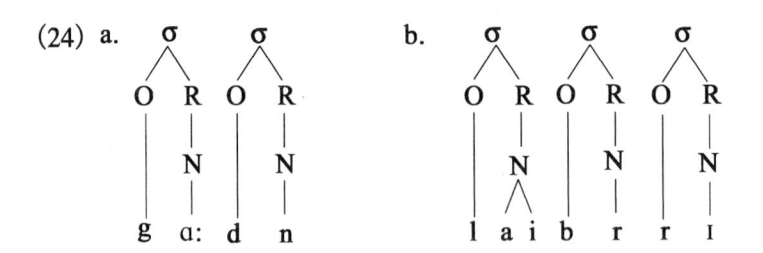

(24) a.
```
    σ      σ
   O R    O R
     |      |
     N      N
     |      |
   g ɑ:    d n
```
b.
```
    σ      σ      σ
   O R    O R    O R
     |      |      |
     N      N      N
     |     /\      |
   l a i   b r    r ɪ
```

在（24b）式有两个 r，前者属于第二音节的韵核，后者属于第三音节的起首。可是，在具体发音时，我们往往只听到一个较长的 r，中间没有任何停顿。《牛津英语词典》就把 library 标为 [laib rɪ]，而不是 [laib rrɪ]，正是因为这里只有一个 r，它既是第二音节的韵核，又是第三音节的起首。也就是说，一个音素可以同时属于两个相连的音节。这一现象称为双重音节性（ambisyllabicity）。运用这一概念，(23) →右边的式子和（24b）可分别改写成（25a，b）。

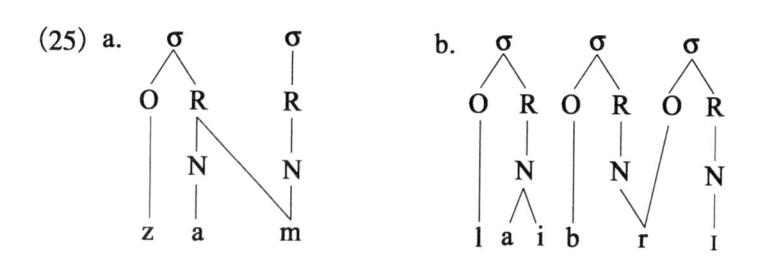

(25) a. [σ结构树 zam] b. [σ结构树 laibrI]

严格说来，(25) 与 (23)、(24b) 在结构上是不一样的，但要证明哪个结构更准确地代表了所涉及的音节的结构，并不是一件容易的事。汉语里我们现在还没找到可以区别这两个结构的语料。

音素的双重音节性对汉语并不重要。我们可以把（25a）看作是（23）的变体，没有本质上的差别。但对有重音（stress）的语言，音素的这一特性能够解决重音与音节结构的对应关系。有些学者认为，英语里，只有重音节（heavy syllable，即韵基有两个以上音素的音节）才可以有重音（Burzio 1994）。英语的实词至少得有一个重音节（如 bat "蝙蝠"、bee "蜂"），就是这个道理。但是英语有许多词，从表面上，重音落在开音节上，比如 city 中的 ci- 和 topic 中的 to-。用双重音节性的概念，这两个词的音节结构可以分析成 (26)。

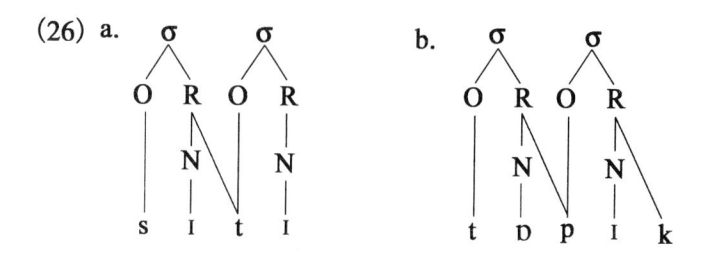

(26) a. [σ结构树 sitI] b. [σ结构树 tɒpIk]

这样，有重音的音节成了重音节。英语里，双重音节性和重音虽然有明显的依存关系，但要确定这一关系却不是一件容易的事。

双重音节性在别的场合下也能观察到，特别是当 -C、V- 连读时，

-C 和 V- 组成一个新的音节，但 -C 依然是原音节的韵尾。前面提到过的汉语"天哪"的短语，-n 既是"天"的韵尾，也是"啊"的起首，其结构如（27a）。为了便于比较，我们将（22）tian na 的结构扩展为（27b）。

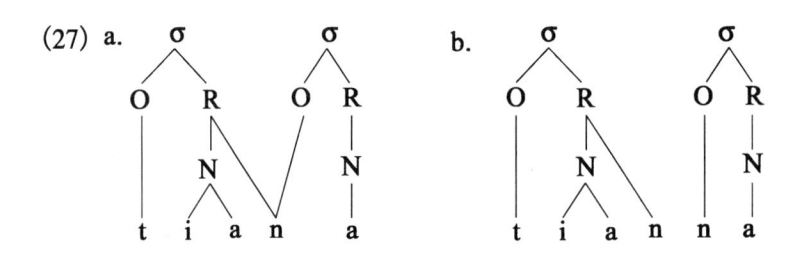

(27) a.
```
     σ           σ
    /\          /\
   O  R        O  R
      |           |
      N           N
   |  |  \        |
   t  i  a  n     a
```

b.
```
     σ           σ
    /\          /\
   O  R        O  R
      |           |
      N           N
   |  |  |     |  |
   t  i  a  n  n  a
```

英语的连读要比汉语普遍得多，比如 wait a minute，wait 和 a 连读时，-t 同属前后两个音节，其结构和（27a）一样。

以上简单地介绍了与音节有关的一些理论概念，这些概念所涉及的问题是目前音系学研究的课题。下面各节将详细分析汉语方言的语音现象，进一步阐述音节在生成音系学理论中的作用。

第二节　福清话的音节结构

按袁家骅等（1989）的划分，福清话是闽东方言的一种；由于地理位置和福州接近，福清话与福州话有很多的相同之处。冯爱珍（1993）在福清方言方面作了许多工作，本文分析的语料引自她的《福清方言研究》。

福清话的韵母有紧松之别，这是闽东方言的一大特点。我们在第二章第三节里已经讨论过元音的紧松和声调的关系，这一节我们探讨元音紧松变化对音节结构的影响。福清话有紧松韵母各四十四个，如下：

(1)　　　　I　　　II　　　III　　　IV　　　V　　　VI
　　　a.　　　　　　i/e　　 u/o　　 y/ø　　ui/uoi　iu/ieu
　　　b.　 a/ɑ　　ia/iɑ　　ua/uɑ

c. e/ɛ   ie/iɛ
d. o/ɔ   uo/uɔ   yo/yɔ
e. ø/œ
f.   iŋ/eŋ   uŋ/oŋ   yŋ/øŋ
         iʔ/eʔ   uʔ/oʔ   yʔ/øʔ
g. ai/ɑi
   au/ɑu
h. eu/ɛu   ieu/iɛu
i. oi/ɔi   iou/iɐu
j. aŋ/ɑŋ iaŋ/iɑŋ uaŋ/uɑŋ
   aʔ/ɑʔ iaʔ/iɑʔ uaʔ/uɑʔ
k. eŋ/ɛŋ ieŋ/iɛŋ
   eʔ/ɛʔ ieʔ/iɛʔ
l. oŋ/ɔŋ   uoŋ/uɔŋ yoŋ/yɔŋ
   oʔ/ɔʔ   uoʔ/uɔʔ yoʔ/yɔʔ
m. øŋ/œŋ
   øʔ/œʔ

斜线左边是紧韵母，右边是相对应的松韵母。另外还有不常见的三个鼻韵母以及/iau/，这些韵母没有紧、松差别。从（1）所列的韵母看出，福清韵母的最大形式是GVS，即介音G，元音V，以及S（S代表音节收尾的软腭鼻音、喉塞音或介音）。用传统的术语来说，G是韵头，V是韵腹，S是韵尾。所谓紧韵母，主要是元音紧；松韵母，就是元音松；这在第二章第三节已作了详细交代。但从（1）所列韵母表中看出，并非所有元音都无条件地变化，比如（1g-I），/ai/变/ɑi/，只有/a/松化，/i/维持原有特性，并不像（1a-II）的/i/那样松化为/e/。虽然习惯上我们把（1g-I）的/i/称为介音，把（1a-II）的/i/称为元音，但这两个音的区别性特征是一致的；这点反映在《汉语拼音方案》里，也反映在冯爱珍对福清韵母的分析里。由此看来，导致韵母紧松有两个因素，即声调的音高以及元音在音节中的位置。换句话说，韵母的紧松，是因韵腹元音的紧松而定的。所谓韵腹，就是音节的韵核。我们把福清韵母语声调的关系概括如下。

（2）韵母的紧松取决于声调的高低和韵核元音的舌位

紧松元音的具体推导规则，请参阅第二章第三节。下面我们探讨跟（2）相符的音节结构。

从福清话韵母紧松对应的材料看，有两种情况值得一提。首先，非高元音（即/i, u, y/以外的所有元音）都有紧松之变化；第二，高元音的紧松变化有所不同，韵母中若有别的元音，高元音作介音，无紧松之别；韵母若无别的元音，高元音作主要元音，则有紧松之别。无论是哪种情况导致韵母紧松，都取决于元音在音节中所占的韵核位置。就第一种情况而言，韵母结构如下所示（R 代表韵基 rime，N 代表韵核 nucleus；此外，只标相关结构）：

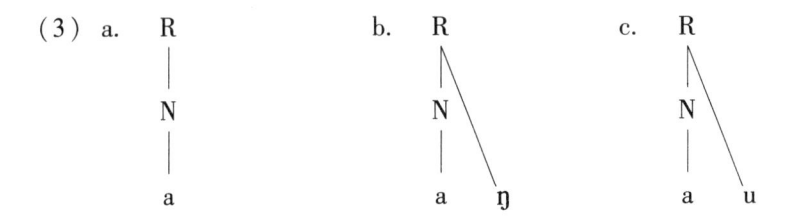

(3) a.　　R　　　　b.　　R　　　　c.　　R
　　　　　|　　　　　　　╱|　　　　　　|╲
　　　　　N　　　　　　　N　|　　　　　N ╲
　　　　　|　　　　　　　|　|　　　　　| ╲
　　　　　a　　　　　　　a ŋ　　　　　a   u

在（3）的结构里，元音处在韵核位置上，为紧松变化创造一个必要条件（另一条件是声调，详见第二章第三节）。

当韵母成分包括高元音，有两种可能。一种是高元音与别的元音出现在同一音节里，如/ua, au, ai, ia/；另一种是高元音为主要元音，音节或有辅音或无辅音，如/i, u, iŋ, iʔ/。前种情况的音节结构比较容易解决，因为低元音的音响度高于高元音，低元音作为韵核，是符合音节条件的。这类韵母的结构以元音为韵核，以高元音（亦称介音）为起首（4a）或韵尾（4b）。

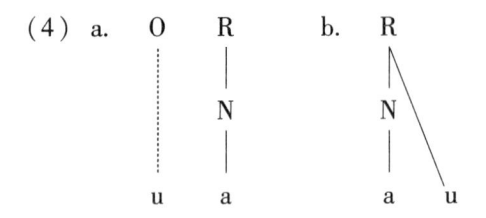

(4) a.　　O　　R　　　　b.　　　R
　　　　　　　　|　　　　　　　╱|
　　　　　　　　N　　　　　　　N ╲
　　　　　　　　|　　　　　　　| ╲
　　　　　　u　 a　　　　　　　a   u

现有的福清话材料无法证实介音在音节中的确实位置，我们不妨假定元音前的介音是起首的一部分。从（4）的结构可以看出，介音不是韵核，因而也不参与韵母的紧松变化。

（3）和（4）的结构适合于福清话的绝大多数韵母。现在需要讨论的是以高元音为主要元音的韵母，共有三类。第一类，韵母除了高元音外没别的音，如/i, u, y/（1a-II, III, IV）；第二类，韵母以/ŋ, ʔ/结尾，如/iŋ, iʔ/（1f-II, III, IV）；第三类，韵母有两个高元音，如/ui, iu/（1a-V, VI）。第一、第二类的韵母结构等同（5）、（6），高元音处于韵核位置。

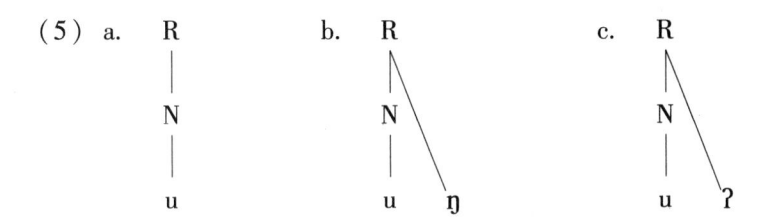

（5） a.　R　　　　b.　R　　　　c.　R
　　　 |　　　　　　 /\　　　　　 /\
　　　 N　　　　　　N　　　　　　N
　　　 |　　　　　　 |　\　　　　 |　\
　　　 u　　　　　　u　 ŋ　　　　u　 ʔ

这样，高元音紧松之别就不难理解了。在（4）的结构里，高元音不是韵核，无紧松变化；在（5）的结构里，高元音是韵核，因而产生紧松的变化（/i/变[e]，/u/变[o]，/y/变[ø]）。

第三类韵母只有两个，都有紧松音变现象：/ui/变[uoi]，/iu/变[ieu]。紧松对应说明前一个音是韵核。音变的结果分别是[uoi]和[ieu]，说明这两个韵母的结构兼有（4a）和（5）的特点，如（6）。

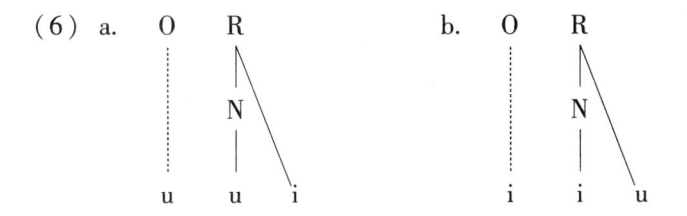

（6） a.　O　　R　　　　　b.　O　　R
　　　　 ┊　 /\　　　　　　　 ┊　 /\
　　　　 ┊　N　　　　　　　　┊　N
　　　　 ┊　|　\　　　　　　　┊　|　\
　　　　 u　u　 i　　　　　　 i　 i　 u

为清晰起见，我们把/u/和/i/分成两半，分属音节起首O和韵核N。紧松音变只影响作为韵核的高元音；作为起首的高元音则不受音变影响，在松韵母里充当介音角色。高元音兼属韵核和起首，在汉语各方言中相当普遍。在分析儿化、分音词、反切语时，时常会碰到这一音系现象，详见赵元任（1931）、Yip（1982，1992）、董绍克（1985）、Bao（1990b，1996，2000，2001）、Duanmu（1990，2000）、Chen（1992）、Chiang（1992）、Wan 2002 等。

从以上分析得出福清韵母的内部结构，完全符合音系理论对音节结构所做的规范。音节音响度最高点在韵核，当韵母有高、低元音时，低元音自然占韵核位置；高元音或为起首，如/ua/，或为韵尾，如/au/。当韵母只有高元音时，高元音的音响度最高，便成为韵核。值得注意的是，高元音只有在/ui/和/iu/两个韵母里才同时为韵核、起首；在（1a，f-II，III，IV）诸音节里，高元音只占韵核位置，所以，与之相对应的松韵母缺乏介音（即起首之高元音）。（1a-V，VI）韵母与（1a，f-II，III，IV）韵母之间的差别，我们还无法解释。但以福清话韵母紧松材料为基础，我们可以肯定，当高、低元音同处一个韵母时，高元音不是韵核。至于非韵核高元音（介音）的结构属性，我们无法从冯书所提供的材料中得出确切的结论，暂且假定属于起首。

应当指出，韵母和韵基（rime）是不同概念。以/tieu/（1h-II）为例，韵母、韵基之间的区别如下。

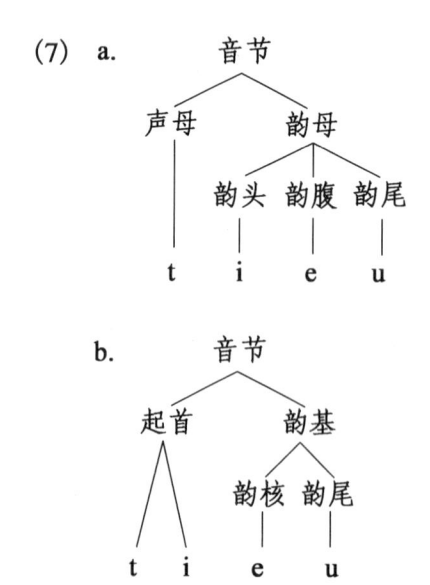

(7) a.　　　　音节
　　　　　／　＼
　　　　声母　韵母
　　　　　｜　／｜＼
　　　　　｜韵头 韵腹 韵尾
　　　　　t　i　e　u

b.　　　　音节
　　　　／　＼
　　　起首　韵基
　　　　｜　／＼
　　　　｜韵核 韵尾
　　　　t　i　e　u

主要区别在于/i/的位置。在（7a）的结构里，/i/是韵头，是韵母的一部分；在（7b）的结构里，/i/不是韵基的一部分，而是属于起首。为了便于讨论，常常会用到传统术语；这些术语反映传统分析，跟我们的分析有所不同。

（7b）是闽北方言的音节结构。而闽南方言的音节结构，特别是介音的位置，跟闽北方言很不相同，下一节将详细探讨。

第三节 闽南话的音节结构

闽南方言和闽东方言虽然地理位置接近，但在音系特性上，却大相径庭。从整体来说，韵母紧松之对立及其系统性，是闽东方言的一个比较普遍的现象，不但福清话有，邻近的福州话也有；这在闽南方言是没有的。而闽南方言口、鼻韵母的对立（如潮阳话，见张盛裕1981），不多见于闽东方言。正因为如此，在检讨闽南方言的音节结构时，我们无法利用类似福清话韵母紧松对立的语料。近年来许多学者在闽南方言研究方面作了大量工作，为研究音节结构提供了可靠的资料以及细致的理论分析。张盛裕（1979a，1979b，1981，1982）、朱德熙（1982）等学者曾对闽南方言具有代表性的潮阳话重叠现象作了广泛调查和深入分析。潮阳话的重叠构词现象给音节分析提供了极其丰富的语料，本节的材料采自张盛裕、朱德熙的文章；至于重叠式的形成过程，基本上采用朱德熙的分析。我们所关心的，是调查本字音节在重叠式中的情况，为看出潮阳话音节的内部结构。

根据张盛裕和朱德熙的分析，潮阳象声词重叠式有以下三种类型：

（1） a.　　A_1A_2 叫　　b. IA_1A_2 叫　　c. IA 叫

这三种重叠式都带"叫"[kio 31]（或[tio 31]）。除了"叫"以外，重叠词各字的声调完全相同。为简洁起见，我们只记语音，声调和"叫"字省略不记。第一类的两字完全相同，如（2）。

（2） a.　　　　zi 55 – zi 55　　　呼小鸡声

b. ip 1 – ip 1　　　形容伤口隐隐作痛
c. mẽʔ 5 – mẽʔ 5　　羊叫声

这类词两字相同，无法看出音节的内在结构。第二类有三个音节（"叫"字除外），音节之间的语音关系非常一致：第一、第二音节声母相同，韵母不同，第二、第三音节韵母相同，声母不同。张、朱文章所举的例子，有以下诸类（C 代表辅音，G 代表介音，V 代表元音；以中字分类）：

（3）a. CV　　　ti – ta – la　　　说笑声
　　　　　　　　si – sa – la　　　小雨声
　　　　　　　　mɪ – mã – nã　　大声说话声
　　b. CGVG　　tsi – tsiau – liau　杂乱的说话声
　　　　　　　　ɪ – uãi – nuãi　　踩水车声
　　c. CVC　　　piŋ – paŋ – laŋ　鞭炮声
　　　　　　　　hi – hom – lom　刮大风的声音
　　　　　　　　tiʔ – top – lop　滴水声
　　　　　　　　pík – pák – lak　用巴掌打蚊子的声音
　　　　　　　　tsíʔ – tsóʔ – loʔ　形容匆匆忙忙
　　　　　　　　tsɪ̃ʔ – tsõʔ – nõʔ　形容匆匆忙忙
　　　　　　　　hɪ̃ʔ – hõ – nõ　老鼠啃东西声
　　d. C(G)VGC　sik – siak – liak　刮硬东西声
　　　　　　　　kíʔ – kíak – liak　铁锤击物声
　　　　　　　　kiʔ – kauʔ – lauʔ　消化不良肚子咕噜声
　　　　　　　　tiʔ – tiauʔ – liauʔ　铁锅烧干时发出的声音

（3）的例子有代表性，因为潮阳话的韵母有两大类，舒声韵以元音或鼻音 [m, ŋ] 收尾，入声韵以 [ʔ, p, k] 收尾。从这些例子可以看出若干音系特性。一，前、中、后三字韵母的舒、入是一致的，不过，前字多以 [ʔ] 结尾；二，前字和中字虽然声母相同，但无论后字有无介音，前字都没有介音；三，中、后字与前、中字不同，中、后字的韵母完全一样；四，后字如果是鼻化韵，声母为[.n]，否则声母为[l]。
第三类和第二类相似，只少一字。举例如下：

(4) a. CV   k'i – k'a   笑声
　　　　　　 hi – he   形容吓得直叫
　　　　　　 ŋɪ – ŋã   大声说话声
　　 b. CGVG   tsi – tsiau   杂乱的说话声
　　 c. CVC   k'iŋ – k'om   大声咳嗽声
　　　　　　 li – lom   水晃荡声
　　 d. CV(G)C   ɪʔ – ãp   物体受挤声
　　　　　　 tik – tok   钟摆动声
　　　　　　 t'iʔ – t'uʔ   喘气声
　　　　　　 kiʔ – kauʔ   消化不良肚子咕噜声
　　　　　　 ŋɪʔ – ŋãuʔ   不服气时嘟囔声

这类重叠式与三字重叠式的前两字相同，都是变韵重叠，第三类的基本形式是后字，即第二类的中字（朱德熙1982：176）。对于潮阳话象声重叠式，需要解释（5）所列的特性。

(5) a. 首字主要元音为[i]或[ɪ]；
　　 b. 后字（第二类）声母是[l]；
　　 c. 如果本字有介音（韵头），后字也有介音；
　　 d. 如果本字是鼻韵母，重叠式各音节都是鼻韵母；
　　 e. 重叠式各音节的韵母结构相同。

(5e)的特性有三种情况：一，本字以[ŋ, k, ʔ]结尾的话，首字也以[ŋ, k, ʔ]结尾（首字[k]尾有时变[ʔ]）；二，本字以[p]结尾的话，首字以[ʔ]结尾；三，本字以[m]结尾的话，首字[m]或脱落，或变[ŋ]。这三式中如果本字以[m]收尾的话，[m]会脱落，或变成[ŋ]〔见(3c)和(4c)〕。至于[m]变[ŋ]是否受了后字声母[k]的影响，因缺乏资料，不能确定。我们暂且认为hi

-lom（4c）的中间步骤是 him-lom，前字［m］脱落，成为 hi-lom。

朱德熙（1982）对潮阳变音重叠作了细致的分析，有两点观察很重要。首先，后字声母一律是［l］，［n］是［l］的条件变体；其次，中字是重叠式的基本形式，前、后字都是从中字推导出来的。以 si-sa-la（3a）、k'i-k'a（4a）为例，重叠式的推导过程如下：

(6) 本字：   sa   k'a
    重复：   sa-sa-sa   k'a-k'a
    首字换韵母：   si-sa-sa   k'i-k'a
    后字换声母：   si-sa-la

显然，第三类与第二类的音系特性是一致的，下文只考虑第二类所表明的音节结构。我们把（6）的推导过程概括为（7）。

(7) a. 重复本字一次（第三类）或两次（第二类）
    b. 前字韵核换成［i］
    c. 后字起首换成［l］

第一类的整个字重叠式只需（7a）一步，（7b，c）两步用于第二、第三类。这两步因牵涉到音节结构，将是我们探索音节结构的有效工具。

从（6）可以看出，sa 和 k'a 的音节结构是一样的，都是（8）。

(8) $[s[a]_N]$

本字形式为 CGVG［见（3b）和（4b）］的音节结构应同于（8），GVG 同属韵核；这点可以从下面的推导看出。

(9) a. 音节结构： $[ts[iau]_N]$ $[\emptyset[u\tilde{a}i]_N]$
    b. 本字：   ts.iau   .uãi
       重复：   ts.iau-ts.iau-ts.iau   .uãi-.uãi-.uãi

前字换韵母： ts. i – ts. iau – ts. iau . ɪ – . uãi – . uãi
后字换声母： ts. i – ts. iau – l. iau . ɪ – . uãi – n. uãi

上面的推导式里圆点标明韵核的开端。从前后字可以看出，新韵母［i］分别替换了［iau］和［uãi］，表明介音［i/ɪ］、［u/ū］与［a］同属于一个成分单位，即韵核。另外，从后字看，换声母没有涉及介音，表明介音不跟前面的辅音组成一个成分单位（起首）。前、后两字提供相近的信息。值得一提的是，本字是鼻化韵母的重叠式，各韵母依然鼻化，促使［l］变成［n］。这说明鼻音特征不是元音特有的音系特性，而是整个音节的特性。

如果本字以塞音或鼻音结尾，情况有所不同，塞音和鼻音不受换韵母的影响［见（3c，d）和（4c，d）］，这表明该两类辅音不跟元音同属一个音节成分。举例如下：

(10) a. 音节结构：　［p［a］_Nŋ］　　　　［t［o］_Np］
   本字：　　　p. aŋ　　　　　　　t. op
   重复：　　　p. aŋ – p. aŋ – p. aŋ　　t. op – t. op – t. op
   前字换韵母：p. iŋ – p. aŋ – p. aŋ　　t. ip – t. op – t. op
   后字换声母：p. iŋ – p. aŋ – l. aŋ　　t. ip – t. op – l. op
   其他音变：　–　　　　　　　　t. iʔ – t. op – l. op
 b. 音节结构：　［s［ia］_Nk］　　　［k［［au］_Nʔ］］
   本字：　　　s. iak　　　　　　　k. auʔ
   重复：　　　s. iak – s. iak – s. iak　k. auʔ – k. auʔ – k. auʔ
   前字换韵母：s. ik – s. iak – s. iak　k. iʔ – k. auʔ – k. auʔ
   后字换声母：s. ik – s. iak – l. iak　k. iʔ – k. auʔ – l. auʔ
   音节结构：　［t［［iau］_Nʔ］］
   本字：　　　t. iauʔ
   重复：　　　t. iauʔ – t. iauʔ – t. iauʔ
   前字换韵母：t. iʔ – t. iauʔ – t. iauʔ
   后字换声母：t. iʔ – t. iauʔ – l. iauʔ

（10a）是本字为 CVC 的推导情况，（10b）是本字为 C（G）VGC 的推导情况。因为前字只换韵核，且只有元音（包括介音在内）才占韵核位置，所以假如本字是舒声韵，重叠式的各音节也是舒声韵；假如本字是入声韵，重叠式各音节也是入声韵 ［见（5d, e）］。（10a）中的所谓其他音变，指的是 ［p/k］变 ［?］以及 ［m］脱落等音系现象；因为这些现象与音节结构关系不大，此处不加深究，以"其他音变"概括。闽南话的音节结构如下：

（11）［C［GVG］$_N$C］

综合上文对各类重叠式的分析，我们可以得出这样的结论：闽南潮阳话的音节结构与闽东福清话的音节结构是不同的，具体体现在介音（即韵头）的音节位置；福清话介音不属于韵核，潮阳话介音属于韵核。换句话说，虽然各方言的音节都由声母、韵头、韵腹、韵尾组成，这些成分之间的结构关系因方言而异，不能一概而论。

第四节　太原分音词

从以上两节的分析我们知道闽南话和闽东话的音节结构有相当大的差异，主要体现在介音的位置上：闽南话的介音属韵核，而闽东话的介音属起首。这一节检讨晋方言的音节结构。我们从太原话的分音词着手，论证太原话的介音不对称：/i/ 属韵核，而 /u/ 属起首。

分音词（也称"嵌 l-词"）是汉语一个比较普遍的词汇现象，各方言不同程度上都出现这类词，尤其是晋方言，这种词汇现象更为突出。近年来海内外学者对这类词进行了较详尽的描写和分析；太原方言的分音词，王立达（1961）提到过，以后赵秉璇（1979）、徐通锵（1981）和王洪君（1994）也作了细致的描写和分析。他们的分析使我们对这类词有深刻的认识。下面介绍太原方言的分音词，从中窥探介音在太原音节里的位置。我们的语料引自赵秉璇（1979）的文章，分析方法同于包智明（1996）。

赵文列出的太原分音词一共有 88 个，都由两个字组成，大多数首字韵母为/əʔ/，次字声母为边音/l/。这 88 个词可以分成四类：第一类有 42 词，二字都没有介音；第二类有 18 词，二字都有介音/u/[①]；第三类有 11 词，前字无介音，后字则有介音/i/；第四类有 8 词，前字有介音/u/，后字无介音。有关材料如（1）所示（C、V 分别代表辅音和元音，T1 至 T4 分别代表平上去入四声）。

（1） a. 第一类：Cəʔ - lV...
   pəʔ T4 lai T2 摆动 təʔ T4 təŋ T3 愚蠢
   kəʔ T4 lau T1 高粱秆 məʔ T4 lau T1 抚摸
 b. 第二类：Cuəʔ - luV...
   tuəʔ T4 lu T3 张罗 kuəʔ T4 luəʔ T4 车轮
   tsʻuəʔ T4 luæ T3 量词 xuəʔ T4 luæ T1 痕迹
 c. 第三类：Cəʔ - liV...
   təʔ T4 liou T1 提着 pʼəʔ T4 liaʔ T4 不同
   kəʔ T4 liau T3 弯曲
 d. 第四类：Cuəʔ - lV...
   tʻuəʔ T4 lə T1 下坠 kʼuəʔ T4 lai T3 面食

以上四类占赵文所列分音词的百分之九十。从这四类分音词中我们可以得出下面两个结论：

（2） a. 前字无前介音/i, y/，只有后介音/u/；
 b. 如果后字有介音/u/，则前字也有/u/。

以上概括了太原方言分音词的结构特点，显示介音的不对称性。

关于分音词的来源，基本上有两种说法。有的学者认为这些词是古汉语复辅音在现代汉语中的残存现象（如 Chan 1984）；也有学者指出这些词跟平定方言儿化非常相似，因此认为这是一种儿化的残余（徐通锵 1981）。无论怎样看待分音词，都应解释（2）所提出的概括。一般说

[①] 后字韵母为/uŋ/的分音词算作此类，这类词的前字有介音/u/。

来，分音词有一个与之相对应的单音节词（王立达1961；徐通锵1981；张崇1993），如与"圪佬"kəʔ T4 lau T2 相对应的是"搅"，与"测拉"ts'əʔ T4 laʔ T4 相对应的是"擦"。徐通锵（1981）认为分音词是在单音节词中嵌入边音/l/的产物，与平定方言的儿化是一致的。不过，单从音韵特点来看，分音词和反切词也相当接近。试比较北京 Mai-ka 式反切语的例子（赵元任1931）。

（3） 妈　　ma → mai-ka　　单　　tan → tai-kan
　　　 北　　pei → pai-kei　　风　　fəŋ → fai-kəŋ

Mai-ka 式反切词的前字韵母是/ai/，后字声母是/k/，前字的声母和后字的韵母来自该反切词的单音字。由此看来，分音词兼有儿化和反切语的特性[①]。为了便于探讨介音在音节中的位置，我们部分采纳徐通锵（1981）的意见，认为分音词由下列步骤产生[②]。

（4） a. 重叠：　　　　单音变双音
　　　 b. 换韵母：　　以 əʔ T4 替换前字韵 [VC_f]
　　　 c. 换声母：　　以 l 替换后字声母 C_i

第二、第三步我们分别用 REP（R）和 REP（C）来表示。分音词的分化过程如下所示（以第一类 pəʔ T4 lai T2 "摆动"为例）：

（5） a. 本字：　　　　p. ai T2
　　　 重叠：　　　　p. ai T2　　p. ai T2
　　　 REP（R）：　　p. əʔ T4　　p. ai T2
　　　 REP（C）：　　p. əʔ T4　　l. ai T2

[①] 闽东方言的重叠后字声母假如是/t, t', s/的话，往往音变成/l/：戏台 xie tai → xie lai，课程 k'uɔ t'iaŋ → k'uɔ liaŋ，水仙 tsuei sieŋ → tsuei lieŋ（例子摘自袁家骅等1989）。所以把分音词看作是重叠的一种，是有根据的。

[②] 张崇（1993）认为分音词是单音词缓读的结果，比如"摆"，首先分化为/pəʔ yai/，后字声母发音部位前移，形成/pəʔ lai/。至于为什么前移的结果一定是边音/l/，张文的解释缺乏说服力。不过，即使分音词是缓读的结果，也不妨碍本文的结论。

首先，本字重叠为二；然后 REP（R）换掉前字的韵母/ai T2/，REP（C）换掉后字的声母/p/。第一类的分音词都可以通过这一方式推导出来。这类词本字没有介音，分化出的分音词自然也没有介音。

第二类分音词前后字都有合口介音/u/，本字也含有/u/。我们假设/u/不属于韵部，那么，第二类分音词可以用同样的方式推出。

（5）b. 本字：　　　　tsuí. æ T2
　　　　重叠：　　　　tsuí. æ T2　　　tsuí. æ T2
　　　　REP（R）：　 tsuí. əʔ T4　　 tsuí. æ T2
　　　　REP（C）：　 tsuí. əʔ T4　　 lu. æ T2

值得注意的是，介音/u/没有被 REP（R）替换掉，表明/u/不跟韵部（VC_f）组成一个单元；另外，REP（C）也没有涉及/u/，表明/u/不是声母的辅助发音。太原方言含 u 的音节结构如（6）所示[①]。

（6）$[C_i u [VC_f]_R]$

R 为韵部，REP（R）以韵部为目标；REP（C）以 C_i 为目标。

（7）a.　$[C_i [iVC_f]_R]$
　　　b.　本字：　　 k. iau　　　　　　p'iaʔ T4
　　　　　重叠：　　 k. iauT3 k. iauT3　p'. iaʔ T4　p'. iaʔT4
　　　　　REP（R）：k. əʔ T4 k. iauT3　p'. əʔ T4　p'. iaʔ T4
　　　　　REP（C）：k. əʔ T4 l. iauT3　 p'. əʔ T4　l. iaʔ T4

我们从/i, u/在分音词里的不同特点，归纳出这两个介音在音节结构中的不同位置：/i/属于韵基（即 R），/u/不属于韵基。这就是介音不对称性在太原方言中的反映。

---

① （7b）前字/i/消失的原因从表面上看是声母不拼/i/的缘故，其实不然。p'əʔ T4 的本字应是 p'iaʔ T4，其过渡形式为 p'iəʔ T4 liaʔ T4。但太原方言"迫"音为 p'iəʔ T4（见袁家骅等 1989），因此，分音词前字 p'iəʔ T4 变为 p'əʔ T4，不能从太原方言声韵搭配制约上得到解释。

介音不对称性也反映在撮口介音/y/上。试看下面几例。

(8) a. k'uəʔ T4 lyɛ T2　量词，用于卷形的东西
　　　 k'uəʔ T4 lyɛ T3　圆圈
　　 b. məʔ T4　lyɛʔ T4　用手顺着摸过去

(8a) 的二例前字有合口介音/u/，后字有撮口介音/y/。王力 (1980: 21) 认为/y/和/i/（作为韵母时）韵部相同，可以互押。如果我们把/y/看成是/ui/，/y/、/i/互押就容易理解了。我们知道在太原方言里/i/属于韵基（即R），/u/不属于韵部，象 kyɛ 这样的音节，其结构如 (9) 所示：

(9) [ku[iɛ]ᴿ]

有 (9) 这样的结构，kyɛ 分化成 kuəʔ T4 lyɛ T3 就不难理解了。

(10) a. 本字：　　　　ku. iɛ T3　　　　　　　mu. iəʔ
　　　 重叠：　　　　ku. iɛ T3 ku. iɛ T3　　 mu. iəʔ mu. iəʔ
　　　 REP（R）：　 ku. əʔ T4 ku. iɛ T3　　 mu. əʔ mu. iəʔ
　　　 REP（C）：　 ku. əʔ T4 lu. iɛ T3　　 mu. əʔ lu. iəʔ
　　　 唇音简化：　　–　　　　　　　　　　 m. əʔ　 lu. iəʔ
　　　　　　　　　　 kuəʔ T4　lyɛ T3　　　 məʔ　　lyəʔ

(10) 的"唇音简化"把两个唇音简化为一。汉语方言唇音声母一般不跟合口、撮口韵相拼，因而合口韵母/uəʔ/在/m/后简化成开口韵母/əʔ/。北京话也有唇音简化这一音韵现象，比如，/u, y/不得出现在以唇音为声母的音节里（有 ma 无 mua、mya，以/u/为韵腹的韵母可以跟唇音结合，如 mu）。

从上文的讨论我们知道本字的音节特点与分音词前、后字的音节特点是相关的。以此为出发点，分音词不外下列四种。

(11)   本字   前字   后字   例子
    a.   C[VC]$_R$ C. əʔ   l[VC]$_R$ (1a)
    b.   Cu[VC]$_R$ Cu. əʔ   lu[VC]$_R$ (1b)
    c.   C[iVC]$_R$ C. əʔ   l[iVC]$_R$ (1c)
    d.   Cu[iVC]$_R$ Cu. əʔ   lu[iVC]$_R$ (8)

第四类分音词（1d）如何解释？这类词只是前字有/u/，后字没有。按照我们的分析，分音词的音韵特性取决于本字，前字的介音一定是来自本字的；所以，如果一个分音词前字有介音，说明本字也有介音。推导后字的 REP（C）只涉及声母，并不影响介音存在与否——本字有介音，后字一定有。如果我们的分析是正确的话，类似第四类的分音词是不可能存在的。这类词的存在是需要解释的。

赵文一共列举了八个，其后字韵母为 ə、ai 或 aʔ。

(12)   a.   t'uəʔ T4 lə T1 下坠   tsúəʔ T4 lə T3 收拾
           kuəʔ T4 lə T1 填空   kuəʔ T4 lə T2 包住
           kuəʔ T4 lə T1 大雁
    b.   k'uəʔ T4 lai T3 面食
    c.   xuəʔ T4 laʔ T4 潦草   kuəʔ T4 laʔ T4 去掉

根据我们对第一类至第三类词的分析，这类字的前、后字都应有/u/。对于这个问题，我们有两种解决办法。第一，把这类词看作例外；第二，把这类词归入第二类，在后字声母变成/l/时去掉介音/u/。这种方法不是没有根据。王立达（1961）及赵秉璇（1979）都没有/luə/及/luai/这类音节，我们推断第四类分音词后字无/u/，是因为太原方言/l/不拼/uə/和/uai/的缘故。北京话也有类似的现象。朱德熙（1982）在分析汉语象声词重叠式时指出，tiŋ liŋ kuaŋ laŋ 中的/laŋ/应是/luaŋ/，但北京话/l/不拼/uaŋ/，因而/luaŋ/变成/laŋ/。采用朱的观点，我们可以把第四类的（12a，b）两小类归为第二类，并用（13）中的规则删除后字的/u/，推出分音词。

(13) u → Ø / l _ ai, ə

这一规则把与边音结合的合口韵母简化成开口韵母。(12a, b) 的分音词生成过程举例如下：

(14) 本字：　　　kú. ai T3　　　　　ku. ə T1
　　　重叠：　　　kú. ai T3　kú. ai T3　ku. ə T1　ku. ə T1
　　　REP(R)：　　kú. əʔ T4　kú. ai T3　ku. əʔ T4　ku. ə T1
　　　REP(C)：　　kú. əʔ T4　lu. ai T3　ku. əʔ T4　lu. ə T1
　　　规则(13)：　kú. əʔ T4　l. ai T3　ku. əʔ T4　l. ə T1

但是，(12c) 所列的两个分音词不能用同样的方法来分析，因为在太原方言里/l/可以与/uaʔ/相拼，如"落"/luaʔ/。这样，我们只得把 (12c) 看作是例外。

赵文还列举了下面四个分音词：

(15) a.　kuəʔ T4 liou T1　滚动　　　kuəʔ T4 liou T3　山羊
　　　　tsúəʔ T4 liou T1　滑下
　　b.　tɕiəʔ T4 liŋ T3　伶俐

徐通锵 (1981) 认为 (15b) 不是真正的分音词，在这里不必加以分析。(15a) 的三个词是例外，我们的分析方法无法解释这些分音词前、后字的音韵特性。

综上所述，我们从太原话的分音词特点可以清楚地看出介音的不一致性：/i/属韵核，/u/属起首，/y/则是/ui/的合音。

太原话音节的结构特点与闽东、闽南话的音节又有一层差别。闽方言之间的结构虽然不同，但是介音的位置是一致的：福清话的介音占起首位置，而潮阳话的介音都占韵核位置。介音的非对称性是太原话（以至晋方言）音节的一大特点[①]。

[①] 据栗治国 (1991) 的分析，属晋方言的伊盟话的分音词有类似太原话分音词的特性，详见栗文。

第四章 声调

第一节 声调现象与自主音段概念的产生*

一 声调与音高

声调在许多语言里具有区别意义的功能。从20世纪80年代起，对语言声调的研究已经成为一门专门学科，叫作声调学（tonology）。

汉语是一种有声调的语言，它体现在每个音节必须有声调，声调不同，意义也不同。

汉语声调的性质到底是什么？汉语声调主要决定于音高（pitch）的变化[1]。音高，是人类听觉的一种感觉，它与声波的频率有直接关系。一般来说，频率高，音高就高，频率低，音高就低。汉语的声调变化，就是音高的变化。频率的高低可以用仪器测量[2]，音高的高低则是人的主观判断。人类的语音是由多种频率合成的复合音，人们的听觉将其中最低频率的音（基频）作为说话者的音高[3]。

音高跟频率有直接关系，我们可以通过调节频率的高低来改变音高。频率是一定时间内声波振动的次数，振动次数多，频率就高，振动次数少，频率就低。对于语音的音高来说，声波振动的次数由发音者声带的长短、厚薄以及松紧而决定。一般来说，女性的声带比男性的短、薄，所以女性的频率比男性的高，音高也比男性高。儿童因处于发育时

---

* 本章第一节至第四节的部分内容来自侍建国（1997）。
① 音高完全不同于音量（volume）的高低，音量跟音强有关。
② 语音的频率在100赫兹至4000赫兹之间。
③ 从声学上分析，一个声音由一组共振的谐音组成，声学上把第一谐音叫作基频，也叫基音。一般成年男性的基频为120赫兹，成年女性的基频为220赫兹。

期，声带没有发育完全，语音的频率比成年女性还要高。我们可以灵活地调节自己声带的松紧和厚薄，来改变音高。所以，可以简单地把汉语声调的变化看作发音时声带的松紧变化。人的声带是两片附在喉部的带状纤维质薄膜。声带紧，振动频率就高，音高也高；声带松，振动频率就低，音高也低。女人的音高比男人高，指的是绝对音高。而声调音高，指说话人的相对音高。

所谓相对音高，是通过调节自己声带的松紧，来改变音高的变化，从而使声调变化。比如，普通话的去声调，是音高从最高到最低的匀速下降，声带调节应该是从最紧到最松的均衡松弛。同样，北京话的阴平调，是音高在最高点上的均衡保持，声带应该在最紧的程度上自始至终地保持着。

声调是汉语音节的重要组成部分。因为汉语的一个音节等于一个汉字，所以汉语的声调也可以叫作"音节调"，或者"字调"。

汉语音节的声调跟英语的词重音有什么不同？声带的松紧不等于发声的用力不用力。发声用力与否（大声或小声）指肺部出来气流的强弱。气流强，声音大；气流弱，声音小。北京话的去声不是从强气流变成弱气流，不是从大声变成小声。所以，用气流的强弱或声音的大小，不是解释声调变化的正确渠道。比如，英语有词重音，没有声调。一个由多音节构成的英语词，有的音节读重音，有的音节读次重音，有的音节没有重音。英语的词重音表现为气流的强与弱。读重音的音节气流最强，声音最大；读次重音的气流次之，声音次之；没有重音的气流弱，声音小。而汉语的声调变化主要是声带松紧变化，我们可以拉紧声带而用弱气流发出音高最高的音。所以，汉语的声调与英语的词重音完全不相同[①]。

二 声调在什么意义上独立于音节？

汉语声调的声学实验表明，发音时声带的松紧变化，贯穿于整个音节的所有浊音音素。如果音节是个单元音，声带的变化就体现在这个元

---

① 北京话的词重音与英语的词重音相同。北京话词重音可分为重读、次重读［北京大学《现代汉语》(2004) 为了突出重读音节，把"次重"叫做"中"］、轻读。

音上。如果音节的声母是个浊辅音，尾音是个鼻音，比如音节"ruǎn"，它的上声调的声带变化就从声母 r 开始，到尾音 n 结束，贯穿了整个音节。这些体现声调变化的成分，形成这个音节的声调区域。显然，声调区域与声母和韵母结构上不属于同一层面。声母、韵母属于同一个时间先后平面，叫音段音位层面；声调属于另一个层面，叫超音段音位层面。"超"的意思是"之上"。它们的关系可以这样排列：

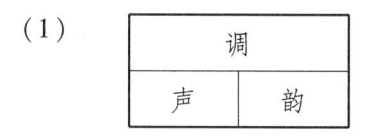

(1)
调	
声	韵

中国人很早就有声、韵、调的概念了。古代韵书的编排，都在图表上把声调分开标示。古人知道，声调跟整个音节有密切的关系。例如，所谓"平分阴阳"，就是指古代声调的分化，根据声母的"清"（声带不振动）或者"浊"（声带振动）而有所不同。但是，中国传统音韵学家，不管是古代的还是现代的，都没有明确提出声调独立于声母或者韵母的概念。尽管有像（1）这样的观念，但古代韵图的结构，通常把声母列为横坐标，把韵腹（连同韵头）和声调列为纵坐标。汉语拼音方案规定把声调标写在元音上，一方面是为了整齐、方便，另一方面，也是受了传统音韵学的影响。

为什么中国音韵学家很早看到声调的特点，却没有提出声调独立于声母或者韵母的概念呢？这跟汉语的语音结构有关。汉语的声调是紧紧依附在音节上的；而汉语的某些音节，却可以在一定程度上，脱离它们原有的声调，保持原有的词义。就是说，汉语声调与音节的相互依附的程度不一样，声调依附于音节的程度，大大高于音节依附于声调的程度。比如，汉语的连读变调，声调起了变化，但声母、韵母没有改变，词义也没有改变。这就是前面所说的，音节可以在一定程度上，脱离它原有的声调。

为什么汉语的声调必须紧紧依附于音节，而音节却有一定的自主性呢？这大概跟汉语的书写符号——文字有关系。古人有所谓"读破"或"破读"的方法，它的一个作用，就是改变某字原来的声调，以表示词性的转变。比如，《诗经·关雎》"君子好逑"的"好"字，可以读上声，也可以读去声。读上声，是美好之意，形容词；读去声，是爱好之意，动词。

可是，中国古人对语法的概念，不可能像现代人一样，需要区分形容词和动词。同一个音节（字），读不同的声调，词性有变化，以表示相关意义的转变（"美好"与"爱好"，意义相关），这大概是古人用来表示古汉语词性的最简单的方法。可是，这样区分词性的方法并不普遍，它所隐含的声调的相对自主性，自然就没有引起中国古代学者的重视。

传统音韵学以"发圈法"标汉字四声调类，就是在方块汉字的四个角，分别用向内的半圈表示四个调类，半圈下加短横表示声调的阴阳。"发圈法"是为汉字标声调，不是给音节标声调。所以，"发圈法"没有将声调从声母韵母中独立出来。

中国古代音韵学家，囿于汉字的限制，更多地注意了声调依附于音节的一面，较少注意音节的相对自主性。这就是为什么他们很早就看到了声调的特点，却没有提出声调独立于音节的概念。

以乔姆斯基和哈勒（Chomsky & Halle 1968）的《英语音系》（SPE）为代表的生成音系学，对现代语言学作出了划时代的贡献。但是在声调的认识上，他们却并不比中国古代音韵学家高明多少。下面来看看他们是如何处理声调的。

为了说明的便利，先简单介绍一下声调的描写法。因为声调是音高变化，可以用某一个音高点来描写的声调，这样的声调叫作音高声调（register tone），或非曲线声调；如果声调的变化不能用一个音高点来描写，这样的声调就叫曲线声调（contour tone）。世界上有声调的语言大致可分为非曲线声调和曲线声调这么两类。许多班图语言属于非曲线声调语言，它的声调可用高、中、低三个音高点描写，通常在元音字母上用标号"ˊ"代表高声调，用"ˋ"代表低声调，中调介于高和低之间，不标号。汉语的声调变化不能用一个音高点来描写，它是典型的曲线声调语言。描写汉语声调，一般采用赵元任提出的"五度标记法"，把人们正常说话的音高分为五度，最高点是5，最低点是1。例如，北京话阴平调的音高就是55，阳平调的音高是35，上声调是214，去声调是 51。

在 SPE 模式的理论框架内，声调被列在元音的区别特征矩阵内，跟其他的区别特征比起来，性质上并没什么两样。例如，在一个有高、中、低三种声调的非曲线声调语言里，带高声调的元音就有 [＋高声调] 的特征，带低声调的元音有 [＋低声调] 的特征，中调的元音则有 [－高声调，－低声调] 的特征。如果元音 /e/ 出现在三个不同声调的音节里，它们的区别特征可排列如下。

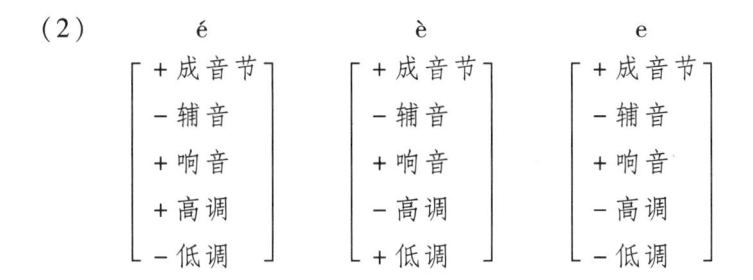

（2） é　　　　　　è　　　　　　e

$$\begin{bmatrix} +成音节 \\ -辅音 \\ +响音 \\ +高调 \\ -低调 \end{bmatrix} \quad \begin{bmatrix} +成音节 \\ -辅音 \\ +响音 \\ -高调 \\ +低调 \end{bmatrix} \quad \begin{bmatrix} +成音节 \\ -辅音 \\ +响音 \\ -高调 \\ -低调 \end{bmatrix}$$

因为元音通常是一个音节的核心，把声调与一个担任音节核心的音素联系在一起，这个音素就叫带调单位（tone-bearing unit）。这样对声调的认识，似乎顺理成章。但是，它忽视了一个重要现象。

在一个叫作 Bakwiri 的非洲班图语言里，有一种语言游戏，它将双音节词的前、后两个音节的位置相互调换，比如 kélí "死的" 这个词，它的互换形式是 líké。根据 SPE 模式，把声调的性质规定在元音上，这种音节互换变化可以用下面的形式表示。

（3） k é l í → l í k é
　　　 1 2 3 4 → 3 4 1 2

在（3）里，音节 ké，连同它的高声调，被换到后面；音节 lí，连同它的高声调，被换到前面。声调似乎跟着元音走。这样的认识，对 kélí "死的" 这个词，当然无可非议。但是对 kélì "落下" 这样的词，就不行了。按照 SPE 模式的转换规则，kélì "落下" 的互换形式为（4a）。但实际上"落下"这个词的正确互换形式是（4b）。

(4) a.　k　é　l　ì　→　l　ì　k　é
　　　　1　2　3　4　→　3　4　1　2
　　b.　kélì→líkè

　　从（4b）看出，当音节前后互换时，原有第一个音节的高声调仍留在第一个音节的位置上，原有第二个音节的低声调仍留在第二个音节的位置上。也就是说，原有音节里的元音辅音音素按规则换了位置，但原有声调的位置没有变化，仍然停留在它们原来的位置上。

　　如何解释这种现象呢？以 SPE 模式为代表的传统生成音系学无能为力。因为 SPE 模式把一段音流看成是音素与音素前后结合的单一层次结构，或者说是线性结构。SPE 模式可以用（5）为代表。

(5) X→Y/A ＿ B

　　模式（5）所表示的意思是：在音素 A 和 B 之间，音素 X 变成音素 Y。虽然每个音素可以分析为一组区别特征，并且语音转变规则仅仅改变其中的一个或几个区别特征，但规则的最终结果，却是对整个音素的变换。这就是说，（5）的结果，产生了一个区别于音素 X 的音素 Y，而不是 X＋或 X－之类的东西。所有与音素 X 有联系的，必须跟着 X 走。如果有声调附着在 X 上，声调也只能跟着 X 走。所以，当 kélì"落下"的第二个音节［li］换到前面去的时候，线性结构的性质要求把附着在元音［i］上的低声调也带过去，结果产生了错误的（4a）。

三　声调层面的自主性

　　如果放弃线性结构的原则，把声调看作属于另一个层面上的东西。这个声调层面（tonal tier）不同于元音辅音的层面。而语音的各个层面具有相对的独立性，就是说，有它们各自的自主性，我们就很容易对（4b）作出正确的解释。Bakwiri 语言里的音节互换的语音规则是：将元音辅音层面的前后音节互换，声调层面的音素不受影响。根据这个规则，（4b）的互换变化可以用（6）表示。

(6)　声调层面　　　+高声调　+低声调　→　+高声调　+低声调
　　　　　　　　　　　|　　　　|　　　　　　|　　　　|
　　元音辅音层面　　k　e　　l　i　　→　l　i　　k　e

两个层面之间的竖线叫联接线（association line）。元音辅音与声调音段属于各自独立的层面，层面之间的关系由连接线表示。这就是自主音段（autosegment）的概念。

自主音段音系学认为，语流可以分析为两个或更多平行的层面，不同的特征出现在不同的层面上。比如，声调层面上只有声调的高、中、低等声调音段。特定语言还可能将元音音段和辅音音段分成不同的层面，因为它们在语音结构中所表现的特性不同（例如阿拉伯语，本书第五章第一节将作介绍）。

自主音段表达不同于传统的音位表达（phonemic representation），前者主张语流是非线性结构，各类音段组成两个或更多的相对独立的层面；后者则主张语流是线性排列结构，由一串音段在一个平面上前后排列。主张线性排列结构的理论又称线性音系学（linear phonology）；主张多层面结构的理论，称非线性音系学（non-linear phonology）。

四　北京话音节重叠的变调

下面我们以北京话的变调为例，比较传统的音系表达和自主音段表达对汉语声调的应用研究。北京话由单音节重叠引起的变调形式有下列五种。

(7)　　　张 zhāng→张张 zhāngzhāng
(8)　　　种 zhǒng→种种 zhóngzhǒng
(9) a.　个 gè→个个 gège
　　　　看 kàn→看看 kànkan
　　b.　种 zhǒng→种种 zhóngzhong
　　　　想 xiǎng→想想 xiángxiang
(10)　　 红 hóng→红红儿 hónghōng-r
　　　　好 hǎo→好好儿 hǎohāo-r

慢 màn→慢慢儿 mànmān-r

乖 guāi→乖乖儿 guāiguāi-r

（11） 姐 jiě→姐姐 jiějie

弟 dì→弟弟 dìdi

姥 lǎo→姥姥 lǎolao

（7）的情况最简单，第二个音节以及它的阴平调只是简单重复了第一个音节的元音辅音和声调，没有变调发生，可以看成零变调。（8）的变调是典型的北京话上声变调，即两个上声字相连，第一个上声字读成阳平调。下面再举一些上声变调的例子：

（12）雨（yú）水 = 鱼水

土（tú）改 = 涂改

有（yóu）饼 = 油饼

可以用语音规则（13）来表示（8）和（12）的上声变调。

（13）[上声]→[阳平]／＿[上声]

（9a）是在（7）的基础上，再加一条规则，即把第二个音节（也是词的最后音节）的声调删除。这条声调删除规则可用（14）表示（#表示词界）。

（14）[＋声调]→[－声调]／＿#

（9b）则是在（13）的基础上，再加上声调删除规则（14）。

比较（7）和（9a）、（8）和（9b），有两点值得注意。一是（7）的第二个音节的声调没变，（9a）的第二个音节声调被删除；（8）和（9b）也有同样情况。看来，规则（14）是随意性的，可用可不用。二是规则（13）和（14）的前后关系必须限定，（13）一定运用在（14）之前。反之，规则（14）将把（13）的音变条件取消，使得上声变调不能实行，(8) 将变成不正确的 (15)。

(15) 种 zhǒng→种种 *zhǒngzhong

自主音段表达对 (7)、(8)、(9) 三种重叠式的音变并没有什么新招，对 (10) 的处理才是它的拿手戏。我们发现，(10) 的第二个音节一律是高平调，并且都是儿化音节 (吕叔湘 1984)。Yip (1980) 给这些词假定了一个后缀，这个后缀带有高平调特征，重叠仅仅发生在元音辅音的音段层面上，而不发生在声调层面。按照自主音段表达，"好好儿" hǎohāo-r 的元音辅音层面（用国际音标表示）和声调层面应该是 (16)。

(16)　元音辅音层面　　xɑu　　xɑu　　r
　　　　　　　　　　　　|　　　|
　　　声调层面　　上声调　　高平调

变调规则 (13) 当然在这里不适用，因为 (16) 的重叠根本没有重叠前面的声调。

第二个音节〔xɑu〕如何获得一个高平调呢？Yip 提出，可以通过一条叫做"规范条件"（well-formed condition）来实现（本章第四节将详细讨论这个条件）。"规范条件"包括两条规定：一、元音（核心元音）至少要跟一个声调连接；二、声调至少要跟一个元音（核心元音）连接。(16) 的具体操作是：把后缀的高平调延伸到无声调的第二个音节〔xɑu〕，这可用 (17) 来表示（虚线表示延伸）。

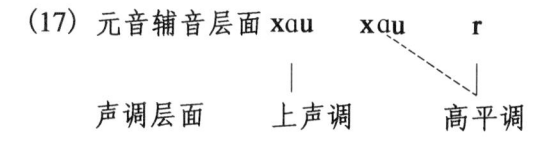

(17) 元音辅音层面 xɑu　　xɑu　　r
　　　　　　　　　　|　　　|
　　　声调层面　　上声调　　高平调

以上是自主音段表达对 (10) 的处理。按照传统音系学的表达，声调跟音节的音素连在一起。所以，当一个音节重叠时，必须既重叠音素，又重叠声调。再通过一条声调变化规则 (18)，把第二个音节（连同它的声调），变成带阴平调的音节。

(18) ［声调］→［阴平调］/__#

但是，这种表达法有个麻烦，它必须解释为什么上声变调规则（13）没有在重叠后发生，而只有规则（18）发生。唯一的回答是，（10）为单音形容词的重叠，这种重叠形式是上声变调规则的一个例外。把单音形容词的重叠形式，排斥在上声变调这样一条在北京话里非常普遍的变调规则之外，它显示了传统音系表达的局限性。

对于（11）"姐姐"的重叠，有一种传统的音系表达法认为，上声变调必须跨越词界（word boundary），就是说，上声变调不在单纯词内发生。"姐姐"属于单一语素的单纯词，上声变调不发生。而"小姐"是复合词，有两个语素，语素间有词界，所以，"小姐"有上声变调（Cheng 1973）。既然"姐姐"、"弟弟"等是单纯词，它们的重叠就不跟（7）、（8）、（9）、（10）的重叠一样。传统音系表达法的变调规则又把（11）排斥在外。自主音段表达法对（11）的处理再简单不过了，"姐姐"等只重叠元音辅音层面上的音段，不重叠声调层面上的音段（北京话上声变调的规律，本书第八章第三节有更深入的分析）。

比较两种理论对（7）、（8）、（9）、（10）、（11）的分析，自主音段表达把声调与音节分开，它的解释能力显然大于传统的音系表达。特别是对（10）的单音形容词重叠，Yip 把后缀规定为一个高平调，后缀的卷舌特征可有可无，就是说，在底层结构中把声调的调素作为一个独立的后缀。

这种假设还可以解释北京话里另一种儿化变调现象。北京话的单音形容词有一种生动形式，就是后面加双音节后缀，成 ABB 式。–BB 也是一种音节的重叠，两个音节的声调也可以是阴平调，但最后一个音节不一定儿化，如（19）。

(19) 腾 téng 慢腾腾 màn-tēngtēng
甸 diàn 沉甸甸 chén-diāndiān
洋 yáng 喜洋洋 xǐ-yāngyāng
零 líng 孤零零 gū-línglīng

油 yóu　　　　绿油油 lǜ-yōuyōu

其中"慢腾腾"的词缀叠音表示为（20a），词缀叠音的声调情况表示为（20b）。

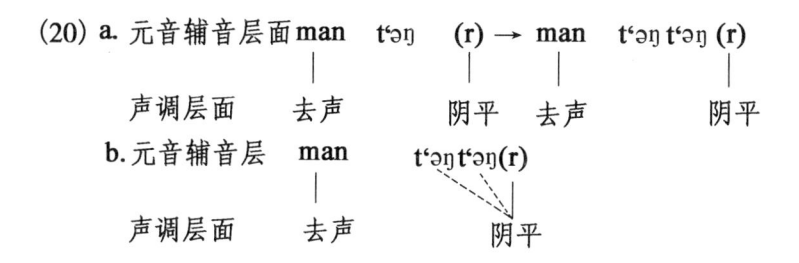

(20) a. 元音辅音层面　man　　t'əŋ　(r) → man　t'əŋ t'əŋ (r)
　　　　　　　　　　 |　　　 |　　　　　　|　　 |　 |
　　　声调层面　　　 去声　　阴平　　　　　去声　阴平

b. 元音辅音层　man　　t'əŋ t'əŋ(r)
　　　　　　　 |　　　　 \|/
　　声调层面　去声　　　阴平

比较（10）和（20），我们发现，虽然（10）是单音语素的重叠，（20）是叠音式的双音语素，但它们都是通过音节重叠的手段，表示一种生动意义。此外，两者都有儿化和非儿化的形式。看来，北京话的音节重叠式，存在着带高平调的倾向。单音形容词的 ABB 式，来自音节重叠这一修辞手段。叠音形式的高平调，则来自后缀儿化。而儿化在表层结构上可以不出现。

在北京话里，我们仅发现（21）一例阴平调以卷舌特征为前提的，但它显然不属于音节重叠式。"相片"、"唱片"、"画片"的"片"字念去声，但是，儿化以后，"相片儿"、"唱片儿"、"画片儿"的"片"字念阴平调。现在，用自主音段的概念来解释"相片儿"的"片"的声调情况。（21a）先中断音节"片"［p'iɛn］与其声调的连接，再把后缀的阴平调延伸到音节"片"［p'iɛn］上，如（21b）。

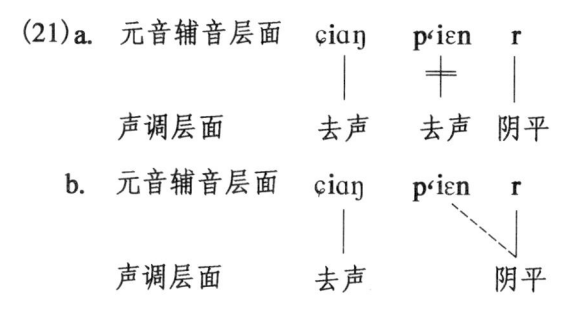

(21) a.　元音辅音层面　ɕiaŋ　　p'iɛn　　r
　　　　　　　　　　　 |　　　 ╪　　　 |
　　　声调层面　　　　去声　　去声　　阴平

b.　元音辅音层面　ɕiaŋ　　p'iɛn　　r
　　　　　　　　　　|　　　　 ＼　　|
　　声调层面　　　去声　　　　　阴平

自主音段理论帮助我们认识到，(10)和(19)的重叠仅仅是音节的重叠，而不包括声调的重叠。Yip用阴平调后缀的方法，能说明(10)的重叠式变调，但是对(19)的重叠值得再探讨。我们将在第二节对此作进一步的解释。

第二节　浮游声调

上一节我们介绍了声调在语音的底层结构里，属于一个独立的层面。这一节将介绍自主音段理论的另一个重要概念——浮游声调（floating tone）。

"浮游"就是漂浮的意思。浮游声调，就是漂浮的声调，它是一种在底层结构中不与带调单位相连接的声调。其中又分两种情况：一种是声调作为一个独立的语素存在，但这个语素在底层结构没有音素（元音或辅音）形式，只有声调形式。还有一种浮游声调，指在语音的某一个生成阶段，某个声调不与任何带调单位连接。让我们先看第一种情况，什么样的声调不与带调单位相连接呢？还是举北京话单音形容词重叠的例子。

一　北京话的浮游声调

自主音段理论认为，"好好"这类叠音词后面有一个阴平调的后缀。这个后缀没有音素形式，只有声调形式。这个后缀有时跟卷舌特征共同出现，但卷舌特征并不是这个后缀的必要条件（Yip 1980）。这个阴平调后缀，在语音的表层结构中，体现在第二个重叠的音节，因为单音形容词重叠只重叠音节，不重叠声调，如第一节（17）所示。在语音的底层结构里，这个后缀性质的阴平调，就是一个浮游声调，它本身不属于任何带调单位。按照习惯表示法，在圆圈里的声调是浮游声调，如（1）的阴平调。

(1) 元音辅音层面　　xɑu　　xɑu　　r
　　　　　　　　　　　|
　　声调层面　　　　上声　　　　(阴平)

（1）的声调层面的第一个声调"上声"，性质与后面的浮游声调"阴平"不同，前者是"好"这个词的词汇形式所规定的，它本质上属于（1）的第一个音节里的带调单位。

本章第一节指出，自主音段的这种分析比传统的音系表达法更有解释力，它可以在某种程度上解释北京话里另一种形容词叠音变调现象，即 ABB 式的-BB 趋向带阴平调。例如："喜洋洋"这个重叠形式，可以儿化，也可以不儿化。不管儿化不儿化，"-洋洋"总是带阴平调。相同的例子还有"慢腾腾"、"沉甸甸"等。这种 ABB 式里-BB 的阴平调是从哪里来的？显然，自主音段理论认为它们带个浮游声调性质的后缀。浮游声调的概念对说明叠音形式的阴平调倾向，不失为一种合理分析。

二 广州话的浮游声调

再举广州话变调的例子，进一步显示浮游声调的概念有助于分析汉语变调现象。广州话除了有九个基本字调以外，还有两个变调，一个是高平变调，一个是高升变调；高平变调见（2），高升变调见（3）（材料引自袁家骅等 1989）。

（2） a. 医生 53＋53→53＋55
　　　 西装 53＋53→53＋55
　　 b. 春天 53＋53→55＋53
　　　 乡村 53＋53→55＋53
（3） a. 公园 53＋21→53＋35
　　　 厨房 21＋21→21＋35
　　　 书友 53＋13→53＋35
　　　 消夜 53＋22→53＋35
　　　 亚陈 33＋21→33＋35
　　　 亚李 33＋13→33＋35
　　 b. 绒衫 21＋53→35＋53
　　　 房门 21＋21→35＋21
　　　 画报 22＋33→35＋33

（2）的高平变调只发生在基本字调是阴平调的字。此外，（2a）的变调发生在词的尾音节，（2b）的变调发生在词的首音节。（3）的高升变调几乎发生在每一个字调的连读变调上。（3a）的变调发生在词的尾音节，（3b）的变调发生在词的首音节。Yip（1980）认为，有个高调值的后缀语素附着在后面，它是个浮游声调。当发生连读变调时，原字调的起始音高与这个浮游声调连接。再通过一个删除规则，就能得到这两种变调。Yip虽然没有谈到（2b）和（3b）的变调，但如果把浮游声调的连接略作调整，把它连接在第一个音节上，就能解释（2b）和（3b）的变调了。当然，这样一来，这个浮游声调在表层结构上也就不是后缀了。

根据广州话的变调调型具有高调特征，假设一个高调值的浮游声调的做法，能更好地说明变调的特征，它既明确，又简单。如果采用传统的音系表达法，就必须有（4）和（5）两条规则。

（4）［＋高，－升］→［－曲折］
（5）［－高］→［＋高，＋升］

规则（4）把不是上升型的高声调，即53调，变成高而平的调，如（2）的变调。规则（5）把不是高调的声调变成高而升的调，如（3）的变调。

Yip指出，（4）、（5）这两条规则之间没有任何共性，也缺乏相关性。此外，广州话阴上调的基本调型是35调，它的特征是［＋高，＋升］。为什么只有阴上这一个基本字调的变调形式不发生变化？这两条规则没有给予说明。所以，她认为自主音段理论的浮游声调，为广州话的变调提供了一个简洁而明快的解答。

广州话里还有一种省略性变音，也能用浮游声调的概念来解释。广州话以正常语速说话时，往往把一些字的声调并入前一个字，由此而产生前字的声调变化，但声母、韵母不变。如果慢说，就不发生这种音变。看下列例子（材料引自白宛如1989）。

（6）a. 省去动词词尾"咗^{35}"，"咗^{35}"的声调移至前字乱^{22}咗^{35}笼→乱^{35}笼（意思"乱套了"）

买^{23}咗^{35}→买^{35}

赢^{21}咗^{35}→赢^{35}

b. 省去趋向动词"到^{35}"，"到^{35}"的声调移至前字

撞^{22}到^{35}鬼→撞^{35}鬼（意思"见鬼了"）

望^{22}到^{35}光→望^{35}光（意思"天刚亮"）

弹^{21}到^{35}你→弹^{35}你（意思"批评到你"）

买^{23}到^{35}鱼→买^{35}（个屁）

c. 重叠式省去第二个"一^{5}"，"一^{5}"的声调移至前字

一^{5}时^{21}一^{5}时^{21}→一^{5}时^{35}时^{21}

一^{5}行^{21}一^{5}行^{21}→一^{5}行^{35}行^{21}

一^{5}串^{33}一^{5}串^{33}→一^{5}串^{35}串^{33}

据白宛如分析，这种省略性变音有两个条件。一是前字一定为调值较低的调，不能是调值为 5 的声调。二是后字（省略的字）一定为高升调 35 或者短高平调（入声调）5。（6a）、（6b）的"咗^{35}"和"到^{35}"省略之后，它们以高调结束的声调特征体现在前一字上，使得前一字变成以高调结束的 35 调。（6c）说明，省略性变音不是用后字的声调取代前字的声调，而是将后字的高调特征附加在前字的声调上，使得前字的调型发生变化。

按照自主音段理论，广州话省略性变音 35 调可以这样分析：某些字的音素音段被省略，但声调音段还存在，它们体现在前一个音节上。在说明音段层面与声调层面的连接步骤时，先删除音段层面上的音节，与之相连的声调就成为浮游声调；再将这个浮游声调连接在它前面最近的音节上。

三　北京话的声调平化

以上举了三个运用自主音段理论分析汉语的例子，说明浮游声调的概念对汉语变调有一定的解释能力。但是，还不能说以上的分析是唯一正确的。如果考察更多的变调现象，或许能得到另一种答案。例如，对于北京话的叠音变调，如上一节所指出，"好好"是单音语素的重叠，

"喜洋洋"的"-洋洋"是叠音式的双音语素，它们都是运用音节重叠的手段表示形容词的生动义。不同的是，"好好"是根据前一单音语素[xɑu]而重叠；"喜洋洋"是在单音语素"喜"后面加上 - yangyang 这样的叠音后缀。重叠的音节，具有高平调的倾向。这种变调性质，应该来自音节重叠这一修辞手段。

这里提出的所谓北京话重叠音节的"声调平化"，可以说是一种声调弱化现象。赵元任（Chao 1968a）在《北京口语语法》里提到的一种变调，也可算声调平化的一种。在三音节词或词组中，中间的那个音节，在慢速会话里不变调，而在一般会话速度的语流里，会变成平调，如（7）（1 代表阴平调，2 代表阳平调，3 代表上声调）。

(7) 西洋参　　1 2 1→1 1 1
　　三年级　　1 2 2→1 1 2
　　葱油饼　　1 2 3→1 1 3
　　分水岭　　1 3 3→1 1 3
　　谁能飞　　2 2 1→2 1 1
　　还没完　　2 2 2→2 1 2
　　寒暑表　　2 3 3→2 1 3
　　好几种　　3 3 3→2 1 3

四　丹阳话的声调平化

非官话方言也有"声调平化"现象。根据吕叔湘的报道，丹阳话的形容词重叠 ABB 式有两种变调。一种是 ABB 三个音节同一个调，如 111、333、555、455（1、3、5 代表三个不同调值的平调，4 代表升调；丹阳话字组调没有 44 或 444，它们因声调异化而分别成为 45 和 455）。还有一种是 A+53 调式，即重叠的两个音节分别念 5 调和 3 调，如（8）（吕叔湘 1980）。

(8)　例词　　　调式（a）　　调式（b）
　　高迈迈　　333　　　　　353
　　阔达达　　333　　　　　353

苦比比	555	553
短概概	555	553
烂胡胡	111	153
大麻麻	111	153
黄爽爽	455	453
滑汤汤	455	453

吕叔湘指出，调式（a）的首字读音较重，调式（b）的第三字读音较长。我们可以说调式（a）首字的声调向后面的音节扩展，使重叠音节与首字保持同一声调，而且重叠的音节（–BB）都是平调。这可能也是一种声调平化。

由于丹阳话重音特点在音长方面，所以在（a）、（b）两式中，（b）式是强化式，（a）式是弱化式。强化式的重音在第三字，表义较生动；弱化式的重音在首字，表义较朴素。弱化式的重叠音节呈平调；强化式的中间音节为5调，末音节为3调。强化式的重叠音节则呈现不同调值的平调。

五 浮游声调的局限

如果把北京话的"好好"和"喜洋洋"等重叠音节，看作是一种声调平化（弱化）现象，解释起来似乎也很简单。首先，不必在重叠音节后面添加一个浮游声调后缀；因为这个后缀语素没有任何词汇或语法意义，仅仅为分析变调而设的后缀。

第二，声调弱化的说法，可以解释为什么少数单音形容词的重叠形式不变调，例如"苦苦的"、"直直的"，第二个音节都不变调。可以说它们的声调还没有弱化。ABB式的声调不弱化例子则更多，如"光亮亮"、"光闪闪"等。这些不弱化形式跟弱化形式比起来，弱化形式的口语色彩显然更强，声调弱化的说法正好为此提供了恰当解释。如果用浮游声调的说法，就无法解释为什么这些不弱化形式不具备声调后缀。

如何解释北京话ABB式中–BB的变调，是自主音段理论面临的难题。Yip在1980年的论文里并没有分析这一变调现象。按照自主音段理论，对于–BB的变调，不外乎这么两种做法：

一、先删除第一个 B 的声调，然后重叠音节，把浮游声调连接在第一个 B 上，再把浮游声调伸延到第二个 B 上。

二、先删除两个 BB 的声调，然后把浮游声调连接在第一个 B 上，再把浮游声调伸延到第二个 B 上。

第二种做法不足取，它已经不把 -BB 看作音节的重叠，而是语素的重叠，这样就跟"好好的"属于同一类型了。第一种做法也有问题。首先，ABB 式的底层结构的原始形式为"慢腾"、"沉甸"、"喜洋"、"孤零"、"碧油"等，这些形式是什么东西，难以接受。其次，为什么要删除第一个 B 的声调？如果是为了重叠音节而删除，实在是"就事论事"的做法。

用声调弱化的说法来解释 -BB 的变调，既简单，又符合 ABB 式的结构特征。我们知道，ABB 式中 -BB 有一定的词汇义；否则，为什么不说"孤洋洋"而说"孤零零"。它的词汇义是通过音节重叠式表示的，如 -yangyang 表示喜庆貌，-lingling 表示孤单貌。重叠音节是为了加强说话语气，音节重叠了、响亮了，声调就不那么重要了。少数不变调的情况，则是口语色彩不强；虽然音节重叠了，但声调还没有弱化。有人推测重叠变调的原因，认为口语里的拟声词绝大多数是阴平调，如"哗啦啦"、"轰隆隆"、"呼噜噜"、"乒乒乓乓"、"丁丁当当"等（陈重瑜 1993）。拟声词的声调对重叠音节的影响，大概是北京话重叠音节"声调平化"的一个主要原因。

六 浮游声调的起源与非洲语言的曲线声调

以上介绍了浮游声调的概念在汉语中的运用。其实，这一概念最初是为分析非洲曲线声调变调而提出的。戈德司密斯（Goldsmith 1976）在他的博士论文里，提出声调在语音底层结构自成一个层面的同时，提出了一条普遍连接常规（universal association convention）来表示声调层面与音段层面之间的联系。这条连接常规是这样规定的：

（9）将声调跟音段层面的带调单位，按从左至右的顺序，一一相配。

据报道，在一个叫作 Margi 的非洲乍得语言里，单音节语素都是非曲线声调，因此，它的上升调在底层结构的声调层面上，是由一个低调和一个高调前后结合而成。例如动词 fǐ（"ˇ"表示上升调）"膨胀"，它的声调层面和音段层面在底层结构的排列是（10）（引自 Kenstowicz 1994）。

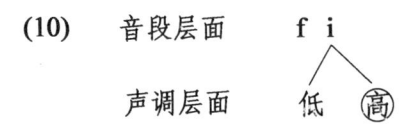

(10)　音段层面　　　f i
　　　　　　　　　　 ＼/
　　　声调层面　　　低 高

根据连接常规（9），把低调连接在带调单位 [i] 上，剩下的高调无从连接，悬挂在那儿。这个无法跟带调单位连接的声调，叫浮游声调。再运用一条语言特定规则，把这个浮游声调跟它前面声调所依附的带调单位相连接，就得到 Margi 语言的上升调。

当然，Margi 语言里浮游声调的概念，其更深的含义在于说明声调的持久性（tonal persistent）。就是说音素音段被删除后，声调依然存在。这种浮游声调的概念，指在语音的某个生成阶段，某个声调不与任何带调单位连接。例如，Margi 的动词词根 tlà "割"（"ˋ"表示低调）带低调，接后缀 -wá "成两半"（"ˊ"表示高调）时，词根 tlà 必须省略元音 [a]。如果认为声调属于元音的一个特征，省略元音也随带省略该元音所带的声调。有了声调持久的概念，省略元音只是失去了音段层面的音段，声调层面的音段未受影响。Margi 的动词词根 tlà 加后缀 -wá，产生派生形式 tlwǎ "割成两半"。派生形式的元音 [a] 带上升调，而不是 *tlwá。tlwǎ "割成两半"的正确生成过程可用（11）表示。

(11) 音段层面　　tla + wa　→　tl + wa　→　tlwa
　　　　　　　　 |　 |　　　　　　|　　　　　　|
　　　声调层面　低　高　　　低　高　　　低　高

动词词根 tlà 的元音 [a] 省略后，按照一对一的普遍连接常规（9），与原有词根元音 [a] 相连的低调就成为浮游声调。再通过规范条件规则（见本章第一节），将浮游声调跟它最靠近的带调单位相连接，就生成了 tlwǎ 的表层形式。

（6）所列的广州话省略性变调，也说明了声调的持久性。如果不用这样的观念，很难解释为什么前面受影响的字调都以高调值结束。

浮游声调是自主音段音系理论的一个极其重要的概念，它一方面能说明声调的持久性；另一方面，它对分析非曲线声调语言的所谓曲线声调的性质（详见本章第三节），有明显的好处。它能帮助解释一些传统汉语音韵学无法解释的声调现象，如广州话的名词变调和省略性变调。然而，它并不是解释所有变调现象的万能钥匙。孤立地看某个问题，它或许可以对付。如果将有关现象综合起来，它不一定最合适。将语言理论运用于汉语时，要特别注意这一点。

第三节　曲线声调及其描写

前两节介绍了声调在底层结构属于一个独立的层面。声调音段独立于音素音段，浮游声调是一种不依附任何元音辅音音段的声调音段。此外，根据声调音高的不同描写，语言的声调又可以分为曲线声调和非曲线声调。汉语是典型的曲线声调语言，它的声调音高变化不能用一个音高点来描写。由于目前声调学对曲线调型的研究着重在非洲的声调语言，这里还是以乍得 Margi 语言为例，分析非洲语言的所谓曲线声调的性质。

一　非洲语言曲线声调的非曲线性质

Margi 的单音节有三种声调：高调、低调、上升调。然而，有不少现象说明，Margi 的上升调是低调跟高调的结合。在 Margi 语言里，当两个元音前后相连，前面的元音变成介音，如（1b）词根 kú "山羊"的 [u] 加后缀时变 [w]。此外，当一个带低调的元音跟一个带高调的元音前后相连时，前面的元音变成介音且失去声调，后面的元音则要变调，如（1c）（"´"表示高调，"`"表示低调，"ˇ"表示上升调）。试比较下列词语声调的变化（引自 Kenstowicz 1994）。

(1)　　　　词根　　　词根+有定后缀　　词义
　　a.　sál　　　sál-árì　　　　人
　　　　kùm　　　kùm-árì　　　　肉
　　b.　ʔímí　　　ʔímy-árì　　　　水
　　　　kú　　　　kw-árì　　　　 山羊
　　　　tágú　　　tágw-árì　　　　马
　　c.　tì　　　　ty-ǎrì　　　　　早晨
　　　　hù　　　　hw-ǎrì　　　　 坟墓
　　　　úʔù　　　úʔw-ǎrì　　　　火

从（1b）看出，当词根元音变成介音时，原词根元音的高调与后缀元音［a］的高调相同，所以不发生声调变化。可是，当词根元音带低调时，如（1c），词根元音变成介音，原有的低调向后漂浮到跟它最接近的带调单位上。这样，（1c）的后缀元音［a］，既有来自前面元音的低调，又有自己原有的高调。所以，（1c）表层结构后缀元音［a］的上升调，可分析为低调跟高调的结合。Margi 的材料说明，它的曲线声调——上升调，本质上是前一个低调和后一个高调（两个非曲线声调）的结合。

二　声调的反向性

此外，在只有高、低两个声调的语言里，常见的声调反向（tonal polarity）现象，也出现在 Margi 语言。所谓声调反向性，指处于词根前后的附着语素（clitic）的声调，随着词根的声调而变化；并且附着语素的声调必须与词根的声调相反。如果词根是高调，前面或后面的附着语素就是低调，如（2a）；如果词根是低调，前面或后面的附着语素就是高调，如（2b）。

(2)　　　　动词词根　　时态语素+词根+代词语素　　词义
　　a.　sá　　　　à-sá-gù　　　　你走入歧途
　　　　tsú　　　 à-tsú-gù　　　　你打
　　b.　wì　　　　á-wì-gù　　　　你跑

	dlà	á-dlà-gú	你跌倒
c.	vəl	á-věl-gù	你飞

在（2a），当动词词根是高调，前面的时态语素［a］和后面的代词语素［gu̠］就必须都是低调。在（2b），当动词词根是低调，前面的时态语素［a］和后面的代词语素［gu̠］就必须都是高调。如果把（2c）的动词词根［věl］的上升调分析为低调跟高调的结合，就圆满地解释了为什么它前面的时态语素［a］是高调，而后面的代词语素［gu̠］是低调。

从（1）和（2）的例子看出，Margi语言的语音底层只有高、低两种声调，语音表层的曲线声调——上升调，是低调和高调的前后连接而成。

低调和高调结合成为上升调，或者高调和低调结合成为降调，出现在许多非洲语言里。西非多哥—古尔语支的Lama语言里，高调与低调对立。如果低调出现在高调后，低调则变成降调（"ˆ"表示降调）（引自Kenstowicz 1994）。

(3) yó   孩子
    rȋ   母亲
    yó rȋ   孩子的母亲

当然，可以说Lama语言有三个声调：高、低、降，低调在高调后变成降调。这样的说法概括性差一点。如果把表层结构的降调分析为高调与低调的结合，Lama语言的底层结构只有高、低两个声调。这样做，是把可预测的降调不放在yó rȋ "孩子的母亲"的底层结构（4a），它通过声调的延伸而得到，如（4b）（H：高，L：低）。

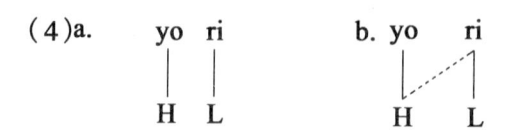

(4)a.   yo   ri   b. yo   ri
       | | | |
       H   L   H   L

(4b) 的虚线表示把前面 [yo] 音节的高调延伸到后面音节上。后面的元音在生成过程中就与两个调素 (toneme) 相连, 一是前面延伸过来的高调, 一是自己原有的低调。高调与低调前后结合, 就成了 Lama 的降调。

从非洲语言曲线声调的非曲线性质看, 浮游声调的概念对认识非洲语言的曲线声调的性质起了关键作用。可以这么说, 如果没有浮游声调概念, 就不可能产生这种对非洲语言曲线声调的本质的分析。

三 吴语的曲线声调

然而, 如上一节最后所说, 浮游声调的概念对于分析汉语的曲线声调, 是否也像非洲语言那么重要呢? 看看汉语的实际情况再下结论。

汉语声调系统比非洲语言复杂得多。比如, Margi 和 Lama 语言只有高、低两个基本声调, 而汉语方言有四个至八个 (甚至十个) 基本声调。一般认为, 汉语是典型的曲线声调语言。非曲线声调系统与曲线声调系统比起来, 大致有这么五点不同 (Yip 1989b; Bao 1990a)。

(5) 曲线声调系统与非曲线声调系统的异同

一、在曲线声调系统里, 曲线型声调是基本型; 而非曲线声调系统里的曲线声调是派生的;

二、在曲线声调系统里, 曲线声调不因语素分裂而分裂; 而非曲线声调系统里的曲线声调可以随着语素的分解而分解;

三、非曲线声调系统里的曲线声调, 可以根据它们的起点和终点分成两个音高点不同的调素; 而曲线声调系统的曲线声调的两个端点, 不能分割为两个调素;

四、在曲线声调系统里, 带调单位与声调的关系是一对一; 而非曲线声调系统里的带调单位与声调, 是一对多的关系;

五、从分布看, 曲线声调系统的曲线声调是自由分布; 而非曲线声调系统的曲线声调, 只出现在词的边缘, 即不是词首就是词尾。

对汉语曲线声调性质的认识, 可以从许多吴语的连读变调得到启发。在苏州话里, 字组 (若干字的组合) 的声调调形跟单字调调形相同或相近。汪平（1983）提出，把吴语的字组调看作一个整体，只标一个调。例如，"羊¹³毛¹³围¹³巾⁴⁴"，这一字组里四个音节的实际声调是 13 – 33 – 33 – 31（数字代表调值），整个字组的声调为 1333…1，听起来像 13 调的扩展（最后的低降趋势 1 表示词组的终结）。首字"羊"的 13 调就代表"羊毛围巾"这类字组的调式。

下面再举常州话的例子，进一步说明类似苏州话的连读变调。常州话有七个基本字调，其调类和调值如（6）所列（单数的调值代表入声）（引自汪平 1988）。

（6）　调类　　调值　　例字
　　　阴平　　55　　　高、猪、低
　　　阳平　　13　　　穷、陈、床
　　　上声　　45　　　走、短、手
　　　阴去　　523　　　醉、对、变
　　　阳去　　24　　　近、坐、用
　　　阴入　　5　　　　笔、七、黑
　　　阳入　　2　　　　六、药、热

举首字声调为阳平、上声、阴去的字组变调为例，因为它们的规律较整齐。如果首字为阳平调（7a），首字的声调不变，后字的声调都要变；两字组的调式是1̲3̲3，三字组的调式是1̲3̲3 31（有底线的数目，表示首字或尾字的声调）。如果首字为上声调（7b），首字声调不变，后字不管什么调，两字组的调式为4̲5̲5，三字组的调式为4̲5̲5 51。首字为阴去调（7c），首字声调的调形，成为整个字组的调形；两字组的调式为5̲2̲3̲，三字组的调式为5̲2̲23。见下列例子（字的右上方数字，表示原字调）。

（7）a. 首字阳平调
　　　　两字组1̲3̲3 调　　　　三字组1̲3̲3 31 调
　　　　麻糕⁵⁵　　　　　　　梨膏⁵⁵糖¹³
　　　　馄饨¹³　　　　　　　檐头¹³水⁴⁵

第四章 声调

杨柳⁴⁵　　　　茶馆⁴⁵店⁵²³
鱼刺⁵²³　　　　如意⁵²³菜⁵²³
黄鳝²⁴　　　　寻事²⁴头¹³
无锡⁵　　　　　难说⁵话²⁴
茶食²　　　　　萝卜²干⁵⁵

b. 首字上声调

两字组<u>45</u>5调　　三字组<u>45</u>5 <u>5</u>1 调
颈根⁵⁵　　　　哑巴⁵⁵则⁵
野菱¹³　　　　紫颜¹³色⁵
耳朵⁴⁵　　　　短统⁴⁵袜²
武进⁵²³　　　　有劲⁵²³得⁵
马上²⁴　　　　老办²⁴法⁵
笋壳⁵　　　　　少一⁵画²
狗肉²　　　　　手术²室⁵

c. 首字阴去调

两字组<u>5</u>23调　　三字组<u>5</u>223调
菜刀⁵⁵　　　　半当⁵⁵中⁵⁵
瓮头¹³　　　　酱油¹³瓶¹³
细佬⁴⁵　　　　进口⁴⁵货⁵²³
背带⁵²³　　　　靠背⁵²³椅⁴⁵
昼饭²⁴　　　　做道²⁴场¹³
四个⁵　　　　　裤脚⁵管⁴⁵
数目²　　　　　菜叶²则⁵

用自主音段理论分析常州话的字组变调，所有非词首音节，都失去原字调。词首音节的声调向后延伸。与非洲语言不同的是，常州话字组调的首字仍保持曲线调型，首字的曲线声调的后半段，向它后面所有音节延伸。有些调式还加一个收尾的低调素（用 1 表示）。比如，常州话"梨¹³膏⁵⁵糖¹³店⁵²³"[属于（7a）的<u>13</u>3 <u>3</u>1 调]的首字声调13向后字延伸为（8a），字组调后面再连接一个收尾的低调素而成为1<u>33</u>3 <u>3</u>1 调，如（8b）（C 为辅音，V 为元音）。

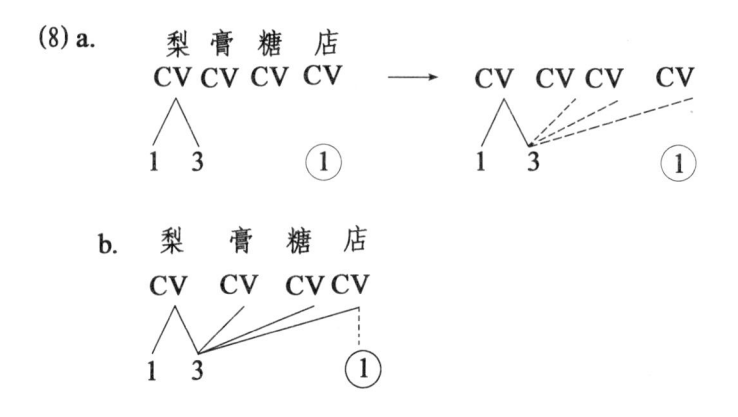

(8) a.　　梨　膏　糖　店
　　　　　CV CV CV CV　　→　　CV　CV CV　CV
　　　　　∧　　　　　　　　　　∧
　　　　　1 3　　　①　　　　　1 3　　　①

　　b.　　梨　　膏　　糖 店
　　　　　CV　　CV　　CV CV
　　　　　∧
　　　　　1 3　　　　　　①

　　比较（1）、（3）与（8）的不同，可为（5）的前三点提供说明。第一，常州话的曲线调是基本字调，字组的调形与首字声调调形相同。第二，(7a) 的 133 31 调不因"梨膏糖"变成"梨膏糖店"而变化。同样，"麻糕桶"为 133 31 调 (7a)，这一调式不会因为后面带不同语素而变化，如"麻油瓶"、"麻团店"也都是 133 31 调式。第三，(7a) 首字的 13 调不可分割，它的后半段调素 3 延伸到后面的音节上；后半段调素 3 不是一个独立的声调，整个字组是个延长了的 13 调。

　　然而，(7c) 的例子给（5）的第五点提出反证。第五点声称：曲线声调系统的曲线声调是自由分布。以"靠^{523}背^{523}椅^{45}店^{523}"为例，它的字组调为 522223，带调单位为四个音节，如何把 522223 分为四段，分别对应四个带调单位？此前说过，吴语的字组调，是相应的单字调的扩展。常州话四字组 522223 调应是阴去单字调 523 的扩展。词首音节的调值可以判断为 52，但它后面三个音节，特别是最后两个音节的调值如何分配，较难确定。"靠背椅店"的最后两个音节的调值可能是 2—23 组合，也可能是 22—3 组合。也就是说，调型 523 后段略升的曲线，可能在第四音节上，也可能在第三音节和第四音节之间。二者都是后段的曲线出现在词尾，而词中都是调值相同的平调。从常州话基本调型 523 的前降后升曲线只出现在四字组"靠背椅店"的词首和词尾看，其分布与非洲的非曲线声调系统相似。

四　对吴语曲线声调的解释

　　如何解释类似（8）的吴语字组调？有两种不同的观点。一种认为，吴语的这种特性，是由词首"带调单位"的数量多少而造成的。比如，苏州话的单字或词首音节，有两个"带调单位"[此处"带调单位"指以莫拉（mora）为基本时长单位]。按端木（Duanmu 1994）的观点，在吴语里，处于词首的音节有两个莫拉，非词首的音节就只有一个莫拉。因此，首字音节的两个莫拉带两个调素，就能保持曲线调；非词首音节只有一个莫拉，只能带一个调素。首字曲线调的后一个调素，向后延伸到字组其余的带调单位，如（9）所示（M 为莫拉）。

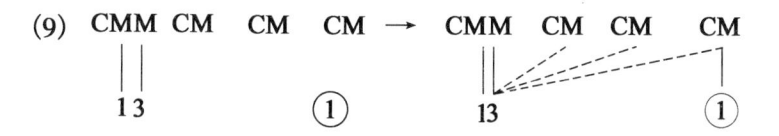

(9) CMM CM CM CM → CMM CM CM CM
    ||| | ||| |
    13   ①   13   ①

另一种观点认为，汉语的曲线调应看作一个声调单位，就好像塞擦音[ts]有[－持续]与[＋持续]两个特征，它们来自共同的主动发音部位——舌冠（coronal）。苏州话的 13 调作为一个声调，通过一个声调结（tonal root node）与带调单位相连，如（10）（"○"代表声调结）。13 声调与字组的首字音节连接，其后一个调素 3 可以延伸。这情形类似音素音段规则，把塞擦音[ts]的后半部分看作是一个[s]。Yip（1989b）和包智明（1990a）持这种观点。

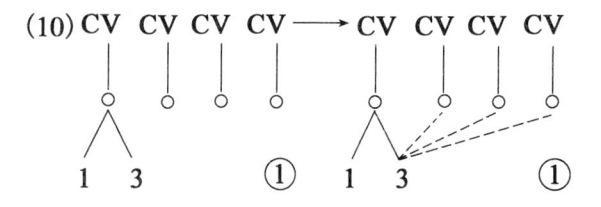

(10) CV CV CV CV ⟶ CV CV CV CV
     | | | | | | | |
     ○ ○ ○ ○   ○ ○ ○ ○
    /\ | /\
   1 3   ①   1 3   ①

（9）和（10）形式上的主要差别在于有没有一个声调结作为中介，以连接声调音段与音素音段。其实，二者具有观念上的不同：（9）把汉语的曲线调看作两个单位，而（10）把它看作一个单位。下一节我们将以吴语丹阳话材料进一步分析汉语曲线调的性质。

第四节　丹阳话的字组变调

一　丹阳话曲线调的变调

端木（Duanmu 1994）根据音节所带莫拉的多少，认为吴语曲线调的延伸其实是单个调素的延伸，如第三节例（9）。Yip（1989b）和包智明（1990a）则把吴语的曲线声调分析为一个"声调结"下面的两个调素，在处理像苏州话"羊毛围巾"1333 31 调式的字组调时，将首字声调结下的后一调素向后延伸，如第三节例（10）。这两种观点对分析苏州话字组调，看不出有本质的不同，因为字组的非首字的调型都是平调，不是曲线调。然而，吴语确实存在着字组的各个音节都是曲线调的情况，吕叔湘报道的吴语丹阳方言的字组变调就是一例。

丹阳位于常州市与镇江市之间，在常州市西北42公里。丹阳地处吴语太湖片与江淮官话的交界处。吕叔湘（1980）说，它的读书音接近江淮官话，说话音接近吴语[①]。虽然丹阳话和常州话同属吴语太湖片毗邻小片，但是丹阳话很有特点，例如，常州话有吴语典型的古帮滂并、端透定、见溪群塞音三分，丹阳话则没有浊塞音声母。

丹阳话的读书音有平上去入四个字调，说话音则有六个字调。侍建国（1997）根据吕叔湘的分析，也把说话音的字调看作基本字调，把字的古音属类看作字类。说话音的六个基本字调的调值表示如（1）（单数调值代表入声调）。

(1) 丹阳话单字调

调值	今调名	例字
11	去	慢、烂、夜
33	阴平	包、东、天
55	上	宝、董、走
24	阳平	报、到、四；皮、田、前；米、晚、女

[①] 丹阳话语音材料全部来自吕叔湘（1980）。

第四章 声调

```
3      阴入    北、搭、秃
4      阳入    麦、绿、肉
```

丹阳方言有六个字组变调式，如（2）所列。

（2）丹阳话字组调

	二字组	三字组	四字组
a.	11－11	11－11－11	11－11－11－11
b.	33－33	33－33－33	33－33－33－33
c.	55－55	55－55－55	55－55－55－55
d.	24－55	24－55－55	24－55－55－55
e.	42－11	42－11－11	42－11－11－11
f.	42－24	42－42－24	42－42－42－24

有一点值得注意，字组调式不跟单字调一一对应（具体的联系，请看原文）。我们要讨论的问题是，丹阳话字组调的（a）、（b）、（c）、（d）、（e）五式，它们的非首字音节都是平调。按自主音段理论的分析，这些平调由一个调素向邻近带调单位延伸而形成。上节例（9）和例（10）所代表的两种观点，对此无异议。所不同的是，端木分出"莫拉"层，认为丹阳话的音节在重读时有两个莫拉，在非重读时只有一个莫拉。一个莫拉的音节是轻音节，两个莫拉的是重音节。而汉语音节的轻重，在 Yip 和包智明的模式里，没有决定性作用。

丹阳话字组调式（f）的全部音节都是曲线调。按第三节（10）的观点，吴语曲线调是一个声调单位，（f）式的字组调式仍可分析为首字声调的向后延伸。例如，（f）式四字组 42－42－42－24 的声调连接表示为（3）（调值 4 为 H "高"，调值 2 为 L "低"；见 Yip 1989b）。

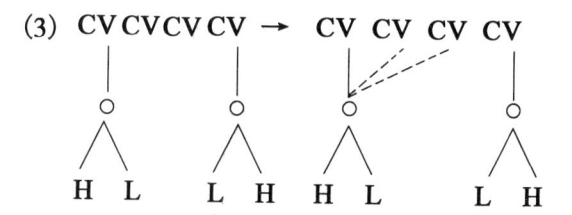

(3) CV CV CV CV → CV CV CV CV

　　　|　|　|　|　　　|　 |　 |　 |
　　　o　o　o　o　　　o　 o　 o　 o
　　 /\ /\ /\ /\　　　/\　/\　　　/\
　　H L L H H L　　L H　H L　　　L H

如果把汉语曲线调看作两个调素分别跟两个带调单位连接,(3)就不可能分析为曲线声调的延伸,因为它将会出现连接线交叉的情况。端木(1994)把丹阳话(f)式解释成声调的逐个异化,他的直接理由是下列两点:

一、丹阳话(f)式二字组的后字的原字调也影响字组调,所以非首字音节并非都失去原有字调。既然它们没失去原字调,曲线声调就不能延伸过去。

二、吕叔湘推测(f)式二字组可能由24-24异化成42-24。根据(f)式二字组的异化,相应的三字组、四字组也应由异化造成。

端木的第一条理由值得重新思考。据吕叔湘(1980:91)的说明,(f)式二字组的首字属于丙类(首字根据声调阴阳分甲、乙、丙、丁四类),而后字则属于B类(后字根据阴平调与非阴平调分A、B两类;A类为平声调字,除此以外为B类)。所以,后字的B类是一个很大的杂类,内部没有什么规律。吕叔湘对(f)式二字组后一字的分类,其实只指出在清声母平声和次浊声母平声的情况下有规律,除此以外没什么规律。端木根据A、B两类产生不同字组调(指主要调式)这一点,就推论B类的后一字也对调式有影响,他忽略了B类的内涵几乎无所不包这一特点。

再看(f)式三字组的例子,见(4)。非首字的原字调不影响字组调式的现象就更清楚了(括号内数字为原字入声短调所对应的长调)。

(4) 丹阳话(f)式三字组 42-42-24 调式

紫^{55} 药$^{4(24)}$ 水^{55}

老^{24} 脾^{24} 气^{24}

十$^{4(24)}$ 姊^{55} 妹^{11}

丈^{24} 人^{33} 家^{33}

大^{11} 麦$^{4(24)}$ 粥$^{3(33)}$

抢^{55} 手^{55} 离^{33} 脚$^{3(33)}$

吕叔湘(1980:99)指出:"整个三字组采用什么调式,全看第一个字的四声和声母清浊而定,……因为后两个字的声调几乎完全不影整个三字组的声调。"至于看首字，是看首字的调类。如（4）"紫药水"的首字属丙类（阴仄调），其余的首字属丁类（阳仄调）。首字为丙类和丁类的字组都可以有（f）调式，不同在于，（f）式是丙类字的主调式，而不是丁类字的主调式。

再来看端木的第二条理由。从例（1）和（2）知道，丹阳话的单字调没有42调，它只在字组（e）式和（f）式出现。丹阳话的二字组调式有11-11、33-33、55-55，却没有24-24，也没有42-42。吕叔湘说，这是由于连着两个升调24-24或连着两个降调42-42，在发音上有困难而产生的声调异化。对于二字组（f）式，吕叔湘猜想，可能为了让后字用升调的24调，而把前字异化为降调的42调。端木根据吕叔湘对二字组的猜测，为（f）式的三字组、四字组作了这样的假设：三字组42-42-24的底层形式应是24-24-24，即这一式表层上所有的42调音节，其底层形式都是24调。然后通过声调的逐个异化，生成它的表层形式。既然是声调的逐个异化，声调延伸当然就未发生在（f）调式。

这样的假设对不对？首先，是否丹阳话里其他曲线声调的字组调式也有类似的特性呢？从（2）得知，（d）式和（e）式也包含曲线调。吕叔湘把（d）式二字组分析为顺着中升调24的势头接上一个高平调55。如果接受吕叔湘的这种分析，那么（d）式二字组的底层形式可以是24-55。此外，吕叔湘把（e）式二字组分析为顺着中降调42的势头接上一个低平调11。同样的道理，（e）式二字组的底层形式叫以是42-11。于是，正如（a）、（b）、（c）式一样，（d）、（e）两式的三字组、四字组调式都可以通过声调的延伸而获得。

按照端木的分析，（a）、（b）、（c）、（d）、（e）五式都属于声调延伸，与吴语字组的非首字音节为单莫拉的情况一致；而（f）式属于声调异化。既然是各个曲线调的逐个异化，字组里所有音节就应该都是双莫拉的重音节。结果是，（f）式所有音节都是重音节，（f）式与其他五式不同。

端木以上的分析是把调式的不同解释为音节的轻重，再把音节的轻重又归到调式的不同。

其次，吕叔湘只说二字组（f）式可能是由24-24变成42-24，没说（f）式的三字组、四字组也是由异化造成。由于后两个字或三个字的字调几乎完全不影响整个三字组或四字组的声调，它们可以是甲、乙、丙、丁各类字。所以，我们推测，由二字组扩展至三字组或四字组，应该是音节的增加，曲线调的延伸。丹阳话（f）式的情况应该与其他五式相同。

二　对丹阳话曲线变调的分析

分析丹阳话曲线变调的关键之一，是如何理解吕叔湘的说法。在我们看来，他所说的二字组（f）式可能由24–24变成42–24，他的猜测着眼于首字原字调丙类的调值为24。丙类包括五个小类，其中三个小类首字都是24调，另一个小类的文读也是24调，只有清声母上声的小类是例外。吕叔湘对（f）式底层首字24调的推测，由首字的原字调而来。

再来看丹阳话（e）式首字的调值。根据吕叔湘（1980：92）的观察，（e）式首字字类主要有三类：平清（调值33）、平次浊（调值33）、平全浊及喻母（调值24），见（5）。

(5) 丹阳话(e)式二字组42–11调式

冬^{33}瓜^{33}

顽^{33}童^{24}

红^{24}尘^{24}

阳^{24}沟^{33}

天^{33}井^{55}

山^{33}洞^{11}

（e）式与（f）式相同之处是（e）式字组首字调值也是42。但吕叔湘猜测（e）式二字组的底层形式可能是42–11，他把（e）式分析为顺着中降调42的势头接一个低平调11。原来，吕叔湘对（e）式和（f）式字组调的首字42调作了不同处理。对于（f）式，因为首字原字调为24，他说可能为了让后字用24调，而把首字的24异化为42。对于（e）式，因为首字原字调与其字组调不合，所以，他可能会猜测，字组首字的底层形式为42。这个42调是为（e）式字组调而设置的。

根据吕叔湘的观察和猜测，我们认为丹阳话字组调［主要针对（e）式和（f）式的曲线调］有以下特点：

（6）丹阳话字组调（二字组）的特点

1. 对于（f）式首字的42调，根据吕叔湘的猜测，由于连着两个升调24－24在发音上有困难而产生声调异化。为了让后字用升调，而把前字异化为降调。于是，（f）式声调层面的底层（声调异化之前）为24－24，其首字的24是依据它们的原字调，而后字的24是为（f）式后字用升调而设置的；

2. （f）式声调层面的底层24－24，经历了声调异化之后成为42－24；

3. （f）式后字的24调，是为字组调（f）式而设置的；

4. （e）式首字的42调，是为字组调（e）式而设置的；

5. 丹阳话的字组调，是依据首字的古音字类[①]，不依据它们现代的实际读音。所以，42调只出现在字组中，不出现在单字音中。

现在分析丹阳话曲线声调如何延伸。

吕叔湘认为，（f）式的特殊性在于它异化的方向。（a）、（b）、（c）、（d）、（e）五式都是前进型的声调异化，（f）式可能也是前进型的声调异化，但更可能是后退型的声调异化。什么是前进，什么是后退？什么是"前进型的声调异化"，什么是"后退型的声调异化"？他没有解释。如果用曲线声调可以延伸的观点，吕叔湘的所谓"声调异化"，实际上可以解释为曲线声调延伸至邻近的带调单位。

丹阳话的所谓"前进型"变调，用自主音段理论的连接法来表示，就是声调与音节从左边开始匹配，向右连接，声调向右延伸。例如，（e）式四字组调为42－11－11－11，它由二字组的底层声调结构42－1（HL－L）扩展而成。声调层面与音节层面的匹配从左边开始，依次向

[①] 根据古音的四声与清浊分字类。而现代丹阳话的声母，除了还保留一个唇齿浊擦音［v］与清擦音［f］相对，其余声母已不分清浊了（吕叔湘1980：86）。

右匹配（7a），它的曲线声调的延伸也是右向（7b）。

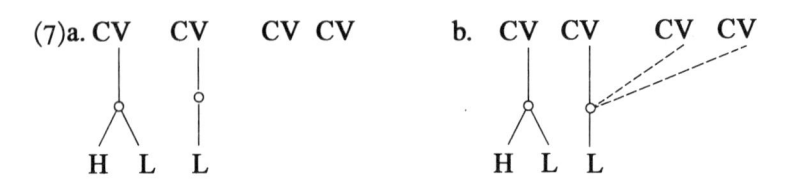

(7)a. CV　CV　　CV　CV　　　b.　CV　CV　　CV　CV

　　　　H　L　L　　　　　　　　　　H　L　L

丹阳话所谓"后退型"变调的（f）式四字组42－42－42－24，按照（6）（二）的说明，它由二字组底层结构的24－24异化成42－24（HL－LH）；然后再由42－24扩展而成。以自主音段理论表示：声调层面的底层结构为（8a），声调异化为（8b），声调层面与音节层面的匹配顺序为（8c），曲线声调延伸仍为右向，如（8d）（见Yip 1989b）。

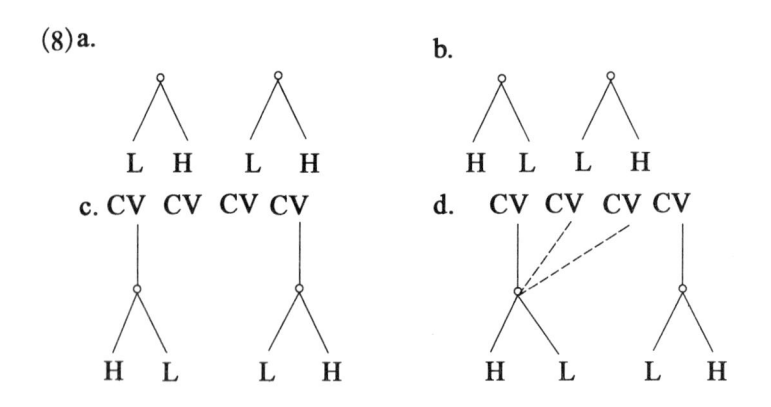

(8)a.　　　　　　　　　　　　b.

　　　L　H　L　H　　　　　　　H　L　L　H

c. CV　CV　CV　CV　　　d.　CV　CV　CV　CV

　　H　L　L　H　　　　　　　H　L　L　H

（7）与（8）的不同在于：（7a）声调层面的两个声调结与带调单位的匹配从左边开始，依次向右；（8c）的两个声调结与带调单位的匹配从左右两边同时开始，就是将声调层面上的两个曲线声调，跟音节层面上的左、右两端的音节匹配。然后通过前面声调的右向延伸，得到（f）式的表层形式（8d）。

从（8c）的双边匹配和（7a）的单边匹配，以及两者曲线声调的右向延伸来看，吕叔湘所说的"后退型"和"前进型"，其差别可能在于"后退型"属于双边匹配，而"前进型"属于单边匹配。它们的声调延伸方向是一致的，都是右向型。这可能是吕叔湘在（f）式变调方向上模棱两可的原因之一①。因为双边匹配的例子较少讨论,且(7b)和(8d)的声调延伸都是同一方向,所以,吕叔湘对(f)式变调"后退"还是"前进"的方向不确定。但是,凭着母语感觉和语言学大师的敏锐眼光,他觉察到(f)式变调的不寻常,所以提出以前甚少提到的"后退型"变调。如果以(f)式的前一个声调结与首音节匹配,而后一声调结与音节层的右侧带调单位匹配,这种后退式的匹配,或许可以理解为吕叔湘的"后退型"变调。

如果接受(8)的分析,把丹阳话的(f)式看作曲线声调可以延伸的例子,丹阳话的六个字组变调式就可以用声调延伸这一个方法解释了。

三 对吴语曲线变调的再分析

以上我们是把丹阳话的(f)式当作一个特殊的调式,以双边匹配来解释它的特殊性。对于吴语字组调来说,双边匹配是为了解释丹阳话的特殊现象?还是可以用来解释吴语曲线声调的某种普遍现象?

此前提到,苏州话里,字组的调形跟首字的字调相同或相近,"羊[13]毛[13]围[13]巾[44]"字组调就像首字13调的扩展,四个带调单位的调值大致为13-33-33-31,用带调单位与声调"一对一"的关系基本能解释苏州话的字组调。但是,在常州话,"靠背椅店"字组调为522223,这一调式是单字调523的扩展。本章第三节曾讨论它最后两个音节的调值可能是2-23,也可能是22-3。

我们发现,如果将丹阳话(f)式的双边匹配,看成吴语字组调的曲线声调与带调单位的匹配规律,就可以解释常州话四字组523调式的变调了。常州话的"靠背椅店",声调层面与带调单位的匹配为(9a);如果字组调为52-2-2-23(正常语速),声调延伸则为(9b);如果字组调为52-2-22-3(略慢语速),声调延伸则为(9c)。

---

① 吕叔湘(1980:90)说:(f)式"可能也是前进型声调异化,是中降之后继以中升,但更可能是为了要让第二个字用中升调而把第一字改为中降,那就是后退型的声调异化了"。

(9) 常州话 523 字组调 "靠背椅店"

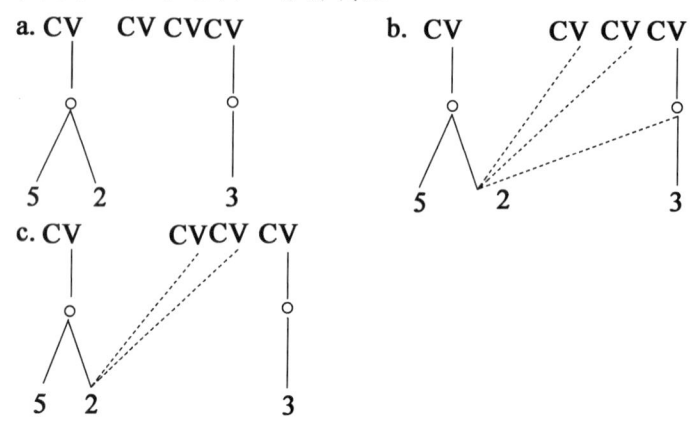

```
a. CV    CV CVCV          b. CV    CV CV CV
   |     |  | |               |    |  |  |
   o     o  o o               o    o  o  o
  /\       / \                /\
 5  2      3                 5  2    3

c. CV    CVCV CV
   |     | |  |
   o     o o  o
  /\
 5  2    3
```

（9b）和（9c）将"靠背椅店"最后两个音节的调值不确定性，分析为调素的不同延伸，也就是延伸范围不同。

能否进一步将丹阳话的六个字组调式都分析为双边匹配呢？例如，将丹阳话的（e）式的声调层面与带调单位的匹配分析为（10a），声调延伸则为（10b）。

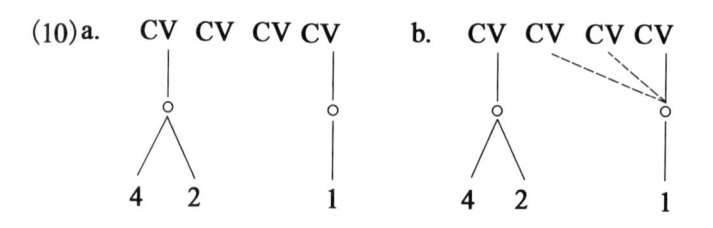

```
(10) a. CV CV CV CV      b. CV CV CV CV
        |  |  |  |           |  |  |  |
        o  o  o  o           o  o  o  o
       /\    /\             /\    /\
      4  2   1              4  2   1
```

前面说到，吕叔湘在分析丹阳话字组变调时，认为（a）、（b）、（c）、（d）、（e）五式是前进型的变调，而对（f）式变调方向犹豫不定，说可能是前进型，但更可能是后退型。如果把丹阳话字组调的匹配分析为双边匹配，那么，（a）、（b）、（c）、（d）、（e）五式的声调延伸就都是左向型，如（10b）；只有（f）式的声调延伸是右向型，如（8d）。从声调延伸的方向看，左向是前进，右向是后退。这样分析，似乎也吻合于吕叔湘在变调方向上的猜测。

但是，丹阳话是首字字类决定字组调式，声调延伸方面应该为从前到后。如果把（a）、（b）、（c）、（d）、（e）五式分析为从后往前的延伸，缺乏理据。

综上所述，比较苏州话、常州话、丹阳话，如果要找出它们之间的共同规律，那就是声调延伸都为右向型。所不同的是，苏州话和常州话可以分析为调素延伸，而丹阳话的（f）式为曲线声调延伸。此外，常州话、丹阳话有声调与带调单位双边匹配的现象。

对丹阳话（f）式字组的曲线声调还有另一种分析，这里略作介绍。陈洁雯（Chan 1991）和包智明（1990a）假设（f）式的首字是一个曲线声调 LH，即 24 调；非首字声调为 X，如（11a）（X 代表非首字声调，S 代表带调单位）。其二字组的生成过程为：删除非首字的声调 X（11b），曲线声调 LH 与首字连接（11c），再延伸到后一个音节（11d），然后声调层面分化成两个 LH（11e），前一个 LH 异化成 HL（11f）（即由 24 变成 42）。

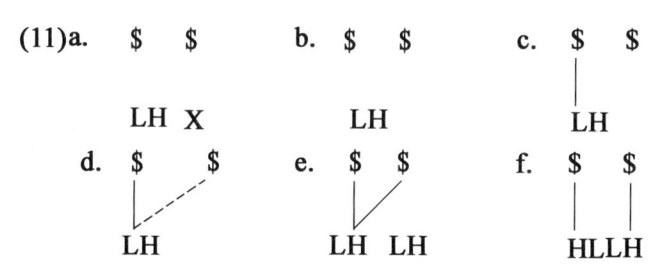

(11)a. $ $ b. $ $ c. $ $
                                    |
        LH X   LH   LH
d. $ $ e. $ $ f. $ $
                                 | |
        LH   LH LH   HL LH

此外，陈洁雯和包智明都提出"类型替代"办法，以解释单字调与字组首字调不一致的现象。即单独出现时为单字调，在字组起首时为词调。例如，当单字调为 55 的字出现在丹阳话（f）式字组起首时，"类型替代"要求它采用调值为 24 的词调。

第三、第四两节分析了曲线声调的性质在汉语（吴语）和非洲语言里表现各不相同。在汉语的曲线声调系统里，曲线型声调是基本声调，要认识汉语的曲线声调性质，并不需要浮游声调的概念。对于吴语的字组变调，究竟把曲线声调分析为一个可延伸单位？还是把它分析为声调异化？或者是由两个或更多的调素结合而成？这还有待于对汉语方言材料的更深入的了解和分析。而非洲语言的曲线型声调，性质则十分清楚，变调离不开浮游声调的概念。非洲语言的曲线型声调是派生的，它随着语素的分解而分解。

第五节 连接常规与强制性曲线原则

前面介绍了声调在语音底层结构里属于一个独立的层面。这一节介绍声调层面与音段层面互相联系的更为复杂的情况。戈德史密斯（Goldsmith 1976）提出将声调跟音段层面的带调单位从左至右一一相配的连接常规（见本章第二节），下面还是以非洲乍得 Margi 语言为例，说明连接常规如何实施。对于（1a）的高声调动词 [tsá] "打" 和（1b）的低声调动词 [dlà] "掉下"，运用连接常规，它们的连接分别为（2a）和（2b）（引自 Kenstowicz 1994）。

(1) a. tsá 打
       sá 误入歧途
    b. dlà 掉下
       wì 跑
    c. věl 飞

(2) a. tsa   b. dla
       | |
       H   L

至于（1c）的上升调动词 [věl] "飞"，因为 Margi 的上升调在底层结构是一个低调和一个高调的前后相连，如果按照连接常规的相配，低声调与带调单位连接，剩下的高声调无从连接，悬挂在那儿，如（3a）所示。这种悬空的声调也叫浮游声调。为了得到正确的表层形式，只需将这个浮游声调，连接在它前面声调所依附的带调单位上，如（3b）所示（实线表示先建立的联系，虚线表示后建立的联系）。

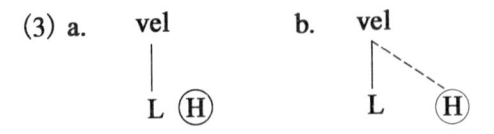

(3) a. vel   b. vel
        | |
        L Ⓗ   L Ⓗ

由于浮游声调在很多情况下保持浮游状态，因此，（3b）所示的浮

第四章 声调

游声调的连接,不应包含在连接常规。戈德史密斯提出可以通过"规范条件"来实现。规范条件表述为(4)。

(4) 从语音底层到表层的每一个生成阶段,元音至少跟一个声调连接,声调至少跟一个元音连接。

根据"声调至少跟一个元音连接"的规定,可将(3a)的浮游声调与它前面声调所依附的带调单位相连接而得到(3b)。

除了像(3b)这样的浮游声调连接,Margi 语言的声调层面与音段层面的联系还有另一种情况。在该语言里,双音节动词只有三种调型,即高调、低调、低调+高调,见(5)。

(5) a. ndábyá   触摸
    b. ùlù   看见
    c. mbìdú   吹

对于(5c)的"低调+高调",连接常规可以解释其声调与音段的一一匹配。至于(5a)的两个高调和(5b)的两个低调,则不必在底层结构中规定它们有两个相同的声调。因为 ndábyá "触摸"和 ùlù "看见"的第二个声调都是可预知的,而可预知的信息不应该包含在底层结构。如何生成它们的表层形式?戈德史密斯假设一条声调延伸规则来说明它们的声调与音段的匹配。这条声调延伸规则表述为(6)。

(6) 声调与第一个音节连接后,如果后面还有无声调的音节,就把与前一音节连接的声调,向后伸延。

根据规则(6),(5a)和(5b)的连接就分别为(7a)和(7b)。

(7) 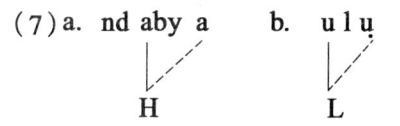 a. nd aby a   b. u l u
         \|/   \|/
          H   L

延伸规则（6）其实可从（4）的"元音至少跟一个声调连接"推导出来。

声调延伸也可以用于解释吴语的字组变调。从前一节的讨论看，吴语的字组变调，有的是曲线声调的后一调素的延伸，如常州话523字组调，见（8）；有的是整个曲线声调的延伸，如丹阳话（f）式，见（9）。

（8）常州话 523 字组调调素延伸

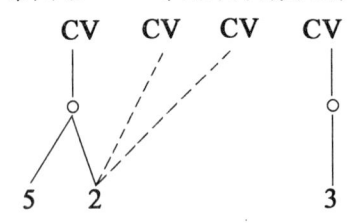

```
    CV    CV    CV        CV
    |                     |
    o                     o
   / \                    |
  5   2                   3
```

（9）丹阳话(f)式字组调声调延伸

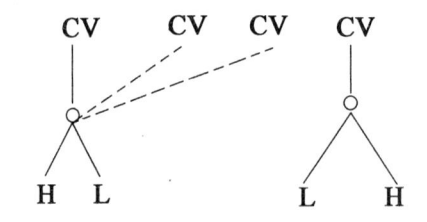

```
    CV    CV    CV        CV
    |                     |
    o                     o
   / \                   / \
  H   L                 L   H
```

关于声调的连接线，还有一种情况值得注意，就是两条连接线不能相交。我们在第三节讨论非洲 Lama 语言的曲线声调性质时，曾举过 yó rî "孩子的母亲"这样的例子，如（10）。

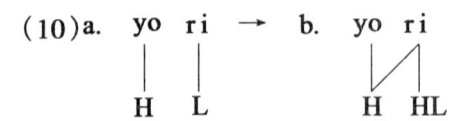

（10）a. yo ri → b. yo ri
         | | | |\
         H   L   H   H L

（10b）把前面的高调延伸到后面带低调的元音上。研究者发现，Lama 语言里 VCV 的组合，第二个元音有降调现象，如（10）；却没有升调现象。原因在于前面的高调可以延伸到它后面的元音上，但这样的延伸线不能穿过别的连接线，如（11）的高调不能延伸到低调后面的元音 V 上。

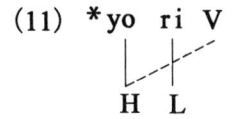

(11) *yo ri V
       | / |
       H L

综合以上声调与带调单位相连的各类情况，早期自主音段理论（以 Goldsmith 1976 为代表）的连接原则可归纳为下列四点：

（12）早期自主音段理论声调与带调单位的连接常规

1. 将声调跟带调单位，按从左至右的顺序，一一相配；
2. 每一个声调必须至少跟一个带调单位相连；经过连接后剩下的声调，跟最后一个带调单位相连；
3. 每一个带调单位必须至少跟一个声调相连；经过连接后剩下的带调单位，跟最后一个声调相连；
4. 连接线不能交叉。

这些常规只是在研究有关语言后得出的一般规律，它们是不是语言的普遍规律呢？比如，连接常规的第一条说，连接都是从左至右的顺序，即都是右向的。有没有从右至左的连接呢？同样的道理，有没有声调向左延伸呢？本章第四节分析了吴语字组调的一般规律，我们认为，将声调与带调单位双边匹配，声调延伸大多数为左向延伸，少数为右向延伸。陈洁雯（Chan 1985）对福州话变调的分析，也发现声调或调素向左延伸的例子。

在福州话里，两字组的后字保持原字调，它的声调或者调素向左延伸，这与吴语苏州话、常州话首字保持原字调的情况正相反。（13）是福州话变调的例子（调值 1 和 2 为低调域 L，调值 3、4 和 5 为高调域 H；同一音节如果调域相同，只用一个字母代表。"ʔ"代表入声调）。

(13)a. 高声调向前延伸，首字底层无声调

成功 52+55 → 55+55

白金 5ʔ+55 → 55+55

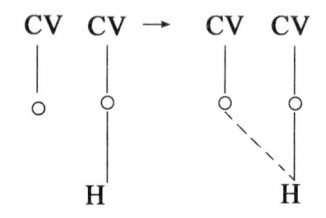

```
CV   CV   →    CV   CV
 |    |         |    |
 ○    ○         ○    ○
           ╲
      |         ╲    |
      H              H
```

b. 高调素向前延伸，首字底层无声调

大门 342+52 → 55+52

气球 12+52 → 55+52

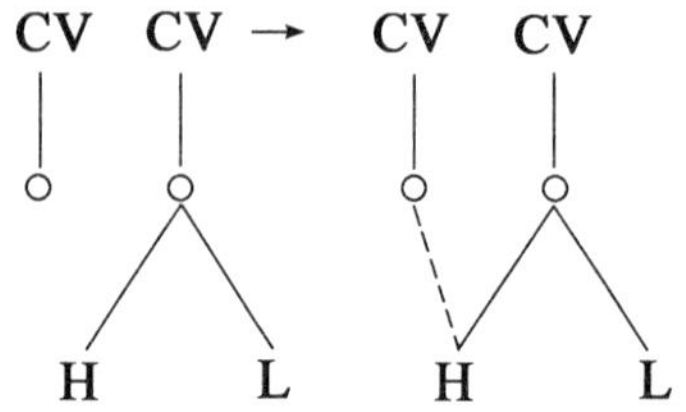

```
CV   CV   →    CV   CV
 |    |         |    |
 ○    ○         ○    ○
     ╱ ╲          ╲ ╱ ╲
    H   L          H   L
```

c. 低声调向前延伸，首字底层无声调

月尾 5ʔ+22 → 22+22

城顶 52+22 → 22+22

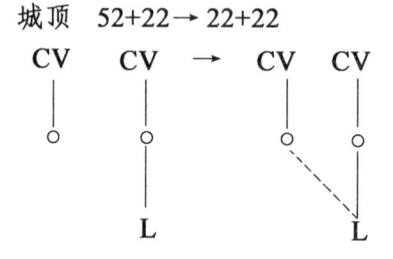

```
CV   CV   →    CV   CV
 |    |         |    |
 ○    ○         ○    ○
           ╲
      |         ╲    |
      L              L
```

d. 低调素向前延伸，首字底层无声调

成百 52+24ʔ → 22+24ʔ

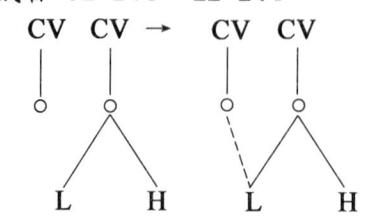

```
CV   CV   →    CV   CV
 |    |         |    |
 ○    ○         ○    ○
     ╱ ╲          ╲ ╱ ╲
    L   H          L   H
```

e. 低声调向前延伸，首字底层有声调

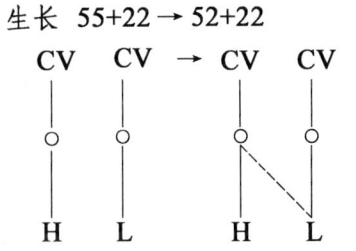

　　生长　55+22 → 52+22

```
CV   CV   →   CV   CV
 |    |        |    \
 o    o        o     \
 |    |        |      \
 H    L        H       L
```

f. 低调素向前延伸，首字底层有声调

　　书桌　55+24? → 52+24?

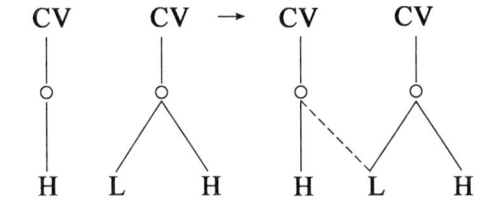

```
CV   CV   →   CV      CV
 |    |        |       |
 o    o        o       o
 |   / \       |  \   / \
 H  L   H      H   L H   H
```

（13e）和（13f）的特殊之处在于首字的底层有一个高调素，否则，无法解释它们表层高调素的来源。但是，在什么样情况下规定这些首字底层必须有声调？从现有的福州话研究材料看，无法提供这类问题的答案。难怪有学者说，福州话语流音变的复杂程度，是汉语方言中仅见的（袁家骅等 1989）。

（13）的福州话都是声调或调素向左延伸。此外，（13）的（a）、（b）、（c）、（d）四例底层的声调与带调单位的匹配，其顺序必须是从右至左，一一相配。曲线调算一个声调单位，通过声调结与带调单位相连。它们的匹配方向，与（12）的第一条规则相反。

非洲语言也有右边匹配、左向连接顺序的。据报道，尼日利亚北部 Hausa 语言有高、低两个声调，呈三种分布（重复的声调不必在底层限定）：高+低，如（14a）；低+高，如（14b）；低+高+低，如（14c）（引自 Kenstowicz 1994）。

（14）　a. búhúnnàa　　　　布袋
　　　　　 shúugábáncìi　　　领导
　　　 b. hànkàakíi　　　　 乌鸦

```
              bàbbàbbàkú           烤透的
           c. yàaràntákàa          幼稚
              cìnìkáyyà            双边贸易
```

在这三种分布里，声调与带调单位（重复的元音算一个带调单位）的连接顺序都是从右向左，声调延伸都为左向。（14）的三种声调分布分别为（15a）、（15b）、（15c）。

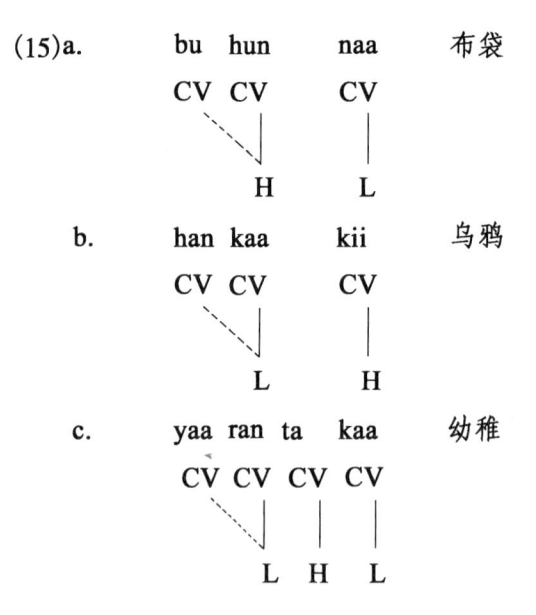

```
(15)a.      bu   hun    naa       布袋
            CV   CV     CV
                  \|     |
                   H     L

    b.      han  kaa    kii       乌鸦
            CV   CV     CV
                  \|     |
                   L     H

    c.      yaa  ran  ta   kaa    幼稚
            CV   CV  CV   CV
                  \|  |    |
                   L  H    L
```

如果采用左边匹配的顺序，（15）将会产生不正确的形式。

以上讨论了声调与带调单位从左边或右边两种匹配，左向或右向两种连接，以及声调（或调素）的左向或右向两种延伸方法。匹配方向、连接顺序方向和声调延伸方向，这三者可以不一致。我们还是以丹阳话字组变调为例。丹阳话的"前进型"（a）、（b）、（c）、（d）、（e）五式的变调，是左边匹配，声调向右延伸；丹阳话的"后退型"（f）式的变调，是左右两端匹配，声调延伸也为右向。

或许照丹阳话（f）式的表层形式，也可以把它的底层假定为右边匹配（16a），左向延伸（16b）。

第四章 声调

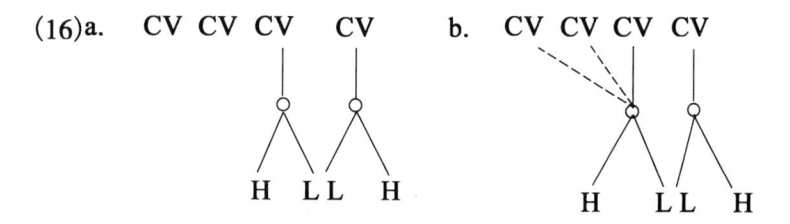

```
(16)a.  CV CV CV   CV      b.  CV CV CV CV
            |       |               |    |
            H  L L  H               H L L H
```

就（f）式本身而言，（16）的匹配与延伸并非不可。但是，考虑到丹阳话的字组变调是依据首字调类而变化，而不是依据尾字的调类，（16a）的右边匹配就缺乏理据了。如果（16a）的匹配不能成立，（16b）的声调左向延伸也就不成立。

自主音段理论关于音段成分之间的联系，还有另一条重要原则叫作强制性曲线原则（Obligatory Contour Principle，简称 OCP）。强制性曲线原则是这样规定的：

（17）在语素的词库表达（lexical representation）上，如果有两个声调前后相邻，这两个声调不能等同。

比如，前面（5a）和（5b）提到 Margi 语言的两个高调或两个低调相邻，因为第二个声调可以预知，底层结构只用一个高调或一个低调即可。其实这就是强制性曲线原则，两个相同的声调不能相邻。对于（5a）的 ndábyá "触摸"，它的连接是（18a），而不是（18b）。

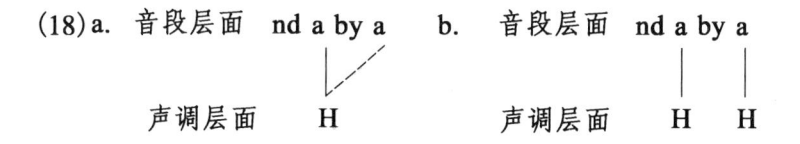

```
(18)a. 音段层面  nd a by a    b. 音段层面  nd a by a
                    |                       |   |
       声调层面      H          声调层面      H   H
```

现以津巴布韦 Shona 语言的音变来证明强制性曲线原则的存在（引自 Odden 1980）。Shona 有高、低两个对立的声调。高声调用 "ˊ" 表示，低声调不用任何符号。它的名词词根充分利用了高、低声调的对立，而任何音节的声调都不可推测。例如，我们无法用 "高+低" 调来概括以下词根。

(19)   hakáta   先知者的骨头
        séndere   禁耕地

hakáta "先知者的骨头" 前两个音节是高调，而 séndere "禁耕地" 只有一个高调。左向或右向的连接都产生不出正确的形式。一个办法是增加一个调型"高 + 高 + 低"，如 (20a)；另一个办法是将高调连接前两个音节，如 (20b)。

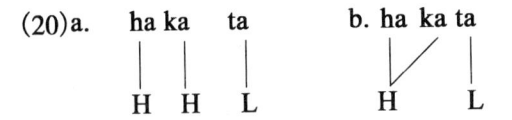

(20) a. ha ka ta   b. ha ka ta
         | | | \ / |
         H H L   H   L

Shona 的音变规律证明，(20b) 是正确的。许多班图语言有一条声调异化规律：当两个高声调相连时，后一个高调变成低调。这叫作 Meeussen's rule（穆申规律，以班图语学者 Meeussen 命名）。在 Shona 语言里，穆申规律也发生在附着语素和词根的连接上，请看 (21) 的例子。

(21) | 词根 | 词义 | 附着语素 + 词根 | 词义 |
| --- | --- | --- | --- |
| mbwá | dog | né-mbwa | with a dog |
| hóvé | fish | né-hove | with a fish |
| mbúndúdzí | army worms | sé-mbundudzi | like army worms |
| hakáta | diviner's bones | sé-hakata | like diviner's bones |
| badzá | hoe | né-badzá | with a hoe |
| chapúpu | witness | sé-chapúpu | like a witness |
| bénzíbvuzá | inquisitive fool | sé-benzibvunzá | like an inquisitive fool |
| Fárái | 人名 Farai | na-Fárái | with Farai |

从这些例子可以看出，带高调的附着语素后面，词根的高调变成低调。但是，(21) 的 né-badzá、sé-chapúpu、sé-benzibvunzá 三例说明，并不是所有的高调都变，只是那些紧跟在高调附着语素后面、且中间没有

低调隔开的高调才变。

如果接受（20b），穆申规律在这个语言里就可以表示为（22），(21) 的 sé-hakata 的连接与声调变化则是（23）（#表示与附着语素的连接）。

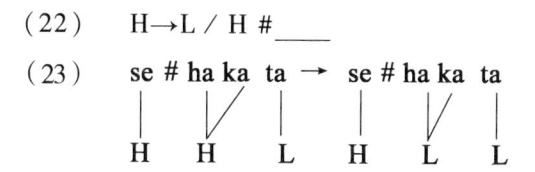

(22)　H→L / H #____
(23)　se # ha ka ta　→　se # ha ka ta
　　　 |　 |\| |　　　 |　 |\| |
　　　 H　 H L　　　　 H　 L L

如果采用（20a），就很难用简单的形式表示 Shona 语言的穆申规律。

综上所述，自主音段音系理论的种种连接规则，具有一定的普遍性。然而，如何利用这些规则分析特定语言的音变，找出特定语言的音变规律，自主音段理论并没有提供现成答案。如果对特定语言进行全面而仔细的分析，发觉现有的连接规则不能解释某些音变，从而对现有连接规则提出质疑或补充，这就是对语言学理论的贡献了。

第六节　汉语方言其他变调现象

前几节在讨论自主音段音系理论时，曾介绍过吴语的变调现象。这一节再介绍一些汉语其他方言的变调现象。

声调有所谓本调和变调。变调，又叫字组变调，是相对于本调而言。所谓本调，就是单字调。单字调在字组里的变化就是变调。汉语方言的字调又常常分阴阳，一般的规律是阴调的调值相对地高一点，叫高调域（upper registered）；阳调的调值较低，叫低调域（lower registered）。这跟声母的来源有关。源自古代的清音声母是阴调，源自古代的浊音声母是阳调。

粤语声调的调值，仍保持了阴高、阳低的区别，虽然声母的清浊已经消失。所以，可以凭粤语音节声调的阴阳（高调域还是低调域），来辨别古代音节声母的清浊。

单字调调值的"阴高阳低"也不是绝对的，福州话的单字调就不合这个规律。福州话的平、去、入三调各分阴阳，但它们的阴阳分类并不对应于调域的高低（引自袁家骅等1989）。

(1) 福州话的单字调

调类	单字调值
阴平	44
阳平	52
阴去	213
阳去	242
阴入	23
阳入	4

声调域的高低对应于声母的清浊，吴语是最典型的例子，因为吴语保持了较完整的古代浊音声母。比如，浙江绍兴话有八个单字调，它们的阴调调值都比阳调的高；在字组变调里，首字的调值也保持高低的对立（引自钱乃荣1992）。

(2) 绍兴话的单字调与字组调

调类	单字调值	两字组首字调值
阴平	52	33
阳平	31	22
阴上	335	34
阳上	113	23
阴去	33	55
阳去	22	21
阴入	5	4
阳入	23	2

闽南话的字组变调很复杂，比如两字组的首字都要变调，但变调并不产生新调型，它有这样一个规律，就是平、上、去（包括它们的阴阳

类，阳平除外）这几个声调的调值互相转换。它们之间转换的次序是：阴平（包括阳平）变阳去，阳去变阴去，阴去变上声，上声变阴平。将它们的转换关系连起来，就成为一个顺时钟方向转换的"变调钟"。

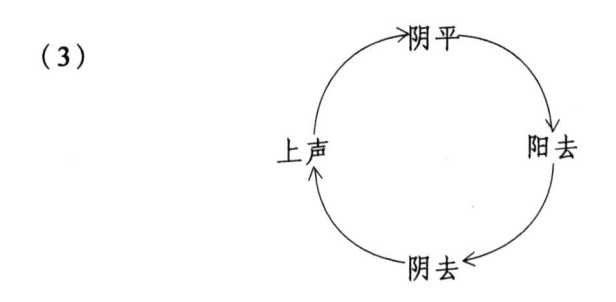

（3）

```
        →阴平
    上声     阳去
        阴去
```

闽南话的入声也分阴阳。阴入调又可分两类：以-p、-t、-k 收尾的变为阳入，以-ʔ收尾的变为上声。所有阳入变为阴去（周长楫1991）。如果再把入声的变调加入以上"变调钟"，闽南话的变调几乎成了一个短针对着九、长针对着六的"九点半变调钟"了。

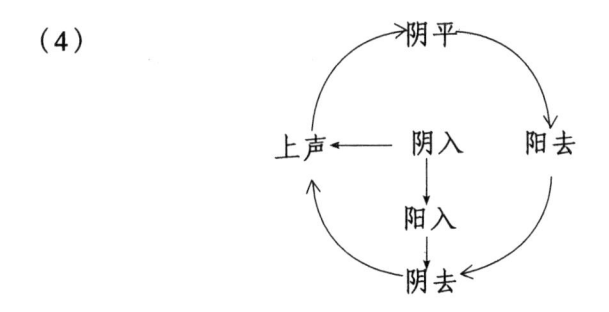

（4）

```
            →阴平
    上声 ← 阴入  阳去
            阳入
            ↓
            阴去
```

闽南话的"变调钟"说明了什么？比较厦门话的单字调及其变调，可以看出"声调钟"的变调其实说明了"阴高阳低"的规律。厦门话二字组的变调，首字变，尾字不变。请看例（5）（引自袁家骅等1989）。

（5）厦门话的单字调与字组调

调类	单字调值	两字组首字调值
阴平	55	33

阳平	24	33
上声	51	55
阴去	11	51
阳去	33	11
阴入	32	5
阳入	5	11

厦门话单字调的去、入两调的调值，都是阴低而阳高，不符合一般"阴高阳低"的规律。但它们在字组中的变调，则与"阴高阳低"规律相合。

字组调根据什么而变化？有无规律可循呢？余霭芹（Yue-Hashimoto 1987）根据八十多种汉语方言材料，从变调范围（the domain of tone sandhi）以及本调与变调的关系入手，认为汉语存在着三种主要变调类型：一种是首音节支配变调范围，叫首音节型变调；一种是尾音节支配变调范围，叫尾音节型变调；还有一种是受前后音节影响的变调，叫邻近音节型变调。

首音节型变调就是字组首字的声调决定整个字组调。字组的首字音节一般保持本调，其他音节不用本调，用变调，如第三节讨论的苏州话和常州话的字组调。用自主音段理论来解释，就是非首字音节都不带原字调，首字音节的声调或调素延伸到那些无声调的音节上。这样，整个字组调听起来像是首字声调的扩展。

丹阳话的字组变调虽也属于首音节型变调，但它有一个特点：不是首字声调决定字组调，而是首字的字类决定整个字组调；而字类是以字的古音（古音语音特征在丹阳话现已大部分消失）来分类的。如果字的古音类语音特征现已消失，人们又是如何将字分类呢？先回顾丹阳话的声调。

（6）丹阳话单字调与字组调

<u>单字调值</u>

11、33、55、24、3、4

<u>二字组调式</u>

(a) 11 – 11　　(b) 33 – 33　　(c) 55 – 55
(d) 24 – 55　　(e) 42 – 11　　(f) 42 – 24

　　丹阳话字组调（a）、（b）、（c）、（d）四式的首字调值，都与单字的调值有关。但（e）、（f）两式的首字调值，却找不到与单字调的任何关系。对于（e）式，吕叔湘猜测，可能由于连着两个升调 24 – 24 或连着两个降调 42 – 42，在发音上有困难而产生的声调异化。对于（f）式，吕叔湘猜想，可能为了让后字用升调（24 调），而把前字异化为降调（42 调）。

　　根据吕叔湘猜测，可以说，降调（42 调）存在于丹阳话，不在单字上，而在词语上。我们认为，单字调与词语（字组）调有音系性质上的差别。对于方言，只有读书人（识字人）才需要单字读音，因为他们要写字；而不识字的人只知道词语读音，他们只会说话，不识字，当然不知道单字音。因此，词语读音可能是方言口语的土音。既然降调（42 调）存在于丹阳话土音，那么，与（e）、（f）两式对应的两类首字，就是根据土音的分类，根据它们长期流传下来的分类。以往习惯把字组调看成由单字调变化而来；如果把单字调看成是读书人的声调，而不识字的人只有字组调；如果后者想知道单字调，应该从字组调里分离。这样不但可以解释丹阳话降调（42 调）的性质，而且圆满地概括出苏州话、常州话、丹阳话首字声调决定字组调式的普遍规律。

　　尾音节型变调与首音节型变调正相反，字组的最后一个音节决定整个字组调。常常是字组的尾音节保持本调，其他音节不用本调，用变调，如第五节讨论的福州话变调。绝大多数闽语和南部吴语属于这一种变调类型。余霭芹（Yue-Hashimoto 1987）把二字组的尾音节型变调归纳为这么几种情况：当尾音节为低平调，字组调就是低平或降调；当尾音节为中平调，字组调或者是中平调，或者是升调或降调；当尾音节为高平调，字组调就是高平或升调；当尾音节为降调，字组调还是升降调；当尾音节为升调，字组调就是降升调。

　　值得注意的是，在尾音节型变调里，虽然尾音节保持本调，但词重音不一定落在最后一个音节上。比如，浙江温州话的字组变调由尾音节决定，但词重音却落在首字音节上。这是声调与重音不一致的现象。

　　除了吴语和闽语，其他汉语方言的变调，几乎都是邻近音节型变调。与前面两种变调比起来，邻近音节型变调只影响特定的声调。比如，北京话两个上声调相连，前一个上声变成阳平调。上声变调只影响前面的上声字，其他的不受影响。

再比如山西忻州话的非叠音二字组，有的变，有的不变（材料引自温端政 1985）。前字是阳平、入声的，字组一般不发生变调。明显的变调规律发生在前字为上声、阴平、去声的字组。前字为上声的，前字变成 42 调，后字不变调，如 (7a)；前字为阴平的，后字变成 31 调（去声例外），前字变成 33 调，如 (7b)；如果前字是去声，后字变成 31 调，前字不变调，如 (7c)。

(7) 山西忻州话二字组调

	例词	原单字调	字组调
a.	手巾	313 + 313	42 + 313
	粉红	313 + 31	42 + 31
	扁食	313 + 2	42 + 2
b.	阴天	313 + 313	33 + 31
	砖头	313 + 31	33 + 31
	泔水	313 + 313	33 + 31
c.	弟兄	53 + 313	53 + 31
	豆腐	53 + 313	53 + 31
	大豆	53 + 53	53 + 31

忻州话属于邻近音节型变调，有的是前变后不变，有的是后变前不变，也有前后都变。

综上所述，声调处于一个独立于元音辅音的层面。语音结构底层的元音，有的与声调相连，有的不带声调。声调与音段的匹配有多种情况，左边匹配、右边匹配以及双边匹配。加上声调与音段的不同连接，再加上声调的左向或右向延伸，声调与音段的对应就更复杂了。此外，浮游声调的概念，为解释变调现象提供了一个有力的工具。但是，要想获得对具体语言的正确认识，则有赖于对特定语言的全面分析，以及理论和方法的正确运用。

第五章　骨骼层面与谐和程序

第一节　CV 层面与阿拉伯语动词变化

在语音的多层面结构中，最重要的层面莫过于 CV 层面。CV 层面也叫骨骼层面（skeletal tier），或者叫时位层面（timing tier）。我们先解释这些术语的不同含义。CV 层面的"C"和"V"可以分别理解为辅音和元音，因为 CV 层面上，每个 C 孔或 V 孔 [CV 层面上的单位叫孔（slot）] 最终表现为与辅音或元音连接。也可以用中性符号 X 代替 C 和 V。"骨骼"的意思凸显了 CV 层面的重要性。就好比整个人体结构中，骨骼是一个框架，皮、肉、血管等都依附在这个框架上。CV 层面是整个音系结构的中枢，对于其他层面上的成分，它相当于一个锚地。例如第四章，声调属于一个独立的层面，它与元音相连；其实在结构上，声调跟 CV 层面上的 V 孔相连。至于时位层面的含义，因为跟辅音或元音相连接的骨骼单位，其发音的时间先后顺序在骨骼上已经被确定了，所以骨骼层面又可叫时位层面。

第四章介绍了早期自主音段音系理论对于声调的分析，认为声调在语音结构里，处于一个独立的层面。这种理论出现不久，研究音系的学者就开始把自主音段的概念推向其他音系问题。其中最成功的突破是麦卡锡（McCarthy 1979）对闪语（Semitic）的阿拉伯语动词变化的研究。麦卡锡发现，如果比照非洲语言调素与元音匹配的方法，把阿拉伯语 katab "他写"这样的动词，分析成词根 [ktb] 与模式（template）CVCVC 的连接，那么，阿拉伯语形态学上一个令人头痛的问题——词根和类型的变化，就迎刃而解了。

先看阿拉伯语形态的一个重要特点。下面是一组语义相关的词语的词形变化。

(1) 阿拉伯语词形变化

  词根+语缀   词义
 a. daras-a   he studied
 b. darras-a   he taught
 c. darraas-un student
 d. dars-un   a lesson
 e. daaris   studying
 f. diraas-ah   studies

后缀-a、-un、-ah 是语缀，可以不管。在这一组语义相关的词里，形式上唯一共同的东西，是三个顺序固定的辅音音段［d r s］，元音穿插其中。再看另一组例子。

(2) a. rasam-a   he drew
  b. rassam-a   he made draw
  c. rassaam-un draftsman
  d. rasm-un   a drawing
  e. raasim   drawing
  f. risaam-ah   ordination

（2）的共同点是三个顺序固定的辅音音段［r s m］。虽然阿拉伯语有语缀，但更丰富的形态变化来自辅音音段的非连贯性（nonconcatenation）。对于传统的做法，即把词划分成语素，再指出这些语素的分布，这不啻是一个难题。因为传统的办法无法将［d r s］或［r s m］等这些有关成分作进一步的分解。

自主音段理论为此提供了新途径。比较（1）和（2），可以把（a）式的形态范畴叫主动格，（b）式叫使动格，（c）式叫施事名词格，（d）式叫结果名词格，（e）式叫动名词格，（f）式叫名词格。我们发现，（1）和（2）里各个形态范畴所用的韵律（prosodic）形式各不相同，如（3）。

第五章 骨骼层面与谐和程序

(3) 阿拉伯语词根韵律形式
  a. 主动格　　　　CVCVC
  b. 使动格　　　　CVCCVC
  c. 施事名词格　　CVCCVVC
  d. 结果名词格　　CVCC
  e. 动名词格　　　CVVCVC
  f. 名词格　　　　CVCVVC

麦卡锡认为，正像非洲语言用一个高调、低调的声调层面来转换词库形式一样，阿拉伯语的形态范畴，是通过辅音层面上的音段来转换骨骼层面上辅音性的孔（用 C 代表）而实现的。比如，(1) 和 (2) 的主动格 (a)、使动格 (b) 和施事名词格 (c)，它们的骨骼层面和辅音层面及两层面之间的连接分别为 (4a)、(4b)、(4c)。

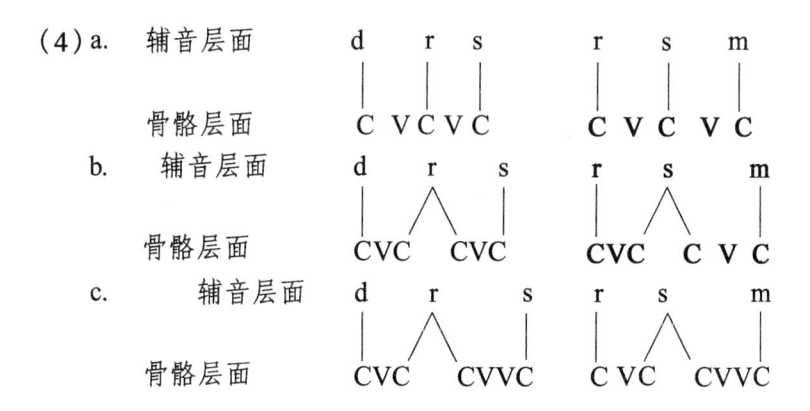

(4) a. 辅音层面　　d　r　s　　　r　s　m
　　　骨骼层面　　C V C V C　　C V C V C
　　b. 辅音层面　　d　r　s　　　r　s　m
　　　骨骼层面　　CVC　CVC　　CVC　C V C
　　c. 辅音层面　　d　r　s　　　r　s　m
　　　骨骼层面　　CVC　CVVC　　C VC　CVVC

阿拉伯语的辅音分布不像英语的辅音分布。英语里，例如 art "艺术"（结构为 VCC）或 rat "老鼠"（结构为 CVC）是词汇上的对立；而阿拉伯语，辅音的分布反映了词汇所属的形态范畴，这个形态范畴在骨骼上体现出来。

阿拉伯语形态上还有另一特点：元音音段表示动词的态以及名词的数。下面还是以阿拉伯语动词 katab "他写" 为例，说明动词的主动语态和被动语态的韵律形式完全一样，如 (5)；只是骨骼层面上指定的元音不一样，如 (6)。

（5）动词 katab "他写" 的韵律形式

	主动语态	被动语态
a. 主动格	katab-a	kutib-a
b. 使动格	kattab-a	kuttib-a
c. 参与格	kaatab-a	kuutib-a

（6）动词 katab "他写" 骨骼层面上的元音指定

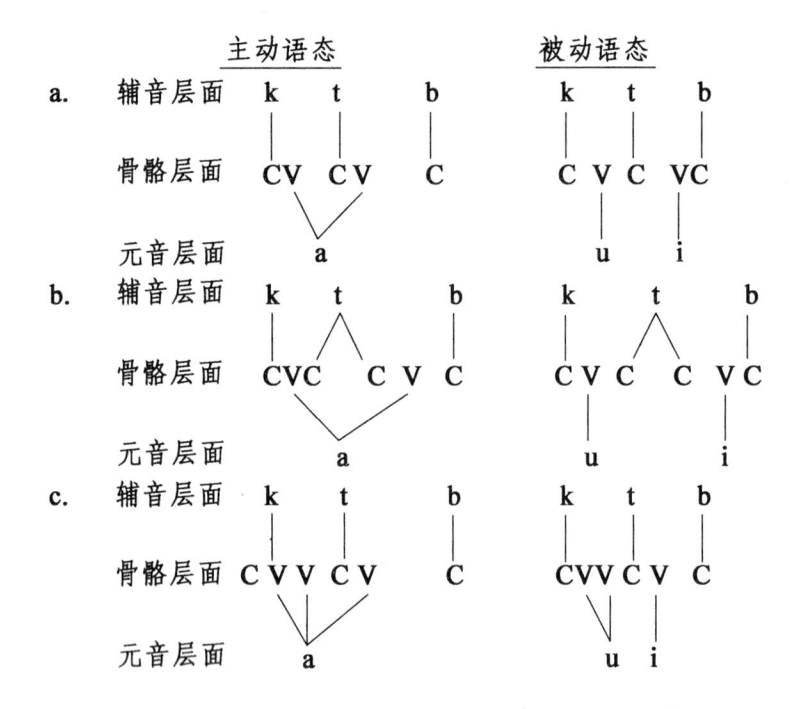

```
                    主动语态              被动语态
a.  辅音层面    k    t    b         k    t    b
                |    |    |         |    |    |
    骨骼层面   CV   CV   C         C V  C  V C
                 \  /                    |    |
    元音层面      a                      u    i

b.  辅音层面    k       t       b      k     t     b
                |       |       |      |     |     |
    骨骼层面   CVC    C V    C       C V C  C V C
                  \   /                      |     |
    元音层面        a                        u     i

c.  辅音层面    k       t       b      k     t    b
                |       |       |      |     |    |
    骨骼层面   C V V  C V      C      CVV C V    C
                   \  /                       |    |
    元音层面        a                         u    i
```

（6）说明，辅音和元音的作用各不相同。辅音［k t b］是词根，元音的屈折形式［a］～［ui］表示不同的语态。所以，辅音和元音应该处于两个不同的自主音段层面；辅音和元音的分布则由骨骼来决定。

上一章分析声调层面与音段层面的连接时，提到两个层面之间的左边匹配、右边匹配、声调延伸以及连接方向等等。从本节讨论的辅音、元音和骨骼这三个层面之间的联系看，似乎也存在这些状况。

麦卡锡对阿拉伯语的研究指出：一、辅音与骨骼上 C 孔的关系是从左向右，一一相配；二、强制性曲线原则（OCP）同样也适用辅音层面。下面再以 katab-na "我们写" 和 madad-na "我们伸懒腰" 为例说明这两点。

(7) a. katab-na "我们写" 骨骼层面上的辅音指定

辅音层面　　　k　　t　　b
　　　　　　　|　　|　　|
骨骼层面　　　CV　CVC

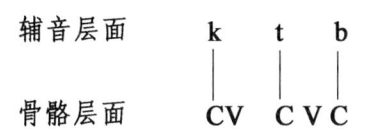

b. madad-na "我们伸懒腰" 骨骼层面上的辅音指定

辅音层面　　　m　　d
　　　　　　　|　　|
骨骼层面　　　C V C V C

辅音与骨骼上的 C 从左向右, 一一相配, 产生 (7a)。对于 (7b), 再把后一个辅音延伸到骨骼的最后一个 C 孔上。如果辅音与骨骼 C 孔的联系是从右向左, (7b) 就得不到 madad 的形式。再看强制性曲线原则 (OCP), 如果辅音层面上不限制两个相同的辅音相邻, (7b) 的 madad 的辅音层面将是 [m d d]。以此类推, 阿拉伯语也应该存在*[m m d] 这样的词根。事实与此相反, 前两个辅音相同的这类词根从不出现, 所以, 强制性曲线原则成立。

但是, 如果将从左向右一一相配的方法和连接常规运用在动词 "他写" 的使动格 (5b) 上, 结果将产生*katbab, 如 (8), 而不是正确的 kattab。

(8) 使动　　　k　　t　　b
　　　　　　　|　　|　／|
　　　　　　　CV　CCVC

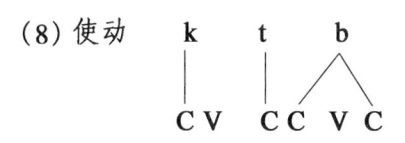

为此, 麦卡锡提出一条阿拉伯语的特定规则, 即中断一个辅音与骨骼上两个 C 孔之间的第一条 (左边) 连接线, 即 (9a) 辅音 b 与两个 C 左边的连接; 然后再运用延伸规则, 让辅音音段 [t] 延伸到它右邻的 C 孔上, 如 (9b) 的虚线, 于是得到正确的 kattab。

(9) a. k t b   b. k t b
        | | ∧ | | |\
        | | ≠ \ | | | \
        C V C C V C   C V C C V C

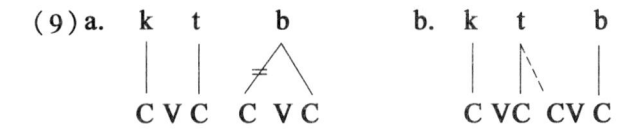

从阿拉伯语的例子看到，把元音、辅音分析为两种不同层面的音段，有助于解释阿拉伯语形态变化的规律。把骨骼上的单位看作时位，而不是元音或辅音的直接对应，这又增加了骨骼层面概念的普遍性。因为同一个时位，既可能跟元音音段连接，也可能跟辅音音段连接。比如，意大利台伯河流域希伯来语的定指性前缀，在词根辅音（喉塞音除外）前面，定指性前缀的尾音素，必须是重叠后面词根的辅音，如（10a）前缀［ham］的辅音 m，重叠了词根的辅音 m。但在词根为喉塞音［ʔ］前面，定指性前缀便使自己的元音变长，如（10b）［haa］的长元音［aa］。

(10) a. ham-melek   国王
     b. haa-ʔiir   城市

把骨骼上的单位看作时位，而不是元音或辅音，(10a)、(10b) 就可以分别表示为 (11a)、(11b)（X 代表时位）。

(11) a. "国王"   X X   X + X X X X
                 | | \ | | | |
                 h a   m e l e k
     b. "城市" X X X + X X X X
                | | \ | | | |
                h a   ʔ i   r

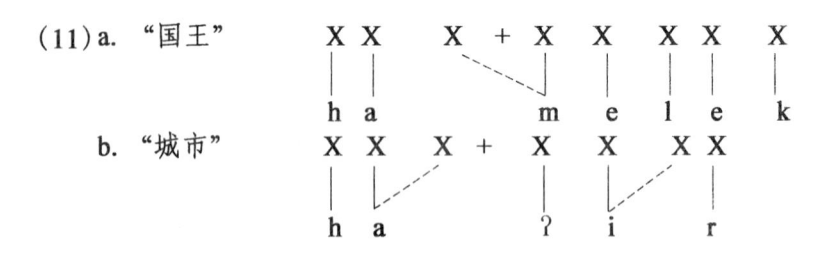

此外，把骨骼上的单位看作时位，还能帮助解释阿拉伯语动词形态变化。比如 (3b) 式骨骼层面是 CVCCVC，(3e) 式是 CVVCVC，二者的不同在于第三孔是否具有辅音性。如果把骨骼的单位看作时位 X，当骨骼单位与预先指定的韵核 N 相连时，元音音段就连接那些跟韵核 N 相连的 X，辅音音段就寻找那些非韵核单位的 X 相连接。(3b) 式的 CVC-

CVC 和（3e）式的 CVVCVC 可分别表示为（12a）和（12b）。

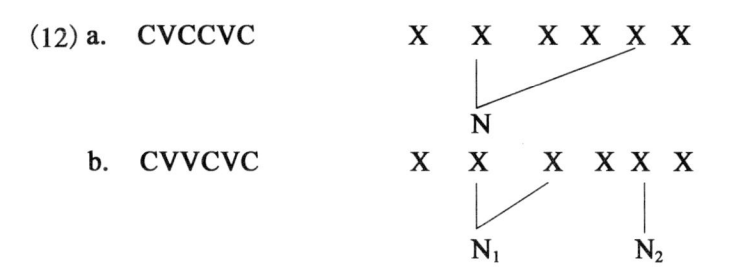

```
(12) a.  CVCCVC        X  X   X  X  X  X
                          \ /
                           N

     b.  CVVCVC        X  X   X  X  X
                        \/       \/
                        N₁       N₂
```

因此，把骨骼上的单位看作时位，可以帮助解释更普遍的语言现象。

第二节 浙江义乌话 [n] 尾韵元音音变

本节将以浙江吴语义乌话的例子，说明汉语音节的元音变化，不能跨越辅音①。因为辅音标志着汉语音节的界限，义乌话的元音变化只限于音节内部。

在义乌话里，由音节加 [n] 尾（类似北京话的儿化）所引起的音变，值得我们重新认识汉语的变韵现象。在北方话里，由于音节儿化而引起的音变，结果或者是音素的添加（如北京话），或者介音的位移（如开封话）；而韵腹元音的变化较少见，即使有，也是不规则的。在浙江义乌话里，音节加 [n] 尾的规律是删除原音节的韵尾，加上 [n]。韵腹元音发生规则变化，并且元音变长，如"瓶儿"[bən] + [n] → [beːn]。本节从义乌话单音节加 [n] 尾所引起的元音音变入手，提出：一、所引起的音变由删除原韵尾而产生，加上后缀 [n] 并没有直接引起元音变化；二、这种现象不是原音节的"n"化，而是词根音节加上后缀音节 [n] 构成的复合音节。以上两点不同于北方话的变韵。

一 义乌话的后缀音节 [n]

义乌话属浙江吴语金华片。[n] 在义乌话里单独成音节，意思是

---

① 原文发表于《方言》2002 年第 2 期，见侍建国（2002）。

"儿"。它附加在别的词后，可以表示：一、区别词性，加在动词、形容词后使之成为名词；二、具有小称的修辞作用。据报道，义乌话共有54个韵母，其中32个白读韵母，19个文读韵母，韵母收喉塞音的入声韵都是文读韵母[①]。另有3个韵母［ai，au，iau］，它们文、白同韵，我们把它们算作白读韵母。义乌话只有白读音才能加［n］尾，文读音的字都有其相应的白读音（文、白对应与此处讨论的韵变无关），所以文读韵母不在分析范围之内。现把义乌话35个白读韵母列于表一（有＊号者无［n］韵现象）。

表一　　　　　　　　　　义乌话的白读韵母

ɿ	资时	i	衣志	u	布苏	y	朱吹	*n̩	儿鱼
e	代雷	ie	变仙雪	ue	灰煨	ye	砖宣	*m̩	无没
ɛ	妹争白	iɛ	天年	uɛ	横歪划	yɛ	抓推刷	*ŋ̍	方胖
o	母靠			uo	多做				
ɔ	反嫁	iɔ	香洋脚						
a	鞋斋			ua	花猪杀				
ɯa	麻章法								
əɯ	丢周	iəɯ	九油						
ən	平心	*iən	轻心	*uən	滚昏	*yən	军孙		
ɯɤ	波南	iɯɤ	巧妖						
ai	悲开色								
au	毛劳谷	iau	标敲肉						
oŋ	东红	*ioŋ	兄荣						

在这35个韵母中，有7个未发现加［n］韵的现象，它们是3个鼻音韵母和4个以鼻音收尾的韵母［iən，uən，yən，ioŋ］。

义乌话加［n］韵的基本规则是：在原韵母后面加［n］，原韵母（元音或辅音）发生变化。变化分两类：一类是音素不变，韵腹元音变长；另一类是音素变化，韵腹元音也变长。

先讨论音素的变化。义乌话28个韵母加［n］韵的韵变情况列于表二（"未发生音素变化"栏只列原韵母，其［n］韵的形式为原韵母的后一个元音变长，如原韵母为［i］，加［n］的韵变形式为［iː n］）。

[①] 本文义乌话和浙江吴语的材料来自方松熹"浙江义乌方言里的'n'化韵"，《中国语文》1986年第6期及方松熹"浙江吴方言里的儿尾"，《中国语文》1993年第2期。

表二　　　　　　　　义乌话韵母加 [n] 韵的韵变

发生音素变化	未发生音素变化			
ɤɯ e:n 钩儿 iəɯ iə:n 球儿	ɿ 柿儿	i 小鸡儿	u 小兔儿	y 珠儿
ai e:n 塞儿	e 盖儿	ie (山)尖儿	ue (爬)灰儿	ye 小船儿
au o:n 桌儿 iau io:n 玉儿	ɛ 梅儿	iɛ 小蛇儿	uɛ (打)横儿	yɛ(金)橘儿
ən e:n 饼儿	o 刀儿		uo 小鹅儿	
ɔŋ o:n 桶儿	ɔ (树)桠儿	iɔ 小娘儿		
	a (棉)鞋儿		ua 瓜儿	
	ɯa 小马儿			
	ɯɤ 盘儿	iɯɤ(纸)鹞儿		

表二"发生音素变化"的韵母有 7 个，都是带韵尾的，其中 5 个带元音韵尾，2 个带鼻音韵尾。带元音韵尾的韵母 [ɤɯ, iəɯ, ai, au, iau]，加 [n] 韵后都删除高元音韵尾 [-ɯ, -i, -u]，同时，韵腹为低元音者则发生音素变化。具体变化为：[ai] 受韵尾高元音的影响而变成 [e]，[au] 受韵尾的后、高、圆唇元音的影响而变成 [o]。用自主音段音系理论解释：元音的区别性特征（如高低、前后、圆唇性）与音段列于不同的层面。当删除韵尾时，某些区别性特征转移到韵腹元音上。如果韵腹为央中元音 [ə]，则不发生音素变化[①]。可能是因为央中元音 [ə] 再升高就成为高元音 [ɯ]，而义乌话没有高元音 [ɯ] 单独充当韵腹的。

两个鼻音韵尾比较特殊。首先，义乌话里其他 7 个鼻音韵母都没发现加 [n] 韵现象。其次，这两个鼻音韵尾的情况说明义乌话"儿尾"音变的一个重要性质：附加的 [n] 具有音节性质，而不是前一音节的韵尾。表二里原韵母 [ən] 加 [n] 韵，韵腹没有保持原有的央元音，却变成前元音 [e]。一个合理的解释是：这样的音变受了原韵尾 [n] 的影响。原韵尾 [n] 具有前音特征，韵尾删除时，其前音特征转移到韵腹元音上，使原来的央元音变成前元音。这样解释带来两个必然结果：一、[ən] 中的 [n] 为原韵尾，[e:n] 中的 [n] 为附加音节 [n]，两个 [n] 的音韵性质不同。二、附加音节 [n] 对所附音节不发生直接影响；表二的音素变化，发生在原音节加儿尾之前，由音节删除

[①] 韵母 [ɤɯ, iəɯ] 的韵腹元音可能是 [ɤ]。因为 [ə] 在韵尾 [ɯ] 前很难保存央中元音的地位。除鼻音韵母外，这是两个唯一以央中元音 [ə] 为韵腹的韵母（连同它们的 [n] 韵形式）。义乌话里 [ə]、[ɤ] 的音韵地位不对立。

原韵尾而引起的变化。

表二原韵母［oʊ］变成［o: n］支持以上解释。它说明删除原韵尾［ʊ］，加上后附音节［n］，原韵腹未发生变化。因为被删除的原韵尾［ʊ］具有后音特征，这个后音特征与韵腹后元音［o］一致，所以附加的后附音素［n］，对原韵腹元音没有产生影响。

再来讨论韵变后的元音变长。从生成音系学看，元音长短，代表所处音节的重量不同。长元音重，短元音轻。衡量音节的轻重，是为了分析音节的韵律功能，分析音素在音节韵律结构中所处的不同地位。生成音系学用"莫拉"表示音节的重量单位，短元音为一个莫拉，长元音为两个莫拉。韵核元音前的成分在韵律上无重量，所以不占莫拉。莫拉介于音节单位和音素串这两个层面之间，它上挂音节，下连音素。例如，音节［ta］、［tai］、［tan］、［ta:］，音节单位（用S代表）、莫拉（用m代表）、音素之间关系可以分别表示为（1a）至（1d）。

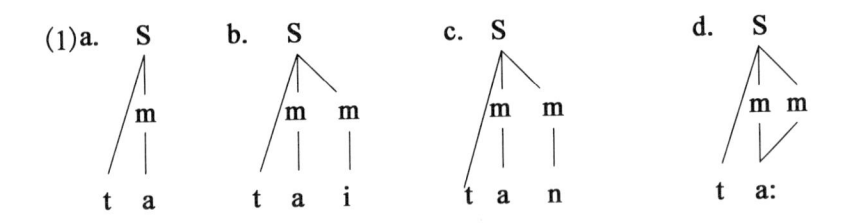

(1)a. S   b. S   c. S   d. S
     | /\   /\   /\
     m   m m   m m   m m
     | | | | | \|
     t a   t a i t a n   t a:

北方话没有长短元音的对立。除轻声、儿化音节外，一般音节都是重音节，所以每个带调的音节都是两个莫拉（Duanmu 1993）。端木还认为，上海话没有元音韵尾，也没有辅音韵尾（有鼻化元音），所以上海话音节的轻重，即莫拉的多少，只在重读时显示其重（两个莫拉），在弱读时显示其轻（一个莫拉）。所以，北方话音节和上海话音节的区别是：北方话音节一般是两个莫拉，而上海话音节重量不确定，只能在句中确定。从音节重量的角度对上海话音节的认识，也适合于苏州话和嘉定话①，这些方言都没有元音韵尾，鼻音韵母可以分析为鼻化元音。但这不适合有元音韵尾的义乌话。义乌话音节的韵律结构与北方话相

---

① 苏州话材料见叶祥苓《苏州方言词典》，江苏教育出版社1993年版。嘉定话材料见汤珍珠、陈忠敏《嘉定方言研究》，社会科学文献出版社1993年版。

同，有两个莫拉，儿尾[n]是另一个附加莫拉。例如，表二"鞋"的韵律结构为（2a），加上[n]音节，成为复合音节（2b）。（2c）的儿化复合音节[a:n]，区别于非儿化的单音节文读韵母[an]。（2a）有两个莫拉，（2c）有三个。（2a）的元音长音为隐性的，（2c）的则为显性的，加儿尾以后才显示。

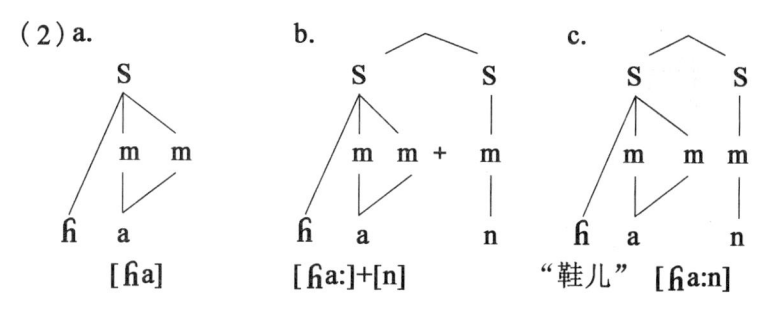

(2) a.　　　　　　b.　　　　　　　c.

```
        S                 S       S              S     S
       /|\               /|\      |             / \   /|
      m m              m  m   +   m            m  m-m
       \|               \|        |             \|   |
        a                a        n              a   n
       ɦ                ɦ                       ɦ
      [ɦa]            [ɦa:]+[n]              "鞋儿" [ɦa:n]
```

现在讨论发生音素变化的韵母。先看韵母[əɯ]，以表二的"钩儿"为例。单音节"钩"的音节韵律结构有两个莫拉，分别与韵腹和韵尾连接，如（3a）。加儿尾[n]时，原韵尾[ɯ]被删除，如（3b）。韵腹元音[ə]向空置的莫拉延伸，占据两个莫拉，[ə]变成长元音，如（3c）。

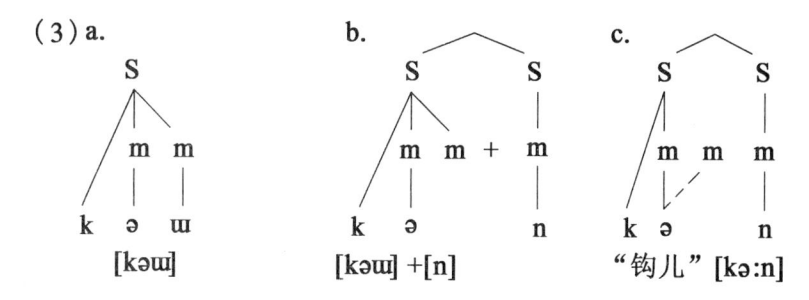

(3) a.　　　　　　b.　　　　　　　c.

```
        S                 S       S              S     S
       /|\               /|\      |             / \   /|
      m m              m  m   +   m            m  m-m
      |  |              |  |      |             \|   |
      k ə ɯ            k  ə       n             k ə  n
       [kəɯ]          [kəɯ]+[n]               "钩儿"[kə:n]
```

再看韵母[ai]，以表二的"塞儿"为例。"塞"的韵尾前高元音[i]有区别性特征[-低、+前]。在底层结构，区别性特征[-低、+前]与音段[i]分列，如（4a）。当删除韵尾[i]时，它的区别性特征[-低、+前]仍保留，如（4b）。韵腹元音V向后一个莫拉延伸，它也融合了与该莫拉相连接的区别性特征[-低、+前]，加上韵腹元音原有的特征[-高]，使得韵腹元音具有[-高、-低、+前]的特征，如（4c）。这些特征使得韵腹元音生成为义乌话的前、次高元音[e]，如（4d）。

(4) a.

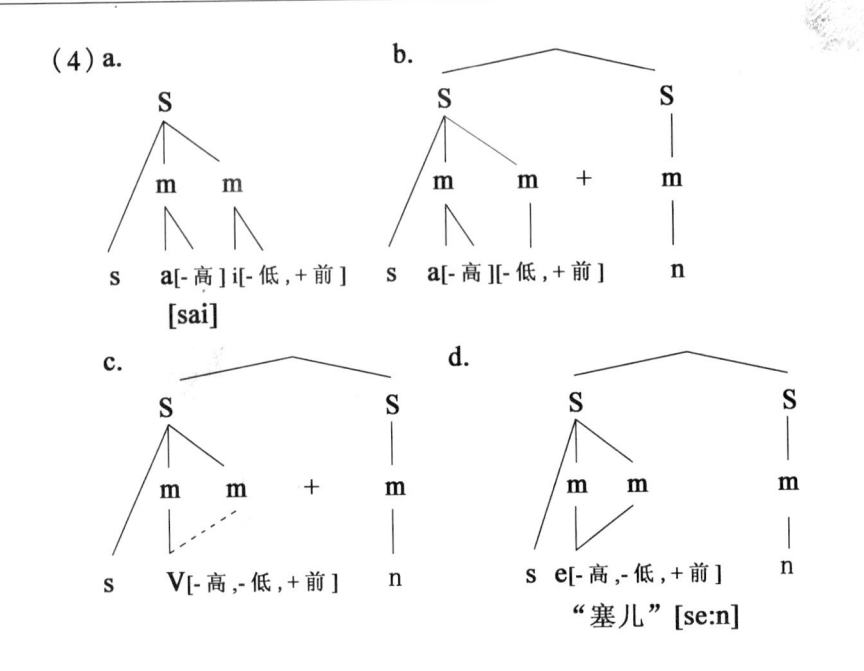

```
        S
       / \
      m   m
      |\  |\
      s a[-高] i[-低,+前]
         [sai]
```

b.
```
        S           S
       /|\          |
      m m +         m
      | |           |
      s a[-高][-低,+前] n
```

c.
```
        S           S
       /|\          |
      m m +         m
      |  ⋮          |
      s  V[-高,-低,+前] n
```

d.
```
         S           S
        /|\          |
       m m           m
       |/            |
       s e[-高,-低,+前] n
          "塞儿" [se:n]
```

再看韵母［au］，以表二的"桌"［tsau］为例。它的韵尾后、高、圆唇元音［u］有区别性特征［-低、+后、+圆］。在底层结构里，这三个特征与音段［u］分开，如（5a）。当儿尾音变需要删除韵尾音段［u］，［u］的区别性特征［-低、+后、+圆］仍保留，如（5b）。韵腹元音 V 向后一个莫拉延伸，同时融合了后一莫拉的特征［-低、+后、+圆］，使得韵腹元音具有区别性特征［-高、-低、+后、+圆］，如（5c）。根据这些特征，韵腹生成为义乌话的后、次高、圆唇元音［o］，如（5d）。

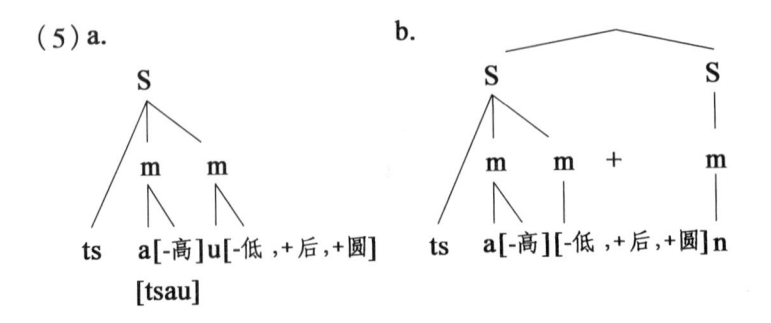

(5) a.
```
        S
       / \
      m   m
      |\  |\
      ts a[-高] u[-低,+后,+圆]
         [tsau]
```

b.
```
        S           S
       /|\          |
      m m +         m
      | |           |
      ts a[-高][-低,+后,+圆] n
```

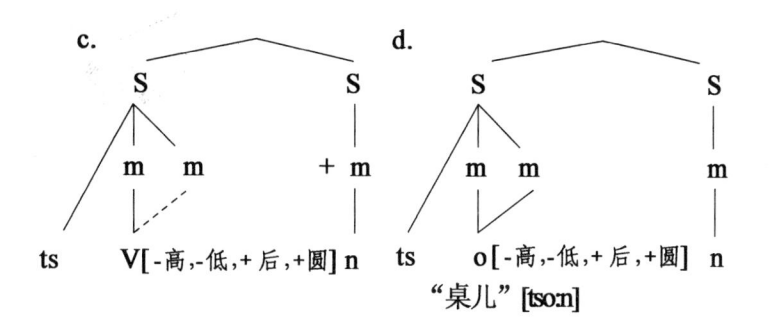

```
        c.                                    d.
         S         S                           S              S
        / \        |                          / \             |
       m   m       + m                       m   m            m
       |   :       |                         \ /              |
       ts  V[-高,-低,+后,+圆] n              ts  o[-高,-低,+后,+圆] n
              "桌儿" [tsoːn]
```

综上所述,义乌话由加儿尾而产生的元音变化,删除原韵尾是其音变的直接起因,所加的儿尾［n］并没有直接引起音素变化。这一点说明,汉语音节变化是在音节内部发生,音变不超越音节的界限,甚至不跨越辅音。

二 浙江吴语的儿尾及其音变

据报道,浙江吴语六个方言区都存在不同形式的儿尾音变,可分为甲、乙、丙、丁四类。甲类包括处衢片、温州片、婺州片的金华小片、浙江太湖片的杭州、余杭。这一类方言里,儿尾是独立的音节,附于词根后,所附音节不受儿尾的影响。如"儿"在处衢片念［ni］或［nie］,作儿尾时加在词根后,所附音节不受儿尾的影响。温州片的"儿"念［ŋ］或［n］,作儿尾时加在词根后,所附音节也不发生音变。有报道说处衢片的平阳方言,儿尾黏附于前音节,同时儿尾前的元音变长,但没像义乌话那样删除原韵尾,元音也没发生音变。所以,仍可把这一方言归入甲类。太湖片的余杭话"儿"念［n］或［ŋ］,而杭州话念［əl］,后者明显受了北方话的影响。

乙类代表是婺州片的永康话。这一类的方言里,表示小称意义的词形不是儿尾,而是特殊的变调形式。如永康话的平声、阴上、阳上、阴去、阳去都分别有自己的小称变调。

丙类以义乌话为代表,它的特征是词根音节后加［n］,词根原韵尾删除,并影响韵腹,引起音素变化,同时元音加长。这一类的后缀［n］虽然独立,但不像甲类那样完全游离于词根音节,它通过删除韵尾而使得前一音节的韵腹发生变化。它与前一音节的关系不像甲类那样松散,所以我们将这样的词根加词缀称为复合音节。

丁类包括婺州片的武义话、台州片和甬江片。这一类的特点是既有变韵，又有变调。先看武义话例子。有一部分字只变韵，不变调；另一部分字只变调，不变韵。变韵的规律是开口韵变成 [ən] 或 [aŋ]，齐齿韵变成 [iən] 或 [iaŋ]，合口韵变成 [uən] 或 [uaŋ]，撮口韵变成 [yən] 或 [yaŋ]。变调的规律是不论原调什么样，都变成短降调43。但是，同一个韵母，例如 [uo]，有的字变韵，如"（八）哥 [kuo] 儿"是 [kuən]；有的字变调，如"鹅 [ŋuo]²¹³ 儿"是 [ŋuo]⁴³。变韵还是变调，找不到规律。如果我们把这种分化归于历史的影响，那么，现代武义话的儿尾变韵，跟义乌话比起来，简单得多，也规则得多。

台州片的温岭话变音则为另一番景象①。根据李荣的研究，平声字变升调，仄声字变降调，而其中的入声字既变调，又变韵。表三说明温岭话入声韵的变韵情况。

表三　　　　　　　　温岭话入声韵的变音

	增加韵尾的音变 （A类）	增加元音或变换元音的音变 （B类）		
	增加鼻音	增加元音	变换元音	变换元音并增加鼻音
I	iʔ→in 壁 yʔ→yn 橘	iʔ→ie 蝶 yʔ→yø 刷		
II	əʔ→ən 佛 uəʔ→uən 窟		əʔ→ɛ 鸭 iəʔ→iɛ 荚 uəʔ→uɛ 刮	
III	ø ʔ→øn 粒			
IV	aʔ→ā 伯 iaʔ→iā 鹊 uaʔ→uā 划			
V	ɤʔ→ɤ̃ 黑			
VI				oʔ→õ 凿 oʔ→uŋ 六 uoʔ→uõ 镬 uoʔ→uŋ 屋 yoʔ→yõ 桌 yoʔ→yuŋ 粥

---

① 温岭话材料来自李荣"温岭方言语音分析"，《中国语文》1966年第1期和李荣"温岭方言的音变"，《中国语文》1978年第2期。

据李荣报道，温岭话鼻音韵尾的分布视韵腹元音的高低前后而定，低元音和半低元音是鼻化的。在高元音和半高元音中，前元音和央元音是［n］尾，后元音是［ŋ］尾。鼻化元音可以分析为元音加［ŋ］尾。表三入声韵 A 类"增加鼻音"（也包括 B 类的"变换元音并增加鼻音"）的情况也符合这个分布规律。据李荣分析，入声韵 A 类"增加鼻音"的音变（下面简称 A 类）和 B 类"增加元音或变换元音"的音变（下面简称 B 类），其分化条件主要是来源不同，即来自中古不同的韵部。本音为高元音［iʔ，yʔ］者（表三 I 行），A 类的来自古深臻曾梗摄（中古以非低元音为韵腹），B 类的来自古山咸摄（中古以低元音为韵腹）。韵腹本音为央元音［əʔ］者（表三 II 行），A 类的来自古深臻摄，B 类的来自古山咸摄。韵腹本音为后元音［oʔ］者（表三 VI 行 B 类），元音变［u］的来自古通曾摄（中古以非低元音为韵腹），元音变［õ］的来自古宕江摄（中古以低元音为韵腹）。表三的 III、IV、V 行不发生分化。从上所知，温岭话的入声字变韵虽然复杂，但基本上根据字的古音分类，变韵的情况古已有之。所以，现代温岭话的变韵，不像现代义乌话那样，变音由加儿尾［n］所引起。

甬江片定海话的儿尾也是既变调，又变韵。据方松熹观察，这一带变韵的儿尾已基本消失，但在少数词语中残存。现将他提供的二十个例字的变韵列于表四。

表四　　　　　　　　　　定海话的变音

增加韵尾的音变	变换元音的音变	
增加鼻音	变换元音	变换元音并增加鼻音
oʔ→oŋ 叔 i→ĩ 鸡、味	a→ɛ 牌 ia→iɛ 奶、茄 ua→uɛ 娃 ɔ→ɛ 猫 ɐʔ→ø 鸭 iəʔ→iu 脊	ɐʔ→ĩ 帕 ɐʔ→ã 伯 iɐʔ→iã 雀、脚 o→õ 虾、鸡 au→ø̃ 鹅 au→ũ 果 ai→ĩ 狗、锯

比较表三的温岭话和表四的定海话，有两点不同。一、温岭话只有入声字变换元音，舒声字没有变韵，而定海话的舒声字和入声字都可以变换元音；二、温岭话的变韵是规则的，而定海话的变韵无规则。从这

仅有的二十个例字看出，定海话原有的变音（古代音系）可能比温岭话更复杂。但是，它们不像现代义乌话那样，是由词根加词缀而所引起的语音变化。所以，虽然台州片和甬江片的变音很复杂，但都是历史音变的残留，与现代义乌话的变音不属于同一性质。

总而言之，在浙江吴语儿尾音变的甲、乙、丙、丁四种类型中，如不考虑历史音变的影响，只考察现代语言儿尾所引起的语音变化，则丙类的义乌话最具代表性。它通过词根音节后加儿尾 [n]，使得原韵尾删除，并由原韵尾的区别性特征转移而引起韵腹元音的规则变化。

三 北方话的儿化音变

北京话的儿化韵，在词的构形上，是词根加后缀；在音节结构上，是词根音节后面附加卷舌音素。据报道，北京话韵母儿化可分三类。第一类是词根音节的后一个元音加上卷舌动作 [ɹ]，如韵母 [ᴀ, o, ɤ, u, iᴀ, uᴀ, uo, ɑu, iɑu, ou, iou, iɛ, yɛ]①。第二类是词根音节先删除后一个音素，再加上卷舌动作，例如词根音节以 [i]、[n] 收尾的。以 [ŋ] 收尾的，删除 [ŋ]，韵腹元音鼻化，再加上卷舌动作。第三类是在韵腹前高元音 [i]、[y] 后面添加卷舌音素 [ɚ]，或者用 [ɚ] 替代舌尖元音。以上北京话的三类儿化音变，都不涉及韵腹元音在音位意义上的变化。

河南开封话有一种 [u] 化韵，即名词后加元音 [u]，意义相当于北京话的名词后缀"子"②。如"叉"单念 [tʂʻa]，表示"叉子"时念 [tʂʻau]；"刷"单念 [ʂua]，表示"刷子"时念 [ʂuau]。开封话共有十二个韵母可以 [u] 化，它们是 [ɿ, i, a, ia, ua, ɤ, uɤ, iɛ, yɛ, ai, uai, ei]。这些韵母 [u] 化后，有的原韵母不发生变化，如韵母 [a, ia, ua] 变成 [au, iau, uau]。有的原韵腹元音产生音变，如韵母 [ɿ] 变成 [ou]，韵母 [i] 变成 [iou]，元音 [ɤ, ɛ] 变成 [a]。这些单元音韵母的音变，没有规则能解释。有趣的是三个原本带 [i] 韵

---

① 北京话见鲁允中《普通话的轻声和儿化》，商务印书馆1995年版。其中有些元音略有变化，但没有音位学上的意义。
② 开封话材料来自刘冬冰"开封方言记略"，《方言》1997年第4期。

尾的韵变：［ai］变成［iau］①，［uai］变成［iau］，［ei］变成［iou］②。例如："孩"［xai］变成［xiau］，"麦"［mai］变成［miau］，"筷"［kʻuai］变成［kʻiau］，"痱"［fei］变成［fiou］，"妹"［mei］变成［miou］。原音节带［i］韵尾的音变可用自主音段理论来解释，当带［i］尾的韵母发生［u］化时，在滑音层面上，核心元音后面的韵尾滑音［i］移至核心元音前面。位移的结果，或者音节添加韵头，如［ai］变成［iau］，［ei］变成［iou］；或者取代原来的韵头，如［uai］变成［iau］。

开封话的例子说明，在韵母［u］化过程中，滑音［i］在核心元音后面的位置被新加的韵尾［u］占据以后，韵尾滑音［i］没有因此而消失，也没有将特征转移到邻近元音上，而是在滑音层面上前移，取代原有的韵头滑音［u］。在韵头位置上滑音［i］取代［u］这一点，可以说滑音［i］跟核心元音的紧密度，大于滑音［u］跟核心元音的紧密度。

然而，在韵尾位置上，北方话里更多的是韵尾［i］跟核心元音的紧密度不如韵尾［u］跟核心元音的关系，如北京话、河南的遂平、泌阳、山东德州、寿光等方言③。这些方言的儿化韵里，原韵母的韵尾［i］都失去，而原韵母的韵尾［u］都或多或少保留在儿化韵里。

四 优选论对义乌话儿尾音变的分析

目前流行的优选论，用一套限制及其特定的等级来解释音变现象。林艳惠（Lin 2001）用优选论分析义乌话儿尾音变。她认为义乌话添加［n］尾有甲、乙两种不同类型。甲类，添加的［n］尾成为词根尾音，不发生元音变化，如［to］+［n］→［toːn］"刀儿"，［doŋ］+［n］→［doːn］"桶儿"；乙类，添加的［n］尾成为词根尾音，并引

---

① 当声母为卷舌音时，韵母［ai］的［u］化形式是［au］，不是［iau］。因为卷舌声母不拼齐齿呼韵母。
② 开封话共有四个［i］尾韵母，其中韵母［uei］不发生［u］化，原因不明。
③ 河南遂平方言见丁声树"河南省遂平方言记略"，《方言》1989年第2期。泌阳方言见李宇明"泌阳方言的儿化及儿化闪化"，《方言》1996年第4期。德州方言见曹延杰"德州方言地名读音"，《方言》1997年第1期。寿光方言见张树铮"山东寿光北部方言的儿化"，《方言》1996年第4期。

起词根元音变化，如［tsau］+［n］→［tsoːn］"桌儿"。两类都是单音节。甲类的限定及其等级是：一、词缀非音节；二、词缀的每个输入成分都有相应的输出成分；三、词根的每个输入成分都有相应的输出成分。例如［doŋ］+［n］→［doːn］，其输出形式满足了限定一、二，只是违反了属于最低等级的限定三（排列次序居最后），所以［doːn］成为最佳选择。而乙类"桌儿"［tsau］+［n］→［tsoːn］的输出形式满足限定一、二，也满足限定三，因为输出形式［o］保留了输入形式［a］和［u］两者的部分区别性特征。为了得到最佳选择［tsoːn］，必须增加一个最低等级的限定四，即任何一个输出形式不能与输入形式多边对应。所以，用一套有等级次序的四个限定就能概括义乌话甲、乙两类儿尾音变。

五 余论

本节讨论了义乌话儿尾音变为词根后加［n］音节，删除原词根韵尾，并影响词根韵腹。例如，韵母［iɯɤ］的儿尾音变形式为［iɯɤːn］"（纸）鹞儿"［jiɯɤːn］。根据义乌话儿尾音变规律，韵母［iɯɤ］的韵腹或者是［ɤ］，或者是［ɯɤ］。如果是前者，则［-iɯ-］为复合元音作韵头；如果是后者，则［ɯɤ］为复合元音充当韵腹。复合元音作韵头还是韵腹，跟汉语音节结构有关。我们根据闽语的所谓"复合韵尾"现象，把带辅音起首和辅音尾音的音节结构分析为（6a），不带辅音的音节结构为（6b）。（6a）的树形结构表示音节核心从下往上折射，即音节有一个核心N，核心元音用V表示。这个元音也是音节中响度最大的，其自身可以独立成为一个音节，所以用直线向上折射。核心中如有滑音G，滑音为核心的辅助成分，以斜线向上折射表示[①]。如音节有辅音尾音C，N加上尾音C折射为N'。如果音节有辅音起首C，N'再加起首折射为N"。如果是不带辅音的音节，像（6b），滑音就成为音节的起首或尾音。

[①] 从层次上说，（6a）V前的滑音和V后的滑音可能不在一个层面上，音节的折射层当然就不止三层。（6a）的韵核不再分层次，是为了简单。

(6) a.
```
       N"
      /|
     / N'
    /  |
    |  N
    | /|\
    C G V G C
```

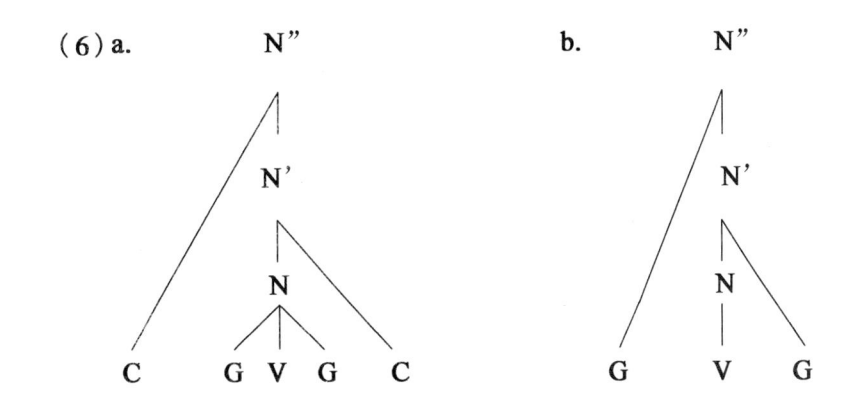

b.
```
     N"
    /|
   / N'
  /  |
  |  N
  |  |
  G  V  G
```

如果把义乌话韵母［iɯɤ］分析为复合元音作韵头，则"鹬"［jiɯɤ］的音节结构为（7a）；如把韵母［iɯɤ］中的复合元音［ɯɤ］当韵腹，则"鹬"［jiɯɤ］的音节结构为（7b）。

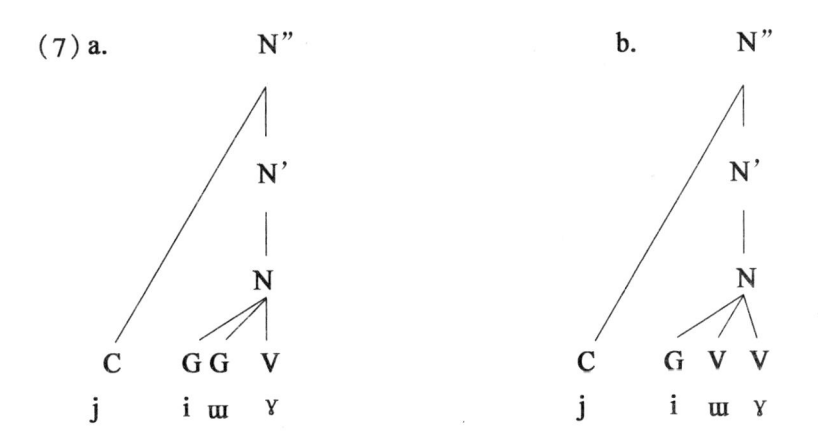

(7) a.
```
        N"
       /|
      / N'
     /  |
     |  N
     | /\
     C G G V
     j i ɯ ɤ
```

b.
```
       N"
      /|
     / N'
    /  |
    |  N
    | /\
    C G V V
    j i ɯ ɤ
```

比较（7a）和（7b），两者结构上并无分别，只是对音素［ɯ］的性质，前者标为滑音，后者标为元音。但（7b）的折射不符合（6）的音节核心向上直射的规律，所以我们采用（7a）的折射分析，把［ɯ］标为滑音，把［-iɯ-］分析为复合元音作韵头。以此类推，表一中的韵母［ɯɤ］、［ɯa］应该分析为具有韵头滑音［ɯ］，它们也就不属于汉语传统的开口韵了。至于义乌话的四呼特征及其分类，不在本节讨论范围内。

第三节 元音谐和

元音谐和指在一个特定的语音范围内，对一组元音的限制。这个特定的语音范围通常为词。所谓元音谐和系统可以这样定义：某个语言的元音，分为若干按语音特征分类、有交叉关系的小类；区分的条件是，一个词的元音属于同一小类。大多数元音谐和，从语音上一目了然。一个词的元音都具有一个共同的语音特征，比如舌位的高低、舌位的前后、嘴唇的圆展、肌肉的松紧、鼻音性、舌根前伸（Advancement of the Tongue Root，简称 ATR）等。

区别性特征不是无组织的自由混合，而是分为自然音集（见本书第一章）。口腔元音的主动发声器，可以分成嘴唇、舌冠、舌体（dorsal）；嘴唇的特征有圆展，舌冠的特征有龈前和宽阻，舌体的特征有高、低、后。这样，元音的区别性特征就可以按照口腔发声器归类、综合。分析元音谐和，可以从口腔发声器的不同部位入手。比如，一个元音对其邻近元音的影响，常常是舌体特征的同化，而不管鼻腔或咽腔的状态。

元音谐和的典型例子是土耳其语。请看下列土耳其语的名词词形变化（[ɨ] 是央元音，[ü]、[ö] 是前元音）（引自 Goldsmith 1990）。

(1) 土耳其语名词词形变化

词义	词根	名词单数	名词复数	属格单数	属格复数
绳子	ip	ip	ip-ler	ip-in	ip-ler-in
女孩	kɨz	kɨz	kɨz-lar	kɨz-ɨn	kɨz-lar-ɨn
脸	yüz	yüz	yüz-ler	yüz-ün	yüz-ler-in
邮票	pul	pul	pul-lar	pul-un	pul-lar-ɨn
手	el	el	el-ler	el-in	el-ler-in
茎	sap	sap	sap-lar	sap-ɨn	sap-lar-ɨn
村庄	köy	köy	köy-ler	köy-ün	köy-ler-in
末尾	son	son	son-lar	son-un	son-lar-ɨn

土耳其语有八个元音 [u, a, i, o, ü, e, ö, ɨ]，其特征排列如(2)。

（2）土耳其语元音区别性特征

u［+圆唇、+后、−低］
a［−圆唇、+后、+低］
i［−圆唇、−后、−低］
o［+圆唇、+后、+低］
ü［+圆唇、−后、−低］
e［−圆唇、−后、+低］
ö［+圆唇、−后、+低］
ɨ［−圆唇、+后、−低］

对于土耳其语后缀的元音变化，传统的解释是：一、词里的所有元音在［后］特征上都一致，如果词根元音为前元音［i, ü, e, ö］，名词复数后缀的元音就为前元音［e］，如（1）的"绳子"、"脸"、"手"、"村庄"。二、对于后缀的高元音，当词根元音为圆唇元音，后缀高元音也变圆唇，如（1）属格单数的后缀的元音，即词根元音为圆唇元音［u, ü, o, ö］，后缀元音则变成［u, ü］，如"脸"、"邮票"、"村庄"、"末尾"。

按照自主音段音系理论，各个元音性特征具有自主音段的性质。如果元音属于一个元音层（plate），它们的特征就属于不同的面。一个层可以有若干个面。土耳其语的元音性特征［圆唇］、［后］、［低］就属于三个不同的面。土耳其语元音谐和包括了两个元音性特征的延伸程序：一个是［后］特征延伸，一个是［圆唇］特征延伸。让我们先看［后］特征的延伸。例（1）的 el-ler "手"（名词复数），词根元音有［−后］特征，这一特征也延伸到后缀元音上，使得后缀元音变成［e］。el-ler "手"的元音性特征可以表示为（3）。

(3) el-ler "手"（名词复数）元音层与三个特征面

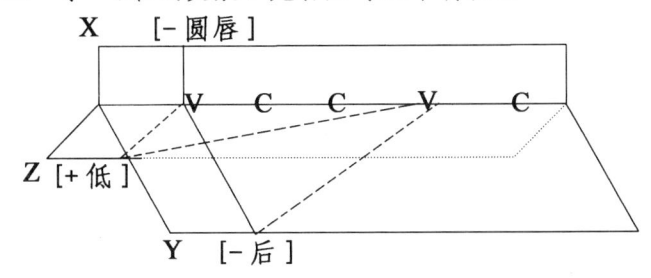

上图的三个面 X、Y、Z 分别代表［圆唇］、［后］、［低］三个特征面。在三个面的交叉点，是 el-ler 对应的元音层 V（CC）V（C）（辅音 C 不计）。X 面的［圆唇］特征延伸则受到限制，因为只有高元音接受［圆唇］特征的延伸，低元音［e］不接受。在 Y 面，词根元音［e］的［－后］特征，延伸到后缀元音，图中 Y 面的那条虚线，代表［－后］特征从词根元音延伸到后缀元音。在 Z 面，词根元音［e］的［＋低］的特征也延伸到后缀元音。

如果词根元音为高元音，［圆唇］特征就能够延伸。（1）的 pul-un "邮票"（属格单数），词根元音为高元音［u］。在（4）的 X 面，它的［＋圆唇］特征可以延伸到后缀元音，使得后缀元音也成为［u］。

(4) pul-un "邮票"（属格单数）元音层与三个特征面

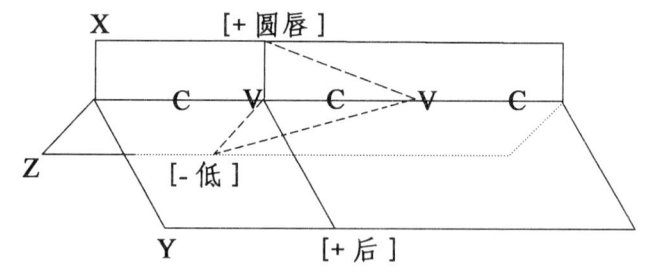

此外，X 面的［圆唇］特征延伸，不能越过非高元音去影响后缀元音，如（1）属格复数的 yüz-ler-in "脸"、pul-lar-ɨn "邮票"、köy-ler-in "村庄"、son-lar-ɨn "末尾"，它们词根元音的［圆唇］特征，没有延伸到属格后缀上，因为中间隔了非高元音的复数后缀。

下面再举非洲西部塞内加尔 Wolof 语言的元音谐和现象，说明传统线性分析的不足（引自 Kenstowicz 1994）。

Wolof 语言的元音分两类：一类发音时舌根前伸，即有［＋ATR］特征，咽腔增大，如元音［i, u, é, ó, ë］；另一类不发生舌根前伸，即有［－ATR］特征，如元音［e, o, a］。研究者发现，这个语言不存在两类元音混杂的词根。

（5）［＋ATR］词根

béréb	地方
gétën	扰乱
jéégó	踏
gëléém	骆驼
xóóyël	稀释

［-ATR］词根

doole	力量
cere	一道菜名
lempo	税
xandoor	打鼾
nelaw	睡觉

线性分析认为，元音谐和是一个音段对另一个音段的影响。但是，对于（5），我们却无法知道哪个元音引发了整个词的元音谐和。

有人提出，Wolof 语言的元音谐和不是哪个词根元音的功能，而是整个词根的特性。再结合自主音段理论的"一与多"的对应关系，就可以从语音上说明 Wolof 语言的元音谐和。每个词根在词库里选择［＋ATR］或者［-ATR］的特性，这个特性自成一个元音特征面。自主音段音系理论认为，元音谐和系统的各个元音性特征，都具有自主音段的性质。本来属于一个元音音段的特征，可以扩散延伸到整个词的元音上。换句话说，元音谐和系统，就是某个元音特征，失去与骨骼层面原有的一对一联系，变成多重连接（Goldsmith 1990）。

自主音段理论对元音谐和的分析，可以解释那些线性理论不能解释的问题。比如 Wolof 语言的施事后缀［kat］具有［-ATR］的特征，它不受前面词根［＋ATR］的影响，如（6a）；但它却对自己后面的属格后缀（am～ëm）发生影响，使之具有［-ATR］特征，如（6b）。

(6) a. 词根＋施事后缀 kat

tëgg-kat	鼓手
fóót-kat	洗衣人
ligééy-kat	工人

togg-kat　　　　厨师

jangale-kat　　　老师

b. 词根＋施事后缀 kat＋属格后缀 am（［－ATR］）或者 ëm（［＋ATR］）

tëgg-kat-am　　　他的鼓手

fóót-kat-am　　　他的洗衣人

ligééy-kat-am　　他的工人

togg-kat-am　　　他的厨师

jangale-kat-am　　他的老师

（6b）施事后缀［kat］的元音［a］在这个语言是个阻导元音（opaque vowel），它使得后面的元音与自己谐和，却阻止前面的元音对自己的谐和。线性论就无法解释这种不对称现象。用自主音段的方法表示，（6b）里 fóót-kat-am "他的洗衣人"，其施事后缀［kat］有其自身的［－ATR］特征，如（7a）；施事后缀［－ATR］特征阻止前面词根元音［＋ATR］的延伸，如（7b）；而它自己的［－ATR］特征却延伸到属格后缀的元音上，如（7c）。

(7) 阻导元音 [a] 对特征的延伸与阻止

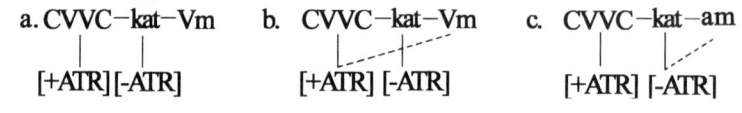

　　a. CVVC–kat–Vm　　b. CVVC–kat–Vm　　c. CVVC–kat–am
　　　　│　　│　　　　　　　│　　│　　　　　　　│　　│
　　［+ATR］[-ATR]　　　　[+ATR] [-ATR]　　　　[+ATR] [-ATR]

以上介绍的元音谐和在汉语方言里不见报道。这是因为汉语是以单音节语素为主的语言，形态变化极少。本章第二节分析的浙江义乌话单音节加［n］尾而引起的元音变化，不属于元音谐和现象。但是，这个汉语方言由删除原韵尾而引起的韵腹元音变化，则可分析为元音层面上区别性特征的转移，其原理与元音谐和有相似性。

第四节　鼻音谐和

在讨论鼻音谐和以前，先分析鼻音与口腔音的关系。在许多语言里，可以看见一个鼻音音加一个口腔音时，鼻音音素的口腔发音部位要随后面的口腔音而定。据报道，非洲利比亚的 Kpelle 语言，第一人称所有格前缀是个鼻音，这个鼻音的实际语音形式，必须根据后面所连接的词根而定，如（1）（引自 Kenstowicz 1994）。

（1）　　鼻音前缀 + 词根　　　词义
　　　　　mbolu　　　　　　　我的背
　　　　　ndia　　　　　　　　我的禁忌
　　　　　ŋgɔɔ　　　　　　　　我的脚
　　　　　mvela　　　　　　　我的报酬
　　　　　njua　　　　　　　　我的鼻子

Kpelle 语言的鼻音前缀/N/，在唇音（包括唇齿音）前是 [m]，在舌冠音前是 [n]，在舌体音前是 [ŋ]。用 SPE 的模式表达，诸如此类的鼻音同化表示为音变公式（2）。

$$(2)\quad [+鼻音] \rightarrow \begin{bmatrix} \alpha\,舌冠 \\ \beta\,龈前 \\ \gamma\,后 \\ \delta\,宽阻 \end{bmatrix} \Big/ \underline{\quad} \begin{bmatrix} \alpha\,舌冠 \\ \beta\,龈前 \\ \gamma\,后 \\ \delta\,宽阻 \end{bmatrix}$$

这种表达法很不简洁。按照特征几何学的做法，将口腔发声器各个部位分类，再将它们放在一个叫作"部位"的节点下。先中断鼻音音素与"部位"的连接（如果有连接的话），再将后一个音素的"部位"节点延伸到前一个音素上，（2）就可以表示为（3），其中的虚线表示"部位"节点的延伸。

（3）Kpelle 鼻音前缀 + 词根鼻音谐和的特征树形结构

在区别性特征树形结构里，跟鼻腔音有关的主动发音器是软腭；隶属于软腭的特征为鼻音性。鼻腔音的软腭发音器与口腔音的唇、舌冠、舌体等发音器，它们在特征树形里属于不同的节点。口腔音的唇、舌冠、舌体等发音器在特征树形里属于"部位"节点之下，鼻音性属于"软腭"节点之下。口腔音和鼻音在特征树形结构里的地位如（4）。

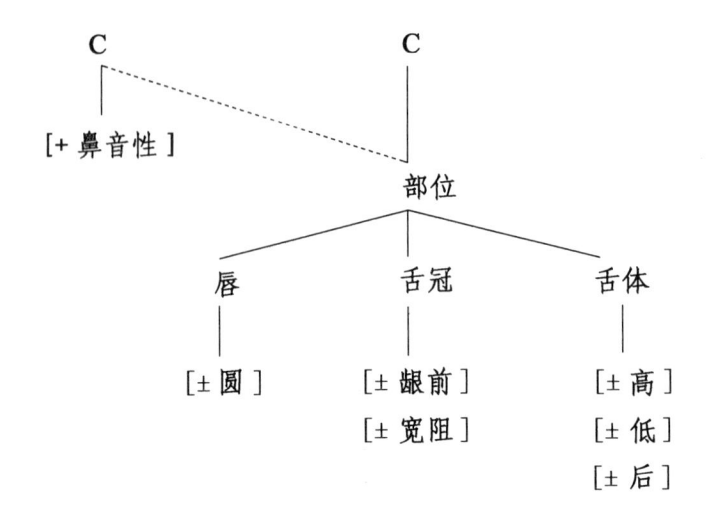

```
         C              C
         |              |
      [+鼻音性]          |
                       部位
                    /   |   \
                   唇  舌冠  舌体
                   |    |    |
                 [±圆] [±龈前] [±高]
                       [±宽阻] [±低]
                               [±后]
```

（4）口腔音、鼻音的特征树形结构

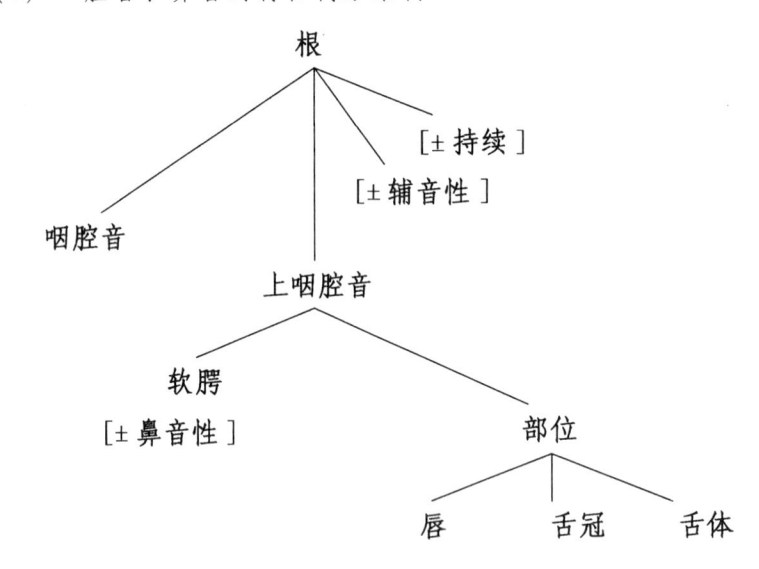

```
              根
         /    |    \
        /     |     [±持续]
       /     [±辅音性]
     咽腔音    |
             上咽腔音
            /        \
          软腭        部位
           |         / | \
        [±鼻音性]   唇 舌冠 舌体
```

从上图看出，鼻音性与口腔发音部位没有联系，所以鼻音不受口腔音的限制。

再举个例子。俄罗斯北部白令海峡附近的 Chukchee 语在唇、舌冠、舌体发音部位上，有鼻音和清塞音的对立。但在"塞音+鼻音"的辅音丛，后一个音素的鼻音特征延伸到前一个塞音音素上，使得前面的塞音也变成鼻音。这种从塞音到鼻音的变化，不因唇、舌冠、舌体等不同发音部位而受限制；见（5）（引自 Kenstowicz 1994）。

(5)　词义　　不定式(词根+后缀)　过去式(前缀+词根+后缀)
　　　磨碎　　pəne – k　　　　　　ge – mne – lin
　　　杀　　　təm – ək　　　　　　ga – nmə – len
　　　生长　　təŋe – k　　　　　　ge – nŋe – lin

当不定式里的 [ə] 在过去式消失后，"磨碎"不定式的塞音 [p] 在过去式里就变成与 [p] 口腔发音部位相同的鼻音 [m]；"杀"和"生长"不定式的塞音 [t] 就变成与 [t] 口腔发音部位相同的鼻音 [n]。

Chukchee 语"塞音+鼻音→鼻音"的变化，可以表示为后一个音素的软腭发音器的鼻音特征，延伸到前一个音素，如（6）。（6）的两个主要的特征面分别代表"软腭"和"部位"。"软腭"面上的虚线代表后一个音素的鼻音性延伸到前一个音素上。

(6) 软腭特征面上的鼻音性延伸

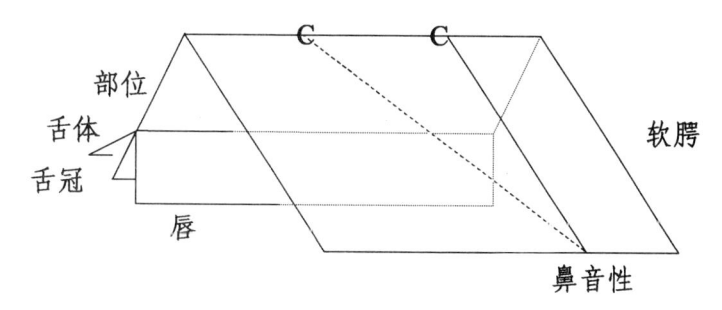

汉语厦门话有与此类似的情况。厦门话有口腔浊辅音声母 [b, l, g]，也有鼻腔辅音声母 [m, n, ŋ]。此外，厦门话的元音有鼻化和非鼻化的对立，如（7）（材料引自袁家骅等 1989）。

(7) 厦门话元音鼻化与非鼻化的对立
　　[a] 阿 ~ [ã] 监
　　[ɔ] 乌 ~ [ɔ̃] 摸
　　[e] 挨 ~ [ẽ] 婴

[i] 衣 ~ [ĩ] 丸
[ai] 哀 ~ [ãĩ] 爱
[au] 欧 ~ [ãĩ] 蜇
[iu] 优 ~ [ĩũ] 莺

厦门话口腔辅音声母 [b, l, g] 只出现在非鼻化韵母前，而鼻腔辅音声母 [m, n, ŋ] 只出现在鼻化韵母前，如 (8)。

(8) 口腔辅音声母　　　鼻腔辅音声母
　　麻　ba　　　　　　马　mã
　　锚　biau　　　　　毛　mãũ
　　来　lai　　　　　　奶　nãĩ
　　娘　liɔŋ　　　　　娘　nĩũ
　　五　gɔ　　　　　　五　ŋɔ̃
　　牙　ga　　　　　　雅　ŋã

厦门话的鼻腔辅音声母 [m, n, ŋ] 可以认为是受鼻音韵母影响而产生的，它们的底层形式分别是 /b, l, g/。/b/ 是口腔的唇音；/l/ 是舌尖音，属于口腔的舌冠部位；/g/ 是舌面后音，属于口腔的舌体部位。它们受元音鼻音特征的影响，由口腔音变成了鼻腔音。这种变化并没有局限于口腔的某一特定部位，比如舌体，或者舌冠，而是将厦门话所有的口腔浊辅音都变成了鼻腔音。

鼻音谐和，就是指某个音段的鼻音特性对其他音段的影响，这种影响不局限于相邻的音段。比戈德（Piggott 1992）把鼻音谐和分成两大类型。一种为较流行的 A 型，如马来语。它的鼻音谐和范围包括元音以及喉腔和口腔的滑音，塞音则阻导鼻音谐和，如 (9a)。另一种为 B 型，所有的响音都在谐和范围之内，阻塞音也具有传导性。美洲某些印第安语属于这种类型，见 (9b)（引自 Kenstowicz 1994）。

(9) a. 鼻音谐和 A 型（马来语）
　　　mĩnõm　　　　喝
　　　mãʔẽn　　　　玩
　　　mãkan　　　　吃

mãti	死
mãmpu	买得起
mãndi	洗澡
mĩŋgu	星期
məlaraŋ	禁止

b. 鼻音谐和 B 型（印第安语的 Guarani 语）

tũpã	受尊崇的人
tupa	床
pĩrĩ	颤抖
piri	突进

比戈德从特征几何学的角度分析鼻音特征在这两种类型里的差别。在 A 型，[鼻音] 属于软腭（Soft Palate，简称 SP）节点下的唯一特征；在 B 型，[鼻音] 属于自发浊化（Spontaneous Voicing，简称 SV）节点下的唯一特征。正像舌冠音不需要指定负价的唇音特征一样，非鼻音的音段也不需要指定 [−鼻音]。所以，除非音段被指定 [鼻音] 特征，否则，软口盖在发音时都是抬起的。对于 A 型马来语里的阻导辅音（塞音以及 [l, r]）中断鼻音特性的延伸，比戈德认为，这些阻导音段的"软腭"虽被指定，但这个"软腭"不具备终端特征 [鼻音]。马来语 mãkan "吃"的鼻音谐和可以表示为（10）。

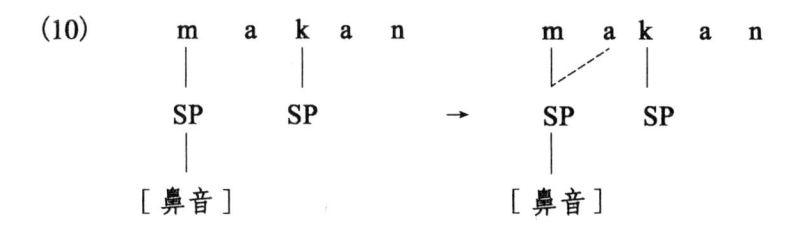

(10)
```
    m a k a n              m a k a n
    |   |                  |  ⋰ |
    SP  SP        →        SP    SP
    |                      |
   [鼻音]                  [鼻音]
```

鼻音谐和在（10）里可以表示为 SP 节点的延伸。根据连接线不能交叉的原则，不成熟（无终端特征）的 [k] 阻导了前面鼻音性的传导。马来语的喉塞音 [ʔ] 能传导鼻音，因为它没有口腔阻塞，所以允许 SP 的传导。此外，比戈德提出一条"最高实施规则"，要求延伸对准跟结果相对应的、特征树形上的最高节点。这就解释了为什么（10）的延伸不在终端层次发生，而在 SP 层次发生。

在鼻音谐和的 B 型（9b），塞音不阻止鼻音的延伸。在这类语言里，作为自主音段的［鼻音］特征，被标志在语素上。鼻音语素的响音和元音都鼻音化，口腔音语素则没有鼻音。在印第安语 Barasano 的语言里，鼻音语素有辅音［m, n, ŋ］，但口腔音语素没有这些鼻辅音，只有前鼻化的塞音［b, d, g］。比戈德认为，这些鼻音辅音在底层是非持续的响音，鼻音性不被指定。在鼻音语素里，这些非持续的响音，因连接［鼻音］音段而分别成为［m, n, ŋ］。在口腔音语素里，［b, d, g］的前鼻化成分，代表口腔发音器官在口腔闭塞的情况下，为了实现"自发浊化"而做的努力：这就是软腭下降，让气流流向鼻腔，使得声带振动。

为了表示鼻音谐和包括所有响音，而避开清塞音，比戈德把 B 型的［鼻音］特征隶属于"自发浊化"（SV）节点下，于是响音具有 SV，而清塞音没有 SV。［鼻音］延伸到所有的 SV，而越过没被指定 SV 的塞音。比如，（9b）的 tũpã"受尊崇的人"就可以表示为（11），（9b）的 pĩrĩ"颤抖"表示为（12）。

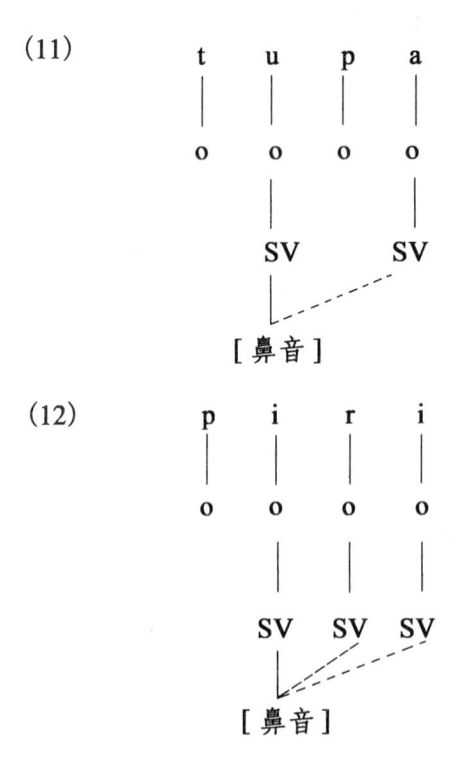

(11)
```
    t    u    p    a
    |    |    |    |
    o    o    o    o
         |         |
         SV        SV
          \       /
           [鼻音]
```

(12)
```
    p    i    r    i
    |    |    |    |
    o    o    o    o
         |    |    |
         SV   SV   SV
           \  |  /
            [鼻音]
```

综上所述，鼻音谐和以及上一节的元音谐和，都是某个音段（或者语素）的某个语音特性对其他音段的影响。自主音段理论把语音的各个特征看成一个独立的音段；特征几何学则进一步认为特征的传导与阻导，是由特征树形结构里各特征的地位所决定的。对特征树形结构里各特征之间的关系的研究，就产生了特征几何学。

第五节 其他同化现象

自主音段音系理论把谐和与同化看作某个音段（或者语素）的某个语音特性，延伸到其他音段上。前两节分析了元音谐和与鼻音谐和现象，本节再举一些同化的例子来说明自主音段音系学关于特征延伸的理论。

摩洛哥的 Berber 语言有一条语音规则，它使属格前缀/n/完全同化于后面的响辅音，但这个语素在清辅音前不变化，如（1）的"我的房子"和"二月"（引自 Kenstowicz 1994）。

  （1）属格前缀/n/同化于后面的响辅音
    n-taddart 我的房子
    n-fəbrayr 二月
    l-litub   我的书
    r-rəbbi   我的上帝
    m-məmmi 我的儿子
    w-wadu   风
    y-yizi   飞

有两种方法归纳以上的音变。自主音段音系学把它表示为（2a）（连接线上的"="代表中断连接），传统生成音系学把它表示为（2b）。

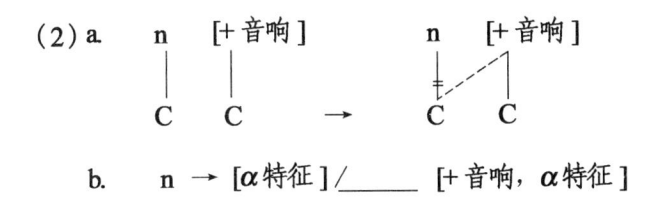

  （2）a. n [+音响]   n [+音响]
      | | | |
      C C → C C

    b. n → [α特征]/＿＿＿ [+音响, α特征]

Berber 语言还有一条"元音插入规则",就是在 C _ CC 中间插入元音 [ə]。而 (2a) 的 [+响音] 延伸发生在元音插入规则之前,因此,(2a) 的多重连接实际上等于重叠了辅音。而重叠的辅音不可分开,所以应该抵制元音的插入。(3) 的例子如"我的威士忌"等证明这种推测是正确的。

(3)　　nə-tra čča　　我的网
　　　　nə-bnadəm　　人
　　　　l-lwiski　　我的威士忌
　　　　m-mšərḍul　　我的悲伤
　　　　w-wtəm　　我的男人
　　　　y-ysan　　我的马

研究者发现,这个语言里不存在像 *lə-lwiski、*yə-ysan 之类的发音。如果 (2a) 实施在元音插入规则之前,就能产生正确读音。像 (3) 的 w-wtəm "我的男人"这样的形式,表示为 (4) 的词根首音素 [w] 的多重连接,它阻止了音段层的元音插入。

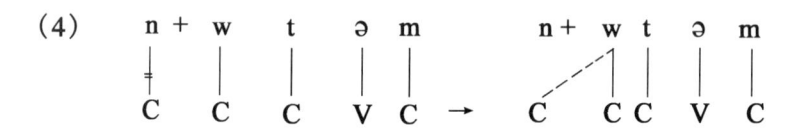

(4)　　n+ w t ə m　　　　n+ w t ə m
　　　　 | | | | |　　　　 　 \ | | | |
　　　　 C C C V C →   C   C C V C

以上是前一个音素完全同化于后一个音素的例子。如果前一个音素部分同化于后一个音素,自主音段理论能不能解释呢?让我们看西班牙语流音被部分同化的现象。

西班牙语所有方言都有这样一条擦音化规律,就是浊塞音 [b, d, g] 在元音后面都变成擦音,如 [b] 变 [β],[g] 变 [ɣ]。有些方言还让擦音化延伸到某些有持续特征的辅音如滑音、流音甚至擦音的后面。比如,在一个叫 Havana 的方言里,在较正式的场合,purga "清洗"的发音为 pur [ɣ] a。

与此相关,这个方言还有一条流音同化规律。在非正式场合,流音

[l] 或 [r]，在鼻音性以及发音部位上同化于后面的塞音，见（5）（引自 Kenstowicz 1994）。

（5）流音 [l]、[r] 的同化

正式场合	非正式场合	词义
pulga	pu[gg]a	虱
purga	pu[gg]a	清洗
el pobre	e[bp]o[β]re	穷人
ser pobre	se[bp]o[β]re	贫穷的
el tres	e[dt]res	三
palco	pa[gk]o	剧院包厢
parco	pa[gk]o	公园
ser mata	se[mm]ata	疯狂的

（5）的情况是流音部分同化；流音 [l] 或 [r] 仍保持它们的浊音性，被同化的特征包括上咽腔节点下所属的鼻音、持续、口腔部位等特征。对于（5）的流音部分同化，自主音段理论认为，塞音的上咽腔节点延伸到它前面的流音，而前面的流音中断与原有上咽腔的连接，形成了像 el pobre "穷人" 在非正式场合的 e[bp]o[β]re，其中辅音丛 [bp] 的连接为（6）。

（6）
$$\begin{bmatrix} -持续 \\ +唇 \\ -鼻音 \end{bmatrix}$$

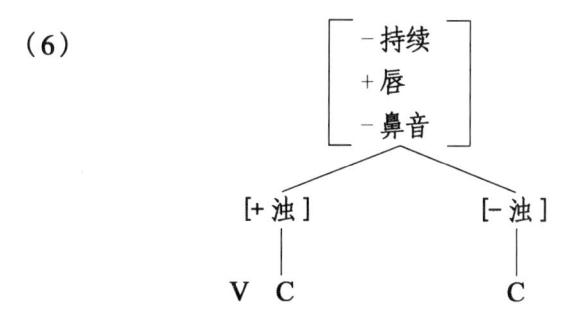

[+浊]　　　　[−浊]
　|　　　　　　|
V　C　　　　　C

现在需要说明，为什么擦音化规律没有将（6）的辅音丛 [bp] 变成 *[βp]，即把（6）的 e[bp]o[β]re 变成 *e[βp]o[β]re。研究者发现，不能把擦音化规则置于流音同化规则之前，这样，流音同化后就不发生擦音化。他们发现这个方言的塞音，在流音如［r］后面也发生擦音化。假如擦音化实施在先，（5）的 purga "清洗" 就要变成 *pur[ɣ]a，然后再经过流音同化，变成 *pu［ɣɣ］a。但是，如果流音同化在先，只要运用一条 "一律条件"（uniformity condition），就能解释为什么擦音化不能再将［bp］变成 *[βp]。这条带有普遍性的 "一律条件" 是这样规定的：

（7）如果要变换某个音段的特征内容，骨骼上的所有与那音段相连的孔，都必须满足变换的要求。

可以用（6）来解释（7）。这个方言的擦音化是把紧挨在元音（或者加上流音）后面的塞音变成擦音。注意：（6）的［-持续］特征（塞音的特征）是多重连接，它规定联接的两个音素都具有这个特征。（6）[-持续] 下只有左边连接的［b］符合擦音化要求，即紧挨在元音后面；［-持续］右边连接的［p］不符合擦音化要求，即不紧挨在元音之后。而（7）规定"所有与那音段相连的孔，都必须满足变换的要求"，因此，擦音化规则对 e［bp］o［β］re "穷人" 里的［bp］不适用。

上面分析的是鼻音同化和流音同化。下面来看英语的塞音同化。

克利门斯（George Clements）指出，当一个有口腔阻塞特征的辅音跟另一个辅音结合时，前面音段的［-持续］特征延伸到后面的音段，因此它们中间常常产生一个插入塞音（intrusive stop），例如（8）中的［t］和［p］（引自 Kenstowicz 1994）。

（8）英语的塞音同化
    prin［t］ce   王子
    ham［p］ster   一种大鼠
    heal［t］th   健康

按照克利门斯的看法，这证明［持续］和 "部位" 在特征几何结构同属于一个叫作 "口腔" 的节点。在这个节点下，［持续］和 "部位" 可以分别延伸。"口腔" 节点及其下属在特征几何结构的地位如（9）所示。

（9）

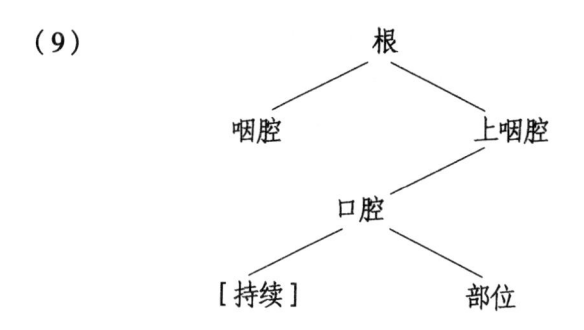

```
            根
           / \
         咽腔  上咽腔
              |
             口腔
             / \
         [持续] 部位
```

克利门斯进一步用英语的例子（10）证明，有口腔阻塞特征的辅音 [t, d, n]，同化于后面舌冠辅音的发音部位。

(10)　　[t]　　　　[d]　　　　　[n]
　　　　eighth　　hundredth　　tenth　　____ θ [＋龈前，＋宽阻]
　　　　each　　 edge　　　　　inch　　____ š, ž [－龈前，－宽阻]
　　　　tree　　 dream　　　　 enroll　____ r [－龈前，－宽阻]

英语的 [t, d, n] 在 [θ] 前变成齿间音，在 [š, ž] 前变成齿龈后音，在 [r] 前是卷舌音。克利门斯把（10）的同化，看成先中断前一音段的舌冠与口腔发音部位的连接，如（11a）的中断线。接着后一音段的"舌冠"及其随从特征 [龈前] 和 [宽阻] 向前一音段的延伸，如（11b）的虚线。

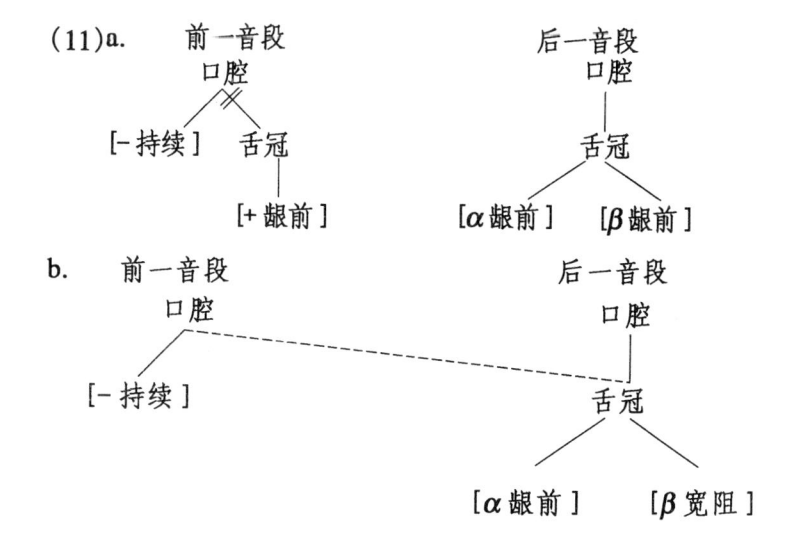

(11)a.　　前一音段　　　　　　　后一音段
　　　　　口腔　　　　　　　　　口腔
　　　　 /✗\　　　　　　　　　　|
　　[-持续]　舌冠　　　　　　　　舌冠
　　　　　　 |　　　　　　　　　 / \
　　　　　[+龈前]　　　　　[α龈前] [β龈前]

　　b.　　前一音段　　　　　　　后一音段
　　　　　口腔　　　　　　　　　口腔
　　　　 / ─ ─ ─ ─ ─ ─ ─ ─ ─ ─ |
　　[-持续]　　　　　　　　　　　舌冠
　　　　　　　　　　　　　　　　 / \
　　　　　　　　　　　　　　[α龈前] [β宽阻]

当然，对于同一个同化现象，如果运用不同的特征几何结构，可能存在着不同的解释。但有一点是共同的，就是自主音段理论对同化现象的认识，不再看成是一个音素对另一个音素的影响，而把它看成在一个结构内，按照普遍连接常规或者某语言的特定连接规则，部分特征之间联系的延伸或中断。

第六章 节律音系学

第一节 重音的特征

节律音系学（metrical phonology）是关于音节重音（stress）的理论。对音节重音的研究由来已久，比如，英语的音节重音的不同强度，跟句法的层次有关。比如，有这么一个四音节组成的短语：light + house + keeper（keeper 有两个音节，词根 keep 和词缀-er），这一短语因重音强度的不同而产生不同的意思。用数字 1 代表最重的音节，用数字 4 代表最轻的音节。这一短语的重音曲线（stress contour）如果为 1-3-2-4，则意思为"灯塔管理人"lighthouse keeper；如果最强的重音落在第二个音节 house 上，重音曲线为 2-1-3-4，它的意思就成了"体重轻的管家人"light housekeeper。

通过一套语音规则，把词的重音结构融入句法成分的层次，重音的分布就成为可预测的了。这种分析法后来成为生成音系学方法论的奠基石，也就是说，音系结构可以通过形式化的规则来描写。

SPE 除了讨论了英语的短语重音曲线外，它还说明了词的重读或非重读音节也是可预测的。但是，正如它被批评的那样，它在对英语重音成功描写的同时，其理论上的缺陷，是把重音与其他区别性特征如［鼻音性］或［响音性］，等同起来，就如同结构主义把重音等同于一个音素。

通过考察不同的语言，人们很快发现重音的特点有别于其他音系特征。首先，重音是一个语音上最难确定的特征，它的语音特性没法把握。重音通过其他语音特征而实现，主要依靠语调的音高曲线和元音辅音的长度。

一 重音的分布

由于重音与其语音特性不是一种直接联系,那么一个音节的重音特性到底根据什么而定呢?最重要的是说话者的概念和判断。比如,说英语的人认为,Alabama"阿拉巴马州"这个词的重音可分三度,词的第三个音节最强,第二个和第四个音节最弱,起首音节则介于两者之间。这种强弱的分辨还表现在元音上,处于非重读音节的元音通常要弱化。元音弱化规律可用于推测重音曲线。比如像 Alabama 这个词,第二个和第四个音节的元音为英里的弱化元音 [ə]。当然,这两个音节也是重音强度最弱的。

汉语北方话的非重读音节也有其语音特征。本书第四章提到的北京话"声调平化"的现象就发生在非重读音节上。按照赵元任(Chao 1968a)对北京话重音的分析,具有音位意义的重音不外乎三种:普通重音(normal stress)、对比重音(contrasting stress)、弱重音(weak stress)。弱重音就是轻声。对比重音也可以理解成强调重音,在强调某个音节时,音高和音长都相对加大。如"不是王,是黄。"句中的"王"和"黄"读对比重音。此外,既不读弱重音,也不读对比重音的,就是普通重音。

此外,一组相连的普通重音的音节,它们语音上的重音强度并不一样。北京话的多字组,最后一个音节最强,第一个音节次之,中间的音节最弱。例如,"西洋参"、"山海关"、"东西南北"。后一例的两个中间音节是弱重音,它们之间就不再分哪个更弱了。因为普通重音的不同重音强度可以根据音节所处的位置预测,所以,像"山海关"里的最强、次强、弱这三种重音强度,可以看成普通重音的音位变体。

北京话的"声调平化"现象,只发生在弱音节上,不在最强或次强音节上。在一个三音节词里,如果中间是弱音节,其弱化声调在声调层次上可以分析为零。举上声变调说明。北京话两个上声字相连,前一个变阳平。但是,如果在三字组里,第一个上声字不一定念阳平。比如"展览馆"的"展"念阳平,但"展览会"的"展"一般念半上;"洗脸水"的"洗"念阳平,但"洗脸盆"的"洗"念半上。如何解释这种现象?我们认为,这是中字的弱化声调在声调层面上的空位造成的。

"展览馆"的第一个上声，在声调层面上，与末字的上声相邻，第一个上声依据上声变调规律变成阳平，如（1a）。而"展览会"的第一个上声，在声调层面上与末字的去声相邻，所以第一个上声变半上，如（1b）。中字"览"在（1）是弱化声调，声调层面上是空位，这个空位可以根据它在词中的位置预测。

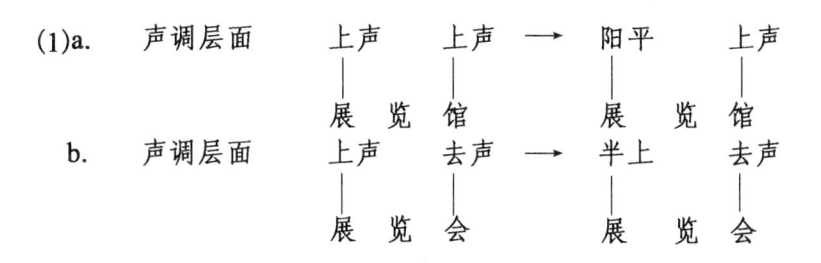

(1)a.　声调层面　　　上声　上声　→　阳平　上声
　　　　　　　　　　　 |　　 |　　　　　|　　 |
　　　　　　　　　　　展　览　馆　　　　展　览　馆
　　b.　声调层面　　　上声　去声　→　半上　去声
　　　　　　　　　　　 |　　 |　　　　　|　　 |
　　　　　　　　　　　展　览　会　　　　展　览　会

二　重音的调整

确定重音的另一个依据，是说话人对相连重读音节所做的调整。比如，英语有一条著名的词重音变化规则，它把"次强重音+最强重音"的重音曲线转变成"最强重音+次强重音"的重音曲线，条件是后面再跟一个重读音节。比如英语 raccoon "浣熊"的重音曲线是"次强重音+最强重音"，但在 raccoon coat "浣熊皮"这一复合词里，raccoon 的重音曲线变成"最强重音+次强重音"。然而，maroon "红褐色"的重音在后一个音节上，在 maroon coat "红褐色的外衣"这一复合词里，maroon 的重读音节并没有变。raccoon 和 maroon 的不同表现，被解释为两者具有不同的重音类型。前者 raccoon "浣熊"的起始音节为次强重音，而后者 maroon "红褐色"的起始音节为非重音。元音弱化现象支持这一观点，maroon 起始音节的元音为弱化元音［ə］，而 raccoon 起始音节的元音为非弱化的［æ］。

三　重音的远距离影响力

重音的另一个不寻常特征是它的远距离影响力。例如，许多英语复合短语的强重音落在第一个词上，the teacher's union "教师协会"（强重音在 teacher）对应于 the teacher's friend "教师的朋友"（强重音在 friend）。当短语的结构为左向分支时，短语的重读音节总是落在第一个词上，并且重音强度与结构深度成正比，即结构层次愈多，首词的重音就愈重，看例（2）［（数字愈大，重音值（stress value）愈大；引自 Kenstowicz 1994）］。

  （2）英语短语首词重音强度与结构深度的正比关系
    a. teacher's union   教师协会
      2   1
    b. [teacher's union]president   教师协会主席
      3   1   2
    c. [[teacher's union] president] election 教师协会主席的选举
      4   1   2   3

  在上面三个短语里，首词teacher's的重音值要根据短语其他成分的重音值调整，而它所依据的成分可能离它有相当的距离。如（2c）"教师协会主席的选举"，teacher's的重音值4，是依据远距离 election 的值3而定。在所有的音系特征中，除了声调以外，没有一个特征能像重音具有这么远距离的影响力。

  重音的再一个特征，表现为音节是否带重音，必须考虑它在词或短语中的位置。比如，波兰语的重音一般在词的倒数第二个音节上，如（3a）的［ý］带重音。但是，当后面加上一个词缀-a时，重音就从原来的音节转移到后一个音节［é］上，如（3b）。如果后面再跟一个词缀-owi，重音甚至从词根转移到词缀上，如（3c）（元音上的"´"代表重读，是词重音所在；引自 Kenstowicz 1994）。

    （3）a. nauczýciel   "老师"   （名词单数）
      b. nauczyciél – a "老师" + 词缀 – a （所有格单数）
      c. nauczyciel – ówi "老师" + 词缀 – owi （形容词）

  在（3），重音落在哪个音节，决定于那个音节与倒数第二个音节的距离。第五章分析的其他音系特征如［鼻音性］、［舌冠］等，不具备这种特性。

四　重音与音节性质

有些语言的重音能够区别音节的性质，这也可用来认识重音的特性。莫拉（mora）理论关于音节的轻重，就可以用音节是否带重音来说明。(4) 代表两类英语名词。

(4) a.　　América　　　　美洲
　　　　　　cínnamon　　　　肉桂
　　　　　　Cánada　　　　　加拿大
　　　　　　ágatha　　　　　女孩名
　　b.　　agénda　　　　　议程
　　　　　　Arizóna　　　　　亚利桑那
　　　　　　balaláika　　　　俄式三弦琴
　　　　　　cicáda　　　　　蝉

（4a）的重音在倒数第三个音节上，（4b）的重音在倒数第二个音节上。不同的音节结构能说明它们之间的差别。（4b）的倒数第二个音节，或者是个闭音节（以辅音收尾），或者有个长元音或复合元音。而（4a）的倒数第二个音节，不具备这些特征，所以词重音必须向左移动到倒数第三个音节上。此外，（4a）的倒数第二个音节，都是带松元音的开音节，这些音节属于所谓轻音节；而（4b）的倒数第二个音节属于所谓重音节。按照莫拉理论，轻音节只有一个莫拉，而重音节有两个莫拉。

总之，重音没有特定的语音特征，它是一个抽象的音系上的类，它的特征是通过其他语音特征来体现的。

第二节　北京话的轻声调
——兼论生成规则的语言学依据①

一　前言

汉语音节声调的声学特征不同于英语的词重音。英语的词重音主要表现为能量的大小。读重音的音节，能量最大；读次重音的，能量次之；没有重音的，能量小。汉语音节的声调变化主要是音高变化，实验语音学上以基频（F_0）表示音高的发音声学性质；听觉感知上，音高主要体现在音节的主元音上，浊声母、介音、韵尾，与声调的感知无关（林茂灿 1995）。

现代音系学理论认为，声调与音素在音系结构上属于不同层面，音素属于一个有时间先后的平面，叫音段层面；声调属于另一个层面，叫超音段层面。语音的各个层面相对独立，又相互联系，这就是自主音段的概念。

语言成分可分意义、语音两种单位。汉语的意义单位从小到大为：语素、词、短语（包括句子）、复句等；汉语的语音单位从小到大为：音素/音位、音节，单音节以上的语音单位则包括双音节词的轻重、短语的韵律、单句的句调、复句的语调。

其实，语素与词的根本区别不是大小，而是能否独立运用。意义上，词是从语言运用角度划分出来的最小意义单位，语素是从语言分析角度得到的最小意义单位。人们在分解复合词的意义成分时，不排除分析到语素单位。从这一点上，可以把语素当作意义的基本单位。

语音上，单音节与双音节的根本区别是单位的大小，汉语的音节是

---

① 本节初稿曾于 2005 年 6 月在美国加州蒙特利举行的第十七届北美汉语语言学会议（NACCL-17）上宣读，新加坡国立大学黄良喜博士建议将"轻声"分析为 zero tone，笔者从之并谨致谢意。经斟酌再三，现以"空"调类称之。本文还得到香港中文大学万波博士指正，他建议在分析语素有无"原有声调"时，要注意区别语素的历史来源与语素的同一性。这一建议引发笔者对轻声生成规则与轻声词源二者关系的思考。原文发表于《当代语言学》2006 年第 4 期。

以发音能否停延（短暂的停顿）划分出来的最小单位①，汉语的音节与语素基本上是一对一，所以，对于说汉语的人，可以把音节当成最基本的语音单位。

综合以上两点，"音节/语素"是人们分解汉语语音、意义的基本单位。下面以"音节语素"指称该单位。

如果对北京话的所有音节语素进行声调的分类，一般有四个声调类别：阴平、阳平、上声、去声，它们是四个调值确定的调类。剩下的那些不属于四个调类的音节语素，它们是：（1）单音节助词，如"的"；（2）双音节词的词缀，如"子"；（3）某些复合词的后一语素，如"大意"、"报酬"。本书把这些不属于四个调类的音节语素的音高读法单独列为一个声调类别：轻声调。魏钢强（2005：530）也主张将与阴、阳、上、去四声相对立的轻声作为一个调类，却否认它是一个独立调类（调位）。

二　调位与变调

汉语里声调不同的音节，代表不同的意思。声调与音素音位有相似性，即具有区别意义的功能；声调跟音素音位不同的是，音素音位不带声调，也能单独发音，而声调单独发不出声，必须体现在具体音节上。

汉语的语素常以汉字为书写单位，语素与它所对应的单字，两者意义相关，因此，语素声调与单字调有关。比如，"土改"的"土"读［35］调，是"土地"之意。读［35］调的"土"与读单字调［214］的"土"，二者意义上有同一性。根据语素意义的同一性，可以找到变调与单字调在调类上的联系。所谓变调，其实是某个语素的音高在语流中的自然读法，它由两方面因素决定：一是该语素的单字调类，二是受该语素前后音节声调的影响。

北京话四个调值确定的调类（阴阳上去）与各自的变调，可比附音位与音位变体，但归纳调位与归纳音位有所不同。对同一语言归纳出来的不同音位系统，适合于不同目的；而调位与变调的关系相对固定，主要依据所属语素意义上是否具有同一性。至于轻声调位，由于它是相对

---

① 未经语音学训练的人不能分解比音节更小的语音单位。

于四个基本声调的中和调类，调值不确定，轻声调位无本调，所有成员均为变体。所以，轻声音高的实际调值由它所跟随的音节调值而定。轻声调没有固定音高，不等于它没有音高，没有声调。轻声调音高的依附性成了轻声调类的特征，基于这一特征，下文以"空"调类来指称轻声调。

此处"空"定义为不确定，它相当于音系结构（声调层面）上一个调值不限定的"空"位。这个空位不等于"零"概念，更不应该理解为"无"概念。因为"无"就是声调层面没有声调。如果没有声调，该音节词库里就没有调类，"从无到有"的生成过程不好解释。

采用"空"调的名称，以区别于其他四个有固定名称（阴、阳、上、去）的调类，也可避免由术语"轻声"所引起的混淆。"零"调类的概念则让人想起零声母，零声母是没有辅音声母，"空"调类则是有声调的。

三 轻声音节的声学特征

轻声是北京话音系有争议的内容。先看轻声音节的声学性质。

据林茂灿、颜景助（1980）的声学实验，北京话的轻声音节，声学上有四个特征：音长变短、能量（音强）变弱、音高取决于前字、单元音央化。据林焘（1983，2001）所作的双音节词的轻音听辨测试，在音长、音高、音强这三方面，音长变短对听辨双音节词的轻声音节起了非常重要的作用；音高次之，影响主要在轻音音节起点的高低，曲降变化不明显；音强对分辨轻音语素作用最小。曹剑芬（1986）认为，音长和音高变化是构成轻声音节声学特点的两个重要因素，轻声音节具有相对稳定的音高模式，它是轻声音节听觉上最显著的特征，把轻声当作声调讨论不无道理。但后来她对于轻声性质的认识，徘徊在声调和轻重音两者之间（曹剑芬1995）。

林焘、王理嘉（1992）根据轻声音节音长变短的声学特征，把北京话的轻声看作轻音，与重音归为一类。路继伦、王嘉龄（2005）认为，既然轻声音节的四个声学特性（音长、音高、音强、音质）实际上就是轻音音节（弱读音节）的四个声学属性，可用不同术语区分二者：轻声属于声调层面，轻音属于重音层面。

我们赞同区分轻声与轻音，并把轻声调从轻音的各声学特征中独立出来，因为在汉语音节的四个声学属性中，音高变化的辨义承载力不低于其他三者。徐世荣（1957，1984）从轻声音节的短弱声调以及调位的辨义性两方面，把轻声调分析为一个独立的声调音位。本文将从两方面支持这一观点：一、北京话单音节里，音长本身没有独立的辨义功能，音素长短不区别意义，音节长短一般也不区别意义，而音节调型（包括轻声调）却有最显著的辨义作用。二、音节之间的轻重强弱对比是韵律现象，与音节的音高比起来，属于不同性质的语音现象。

四　轻声调的辨义功能

先论证单音节轻声调的独立辨义功能。

从声学上，轻声音节的音长、音高、音强、音质变化的属性，完全等同于轻音音节的声学属性，轻声音节与轻音音节可以合一。但是，就这四个声学属性对北京话音节语素的辨义作用而言，四者的功能各不相同。音强本身，不能独自区别意义。轻音音节里的元音弱化（音质变化），本身也不区别意义，因为没有一种音位归纳把北京话的弱化元音分析成与非弱化元音对立的音位。音长对于北京话的音节语素，元音的长短不区别意义，音节时长一般也不区别意义；只有在音节长短相差达一倍（林焘 1983，2001：129—131；曹剑芬 1995：315），短音节才有辨义作用。

汉语方言里，所谓音素长短起辨义作用的典型例子是粤语的元音 [a]、[ɐ]。李行德（1985）认为，这两个元音，长短是它们的区别性特征，音质差异只是伴随特征。听辨测试说明，[a]、[ɐ] 之间的对立包括音长（单字的音长比例为 2：1）和音质两方面的因素，二者缺一不可（石锋、刘艺 2005；石锋、麦耘 2003）。Yue-Hashimoto（1972）认为，粤语音节里，长元音后面的滑音或鼻音较短，而短元音后面的滑音或鼻音较长。既然汉语方言里不存在音素以长短不同而归纳为不同音位的现象，汉语里也就不存在音节仅以长短区别意义的情况（轻声除外）。

英语的元音长短更是相对的，元音在浊辅音前较长，在清辅音前较短；在重读音节里较长，在轻读音节里较短；它们都是音位变体，没有辨义作用。至于英语的所谓 [iː]、[i] 对立，那是设计者为了减少一些符号，它们其实是［i］、［ɪ］音质的不同（Ladefoged 1982）。

相比之下，音高变化在北京话音系里有独立的辨义作用。根据林焘（1983，2001：133—139）的实验报告，我们发现轻音音节的声调调型在听辨中起重要作用，甚至是决定性的。该实验把重轻式复合词轻音音节的音高分别合成为平调、升调、降调三种调型，并且音长缩短至一半以上（前一音节210毫秒，后一音节90毫秒，词总长为300毫秒），以此测试听辨者对各种轻声调型的反应如何。表一是我们根据该报告的实验数据重新组合的对照表。

表一　　　　　　"重轻"型改变第二音节调型后的听测结果

词语	平调			升调			降调		
	B组/全体组	两组平均		B组/全体组	两组平均		B组/全体组	两组平均	
丫·头	27/35	31		80/75	77.5		93/88	90.5	
大·爷	10/17	13.5	19%	53/48	50.5	68%	84/72	78	86%
大·意	3/22	12.5		80/74	77		100/80	90	
码·头	53/52	52.5	54%	53/50	51.5	54%	70/53	61.5	53%
姨·姨	50/60	55		54/58	56		50/40	45	

用于测试的五个轻声词分别是"丫头、大爷、大意、码头、姨姨"。当把轻音音节的音高合成为平调时，在"丫头、大爷、大意"三者听辨中，听成轻音的平均数为19%，"码头、姨姨"二者听成轻音的平均数为54%（缩短音长对听测结果无影响）。当把轻音音节的音高调型合成为升调和降调时，"丫头、大爷、大意"的轻音平均数大幅度上升，分别为升调68%、降调86%，"码头、姨姨"的平均数变化不大，分别为升调54%、降调53%（"码头、姨姨"的数据差别不明显，可算例外。林焘认为二者轻音不稳定）。比较表一"丫头、大爷、大意"轻音音节的音高合成为平调与非平调（升调和降调）的听测平均数，二者的差别竟达三倍至四倍（升调为19%：68%，降调为19%：86%）。这个巨大差别，说明即使音长缩短至一半，调型如不符合轻声调的音高模式，也无助于轻音听辨。看来，对轻音音节而言，长短不是关键因素，调型才是决定性的。这与曹剑芬（1986）的观点一致。

现以助词"的"为例说明音节语素的轻声调辨义。在可预测的语言环境（如助词在句中位置，对于说本族语的人，它是可预测的）里，如果说话者用一种奇怪的声调（非轻声）说出助词"的"，听话者虽然不理解说话者的怪异行为，但因为这是个可预测的语言环境，一般不会产生交际障碍。但是，听话者会对这个音产生怪异感。例如，把"天渐渐地冷了"中的助词"地"说成去声，听话者会觉得奇怪。在说本族语的人看来，把轻声调说成非轻声调，语感上不认可。本书把本族人语感上对某个音（包括调类）所产生的怪异感看作一种辨义现象。

复合词的轻声辨义不那么明显。先看"椅子"类的轻声词。"椅"有词汇义，"子"有构词作用，虽然"子"只出现在复合词中，但从词义构成成分上，其词缀的地位应该不成问题。"椅子"的词缀与名词语素"子"（如"父子"之"子"）的任何义项都不相关，二者虽共用同一个汉字，但属于两个不同的语素，不是同一语言单位。

在实际的语言运用中，如果把轻声词缀的调类读错，把"椅子"的词缀读成非轻声，该词一般不会理解成别的词，但听话者可能不明白它是什么东西。这种理解上的含混，由轻声音节的调类偏差造成。本族人语感上的理解上含混，代表轻声语素调类的辨义作用。

至于语言运用上词缀"子"从不单独存在，这并不妨碍它是从语言分析角度划分出来的音节语素。能否单说是一方面，能否依据同一性来分解词义构成成分是另一方面，这两方面都属于人们的语言能力。

词缀"子"的音高与音长，二者谁承担该音节语素的主要辨义功能？从表一的数据看，轻声调调型的作用不在音长之下。音高与音长为不同声学属性，二者无法进行比较，但考虑到调型稍有变化（从升调或降调变成平调）就对听测结果造成巨大影响，而音长变化必须达一倍才对听测结果造成影响，音高与音长二者谁承担轻音音节的主要辨义功能，应该分出高下了。

再看"大意"、"报酬"类的轻声词。

北京话有轻声词的"大意"（表示疏忽）和非轻声的"大意"（表示主要意思），二者字形相同，词义不同，各自的语素义也不同。"大"在前者是粗的意思，在后者是主要的意思；"意"，前者是"注意力"[模仿"小心"之"心"（陆志韦等 1975：71）]，后者是"意思"。同一性上很容易分辨二者不同的构词成分。读音上，成语"粗心大意"的

"大意",其意义与轻声词"大意"相同,前者的"意"可读去声,因此,轻声语素"意"与读去声的"意"("注意"之"意",不是表示主要意思的"大意"之"意")具有同一性,后者的去声可成为前者的原有声调。"大意"类的轻声词还有"地方"［部位之义,与非轻声的"地方"(本地、当地之义)相对］、"兄弟"［弟弟之义,与非轻声的"兄弟"(哥哥和弟弟之义)相对］等。

"报酬"代表另一类轻声词。北京话有轻声的"报酬"和非轻声的"报仇",二者词义不同,字形不同,读音也不同。轻声词"报酬"结构上属并列格,轻音语素"酬"与非轻音语素"酬"("酬劳"之"酬"),意义上有同一性。声调上,前者为轻声调,后者为阳平调。由于语义的同一性,"酬劳"之"酬"的阳平调自然成了轻声语素"酬"的原有声调。"报酬"类的轻声词还有"包涵"(与非轻声的"包含"相对)、"比试"(与非轻声的"笔试"相对)等①。

至于语言运用上只有轻声的复合词"大意",不存在单独的轻声语素"意",这同"椅子"类的情况一样。人们以同一性来分解轻声词"大意"的词义成分而得到轻声语素"意",并且人们能够轻易发现这类轻声语素的原有声调,所以,辨认它们的词义成分比"椅子"类更容易些。

以上从轻音听辨和分解词义构成成分两方面论证北京话三类轻声词轻声语素的辨义作用。北京话还有几个轻声词给本文带来挑战,它们是"东西"、"马虎"、"地道"之类的轻声词。陆志韦等(1975)只列"芙蓉"、"慷慨"、"唠叨"之类的联绵词为"不可分析的词",没提"东西"、"马虎"这些轻声词。他们认为,有些词虽有两个音节,但只有一个语素,这些词不能归类,"考古也没有门径"(陆志韦等1975)。一般语法书上排列的双音节单纯词有联绵词、音译词、叠音词、拟声词,也没将"东西"、"马虎"之类列为一类。这类轻声词虽有固定汉字,但不存在与它们可类比的语素。比如,表示事物的"东西"与表示方向的"东西"语义上无关,二者的语素也无关,轻声的"西"与阴

---

① "比试"与"笔试"的不同还体现在第一个语素的字形。就整体语音形式而论,可将"比试/笔试"算作与"报酬/报仇"同一类轻声词。

平调的"西"没有同一性，二者的"东"也无同一性。"东西"、"马虎"之类轻声词以两个音节表示一个语素，两个音节各自不表任何意义，其中的轻音音节不属于音节语素。这类双音节词，只能在韵律上按照韵律类型将"东西"、"马虎"与"椅子"归成一类。

五　轻声调的音系学依据：词源还是同一性语素

如何从音系上解释轻声调的性质？路继伦、王嘉龄（2005）认为，轻声调的底层形式有两种：一种为无声调，如"椅子"的"子"；一种为有声调，如"小姐"的"姐"。该文把北京话的声调先分为"有声调"和"无声调"两类，"有声调"又分阴阳上去四声，而"无声调"在底层就是没有声调。对于"椅子"表层的轻声，该文这样分析：轻声由重音层面上的轻音所引发，语素"子"在声调底层没有声调，受轻音引发而产生轻声（"轻声规则"解释从无声调到有声调）。对于"小姐"的"姐"，笔者理解它的生成程序有两种：一是经轻音引发从有声调变无声调，再经"轻声规则"从无到有（轻声）；一是经轻音引发从一个声调变另一个声调（轻声）。路、王采取后一种，他们的"轻声规则"既能解释从无声调到有声调，也能解释从一个声调变成另一个声调。

什么样的语言学依据使"轻声规则"获得如此能量呢？路、王的依据是前人的研究结果，轻声因轻音而发生，"据此，我们说，声调层面上的轻声都是从重音层面的轻音经过一个轻声规则映射过来的"（路继伦、王嘉龄2005）。

这个观点基于北京话轻声的历史来源[①]。但是，生成音系学理论在分析语言使用者的语言/心理机制时，遵循一条基本原则，即一般语言使用者不具备历史语言学知识。生成音系学家认为，"对于某语言的音系解说，应该是对它的语音结构的解说，同时也是解释说话人用于句子发音的语言能力"（Kenstowicz & Kisseberth 1979：174）。"轻声由轻音引发"虽合乎历史事实，但说本族语的人不具备这方面知识，他们的语言/心理机制中缺少这方面内容。因此，"轻声规则"虽从生成规则上解

[①] 有学者认为，现代北京话的轻声有两个来源：一是汉语自身发展演变而来，一是受满语的轻音影响而产生（赵杰《北京话的满语底层和"轻声""儿化"探源》，北京：北京燕山出版社1996年版）。

释一个声调变成另一个声调,但这样的解释缺乏语言学依据①。

什么才是说话者对发音的语言能力呢?举一个赵元任(1934,2002)的经典例子。北京话声母有舌面音 j、q、x,舌根音 g、k、h,舌尖音 z、c、s,翘舌音 zh、ch、sh 四组,根据四组声母的分布,即舌面音只出现齐齿呼、撮口呼韵母前,而其他三组从不出现在齐齿呼、撮口呼韵母前,舌面音在音位上似乎可以归属其他三组的任何一组。赵元任指出,虽然词源上可把 j、q、x 归入 g、k、h,也可归入 z、c、s,但是照顾词源不属于音位归纳范围。他把 j、q、x 归于 g、k、h 的依据有二:一是本地人感到 [kə、tɕi、ku、tɕy] 或 [xə、ɕi、xu、ɕy] 是两组([k] 组与 [tɕ] 组)差别只在元音([ə]~[i] 及 [u]~[y])的双声系列;二是当时北平有种秘密语(可视为一种语言游戏),把原音节的声母和韵母拆成前后两个音节,规则是"原声母 + [ai]"为前一音节,"[k] 声母 + 原韵母"为后一音节。如果原韵母是齐齿呼或撮口呼,后一音节声母就以 [tɕ] 替代 [k]②。

赵元任把 j、q、x 归于 g、k、h 所用的两条依据,一是本地人对于双声联绵的语感,二是本地人的一种语言游戏,这两方面都属于本地人的语言能力,这些能力可通过判断语音同一性而得到验证。

根据以上思路,如何判断北京话轻声调音节语素的同一性呢?这与轻声语素的所谓"原有声调"有关。可从两个方面判断轻声语素的"原有声调":一是该语素词源的声调,二是根据该语素与其他语素的同一

---

① 至于如何理解音系规则反映历时演变,举个例子,音变相对先后(relative chronology)与历史发生的先后并非同一概念,如果有历史材料证明相对先后所代表的次序与历史的先后一致,当然很好;如果没有史料证明,也不妨碍音变相对先后的成立,因为相对先后是生成音系理论中语音规则运用次序的概念。所以,生成规则虽然在某些方面(如构词音变)可以反映历时演变,但生成音系学的本意并不在此。Kiparsky(1971)说,"在生成音系理论框架内研究历史音变,目的是从现今共时理论出发,发展一种能概括语音演变的形式与制约"。

② 赵元任(1931,2002)用上世纪初北平话的一种反切语,来证明本地人的语感。据他的观察,北平反切语在小学生、算命瞎子、流氓、窃贼中使用,它取法于中国古代的反切,又不完全相同。它以 A、B 两个音节拼成音节 C,即 C = A + B。北平反切语的规则如下:

A 音节声母与 C 音节同,韵母为 [ai]。四呼依 C 音节而定,即分别为 ai、iai、uai、üai。因为 iai、üai 这两个韵母在北京音不自然,所以取相近音 ie、üe;

B 音节韵母与 C 音节同,声母为 [k]。B 音节声母则依 C 音节四呼而有所变化,当 C 韵母为开、合时,声母仍为 [k];C 韵母为齐、撮时,声母为 [tɕ];

A 音节声调读上声,并且随 B 音节声调而变调(上声变调),C 音节声调与 B 音节的相同。

性看出二者语义相同但调类转变了。探究轻声语素的词源属于历史语言学范畴，只有专家才知道，一般语言使用者不知道语素的历史演变。轻声语素与其他语素是否具有同一性，却是说话者只要将有关词语略经比较就能发现的，不需要专门的语言学知识。

分析轻声调的生成过程，是对轻声调的语言/心理机制的一种解释，词源不能作为解释语言机制的充分条件，只有同一语素的声调，才与轻声调有调类上的关联。此前分析的轻声语素，助词（如"的"）和词缀（如"子"）没有同一语素，它们也没有原有声调，"空"调是它们词库的调类。"大意"、"报酬"之类的轻声语素，可以找到它们的同一语素，词库里可将这类轻声语素规定为它们的原有声调（情况与"小姐"之"姐"的词库声调形式相同）。"东西"、"马虎"类的轻声词，它们不具备原有声调，不可能找到同一语素。

词库中，轻声调音节分为无原有声调和有原有声调两种。在生成程序上，当该音节与其他音节组成更大语音单位时，它们声调层面上的生成过程分别为甲式（无原有声调）和乙式（有原有声调）：

  甲式：空调——→轻声赋值（根据前音节调值）
  乙式：原调——→空调——→轻声赋值（根据前音节调值）
    （受重音格式制约）

以上轻声调的生成过程，与路、王的不同处在于：

（1）有相当部分的轻声音节（甲式）在声调层面上不直接受重音格式制约，而路、王认为所有轻声音节在声调层面上都受重音格式制约；

（2）这些轻声语素在词库上规定为空调，而路、王认为这些语素在词库上没有声调。

六　结语

为北京话轻声调归类，从声学上，可以把轻声与轻音合并，归入韵律的轻重；从音系学上，不能把轻声调归入韵律现象，轻声调可算一个特殊调类。在解释轻声调的生成规则时，应以可验证的、反映本族人语感的同一语素为依据。

北京话的韵律体现在音节间的停延、音节的时长、轻重音、轻声调等方面，但韵律有其自身的结构规律，它的基本单位是音步。显然，音步的语音特征与轻声音节的音高属于不同质的语音现象。

轻声调还涉及普通话的教学。在没有轻声调的方言区（如粤语区）进行普通话教学，即使不在调类上介绍轻声调，碰到轻声词语时，免不了集中介绍轻声调，其方法如同介绍一种新调类。香港的普通话教学，通常把轻声调当作一种特殊调类。因为轻声调的依附性，香港学生对于轻声调类的掌握，难度远远超过四个基本调类。把轻声调当作一个特殊调类，不失为一种行之有效的教学法，音系学上也完全合理。

第三节 节律栅和节律树

节律栅（metrical grid）是描写重音特征的一个行之有效的办法。它既不把重音看作一个特征，也不把它当作音节的固有特性，而是把重音分析为一个抽象的二元列阵。在这个列阵里，重音所代表的节律位（metrical position）用"*"星号标志，非重音则用空白表示。由于每一个韵核都与一个节律位自动连接，所以，重音成了脱离音素段的自主成分。

在节律栅里，许多语言的词重音结构分为三层：I 层、II 层、III 层。I 层为基础层（也称音节层），表示潜在的、可增强的节律位。这一层的节律位不存在空白。通常，词的每个音节，都在这层上投映一个位置（这一层以下还可以再分莫拉层，此处从略）。II 层叫音步（metrical foot）层，III 层叫词层。音步是语言的基本节奏单位。英语的一个音步通常由一个重音音节加一个非重音音节（后者并非必要条件）组成。例如，英语 Japa-nese"日本的"是两个音步，rail-ways"铁路"也是两个音步。英语 Tennessee（美国田纳西州）、hurricane"飓风"用节律栅分别表示为（1）和（2）。

```
(1)                *        III      词层
          *        *        II       音步层
          *   *    *        I        音节层
          ———————————
          Ten nes  see
```

```
（2）      *                III     词层
          *        *        II     音步层
          *   *    *         I     音节层
         hur  ri  cane
```

在上面这两个节律栅里，每个音节都在三个强度层上标志了它的值。在音节层以上（不含音节层）的层里，有星号"*"表示正值，空白表示负值。节律栅性质呈阶梯性，即高层上的星号意味着它的低层上也有相应的正值。

让我们来看本章第一节所介绍的重音的几个特性，是否能用节律栅的方法解释。首先，虽然每个音节在音节层上都是正值，但音步层和词层上的正值或负值，并不是根据哪个具体音节而定的。节律栅没有把重音看成音节的固有性质，而把它表示为自主性的。其次，一个音节带不带重音，决定于它在词中的位置。重音分布的这一特点反映在节律栅的横面上，横面代表节律位的先后；而节律栅的纵向层表示重音强度的多重性。

再来看重音远距离影响力如何在节律栅上表示。英语有一条短语的韵核重音规则（nuclear stress rule），它规定在短语层上，通常是第二个词的重音得到加强，如（3）（数字愈大，重音值愈大；引自 Kenstowicz 1994）。

```
(3) red barn    John's shirt   Mary's salamander   basic mathematics
     1   2        1     2        2    3    1         2      1   3
    eat meat    be happy      judged sacrosanct    visit Alabama
     1   2       1    2         2       3    1       2    1  3
```

在这些短语里，当第二个词有两个重音时，总是重音较重的那个音节成为短语的最强重音。如Mary's salamander 中第二个词 salamander（一种动物），单说时有两个重音，首音节 sal-带主要重音，后面的-man-带次要重音。在短语Mary's salamander 里，salamander 带主要重音的音节 sal-得到了进一步加强。在 basic mathematics 里，第二个词 mathematics 带主要重音的音节-mat-，也得到了进一步加强。

节律栅假定，每多一个句法层，节律栅就相应地多加一层。由于节律栅是阶梯性的，上一层的星号自然应该加在下一层最强的重音上。于是，要解释（3）的 visit Alabama 的重音远距离影响力，只需在短语层上，根据韵核重音规则，把短语重音加在第二个词上，如（4）。

(4)
```
                        *          IV   短语韵核重音规则
     *                  *          III  词层
     *        *         *          II   音步层
     *  *  *  *  *  *              I    音节层
     ─────────────────
     vis it Al a bam a
```

再看节律栅如何解释节奏重音的转移。根据短语韵核重音规则，Mississippi River "密西西比河" 的节律栅可以表示为（5a），但它的实际读音却是（5b），词层 III 的第一个重音落在 Mis - 上。可以这样解释：在（5a）的词层 III 上，两个词重音在这一层前后相连，产生碰撞。为了避免词重音碰撞，将这一层左边的星号向前移动一位，就成了（5b）。根据节律栅的阶梯性结构，这一星号应移到与音步层 II 的重音相对应的音节上。于是，Mississippi River 这一短语里，短语重音在第二个词 River 上，而词重音则分别在 Mis-音节上和 Riv-音节上。

(5) a.
```
          IV                    *
          III          *        *
          II    *      *        *
          I     *  *  *  *  *   *
          ──────────────────────
                Mis sis sip pi Riv er
    b.
          IV                    *
          III    *               *
          II     *       *       *
          I      *   *   *   *   *
          ──────────────────────
                 Mis sis sip pi Riv er
```

再看 Japanese railways "日本的铁路"的节奏。根据短语的韵核重音规则，它的节律栅可表示为（6），两个词重音在词层 III 前后相连，产生碰撞。

```
(6)     IV                          *
        III              *          *
        II      *        *          *       *
        I       *   *    *          *       *
                ─────────────────────────────
                Ja  pa   nese       rail    ways
```

根据重音碰撞回避规则，它的正确表示应为（7）。

```
(7)     IV                          *
        III     *                   *
        II      *        *          *       *
        I       *   *    *          *       *
                ─────────────────────────────
                Ja  pa   nese       rail    ways
```

（5a）的词重音碰撞在音节层 I 上有一个弱音节间隔，（6）则没有。所以，后者的碰撞压力比前者大。

此外，词重音转移必须发生在同一个句法成分的短语里；否则，词重音不转移，见（8）。

（8）Japanese [railways and motorways]

（8）的短语里不发生词重音转移，因为其中的 railways 与 Japanese 不属于同一个句法成分。音系与句法的交叉研究，见本书第八章。

节律树（metrical tree）是描写语言节律特征的另一种方法。节律树跟描写句法结构的树形图相似，它从韵（音节去掉起首辅音的部分）出发（也有从更小单位出发的，此处从简），由一个强韵（s）带一个弱韵（w）组成一个音步。音步层上也有强、弱之分。音步的重音组成短语的重音,向上再组成话语的重音。比如,Many linguists go to Essex. 这一话语的节律结构用节律树表示为(9)(引自 Durand 1990)。

(9)

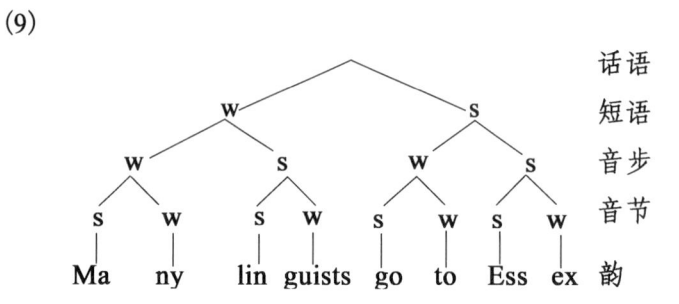

```
                    w           s              话语
              w        s     w     s           短语
            s  w    s  w   s  w   s  w         音步
            Ma ny  lin guists go to Ess ex     音节
                                           韵
```

音步可分受限音步(bounded foot)和不受限音步(unbounded foot)。受限音步的音节不能超过两个,不受限音步的音节数量不受限制。

音步结构又可分为左向和右向。在左向结构里,左边的成分带重音。同理,右向结构里,右边的成分带重音。(9)的音步都是左向结构。不受限音步的左向和右向结构用分叉树分别表示为(10a)和(10b)。

(10)a. 左向结构   b. 右向结构

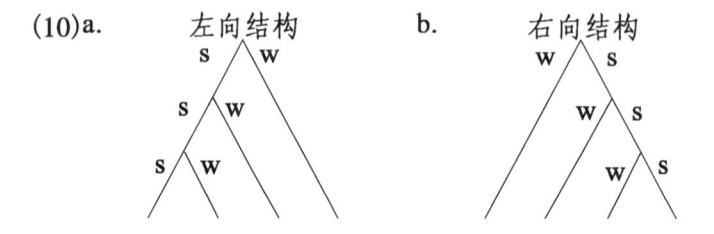

节律树也可以表示重音碰撞回避。例如,英语 thirteen "十三" 重音在后一个音节-teen 上,如(11a)。但在 thirteen men "十三个人"里,其中 thirteen 的重音转移在 thir-上,如(11b)。

(11)a.

```
        w      s
        thir   teen
```

b.

```
           w
       s   w    s
       thir teen men
```

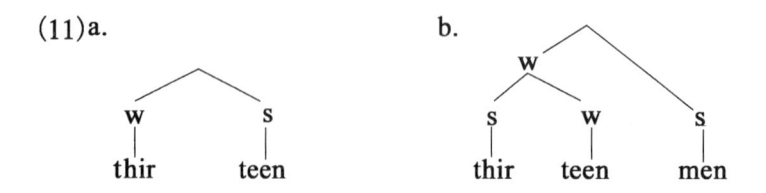

（11）表示抑扬格的倒转，即由弱、强节奏变成强、弱节奏。节律树的抑扬格倒转模式也可以发生在音节层以上。如（5a）、（5b）的 Mississippi River，用节律树的抑扬格倒转模式分别表示为（12a）、（12b）。

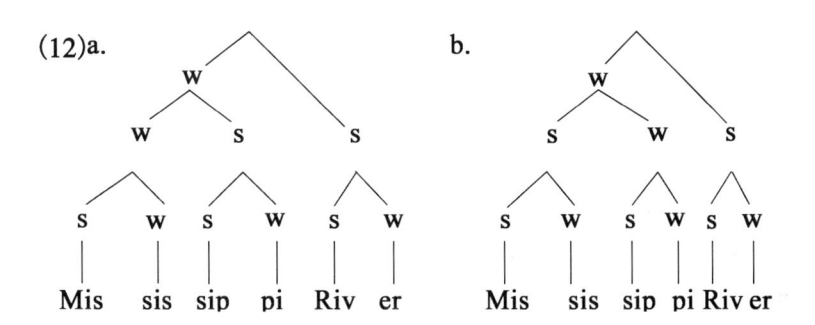

(12) a.
```
            w
        /       \
       w         s
      / \       / \
     s   w     s   w
     |   |     |   |
    Mis sis   sip  pi
```
(此处为示意，实际结构见下)

```
a.                          b.
        w                          w
      / | \                      / | \
     w  s  s                    s  w  s
    /\ /\ /\                   /\ /\ /\
   s w s w s w                s w s w s w
   | | | | | |                | | | | | |
  Mis sis sip pi Riv er      Mis sis sip pi Riv er
```

节律栅和节律树成为节律理论的两个主要流派。它们的共同点是：重音表达是有等级的；重音的研究不同于其他音素的研究，它注重韵律特征相对突出的音节和音步以上的单位。两派的不同主要在形式上。对于有韵律转换的语言（如英语），节律栅所表示的内涵比较丰富，因此，它表达各种韵律转换也比较方便。

第四节 重音结构的两个参数

海斯（Hayes 1981）的论文让不少音系学家相信，对于世界上各种语言所表现的无数的重音系统，可以用几个有限的基本类型来概括。事实证明，用参数的方法来研究重音结构是切实可行的。

对于重读音节和非重读音节的变化，海斯确定了四种基本类型，见（1）（引自 Kentowicz 1994）。

（1）a. 强重音在首音节，次重音随后每隔一个音节出现，如澳洲的 Maranungku 语；

b. 强重音在尾音节，次重音在它之前每隔一个音节出现，如 Weri 语；

c. 强重音在倒数第二音节，次重音在它之前每隔一个音节出现，如 Warao 语；

d. 强重音在第二音节，次重音随后每隔一个音节出现，如智利和阿根廷境内的印第安语 Araucanian。

如果不计重音强度，重读音节用′V 代表，非重读音节用 V 代表，以四音节词和五音节词为例，（1）的四种类型可分别表示为（2a）的四种类型。如果重音再分强与次强，用"ú"表示强重音节，用"ù"表示次强重音节，四种类型的强重音与次强重音分布分别表示为（2b）。

（2）a.　　　四音节词　　五音节词　　b. 四音节词　　五音节词

类型 a　　′V V ′V V　　′V V ′V V ′V　　úuùu　　úuùuu

类型 b　　V ′V V ′V　　V V ′V V ′V　　uùuú　　uùuùú

类型 c　　′V V ′V V　　V ′V V ′V V　　ùuúu　　uùuúu

类型 d　　V ′V V ′V　　V V ′V V ′V　　uúuù　　uúuùu

值得注意的是，（2a）里的每一种重音曲线都出现两次，如四音节词的′V V ′V V 曲线出现在类型 a 和类型 c，但这两种类型的五音节词的曲线却不同。同样，五音节词的′V V ′V V ′V 出现在类型 a 和类型 b；但这两种类型的四音节词的曲线却不同。所以，（2a）的任何一种曲线类型都不依赖于其他类型，它们都相对独立。肯思托维兹（Kentowicz 1994）认为，这意味着（2a）的各种曲线由两个基本要素组合而成，这两个要素是：最先指派的音节是重读音节还是非重读音节？最先指派始于词的左边还是右边？

由于重读音节是强音，非重读音节是弱音，肯思托维兹把以上两个要素表示为（3a）和（3b）所表示的两个参数。

（3）a. ［先强，先弱］

　　　b. ［从左至右，从右至左］

于是，（2a）的四种重音类型可以通过以上两个参数获得，如（4）。

(4) 类型 a ［先强，从左至右］
　　类型 b ［先强，从右至左］
　　类型 c ［先弱，从右至左］
　　类型 d ［先弱，从左至右］

肯思托维兹认为，(3) 所表示的两个参数及其相互关系，是分析所有重音结构的两个基本要素。

下面举例说明。假如有这么一串弱音节和强音节相间的词，如 (5) 所示。

(5) 音步层　II　　　*　　　　　　*
　　音节层　I　*　*　*　*　*　*　*

根据 (4) 的类型 a，以四音节词为例，元音与音节层 I 上的连接方向是从左至右，将"最先指派"规定从 (5) 的最左边的重读音节（第二个音节）开始，向右依次连接，表示为 (6a)，它的节律栅表示为 (6b)。

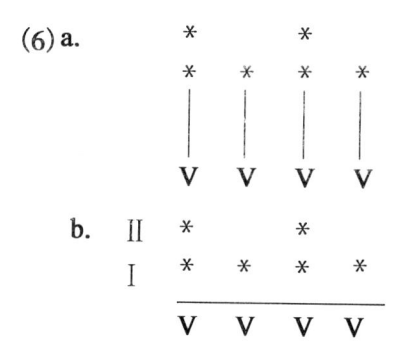

(6) a.　　　*　　　*
　　　　*　*　*　*
　　　　|　|　|　|
　　　　V　V　V　V

　　b.　II　*　　　*
　　　　I　*　*　*　*
　　　　　―――――――
　　　　　V　V　V　V

(6b) II 层上两个相连的重音必须再分为强与次强，强的成为词重音。通常是边缘上的重音得到增强，成为词重音。(2b) 类型 a 和类型 d 增强左边重读音节的重音，成为词重音规则 (7)；而类型 b 和类型 c 则增强右边重读音节的重音，成为词重音规则 (8)。

(7)　III　　　＊
　　　II　＊ → ＊/#____

(8)　III　　　＊
　　　II　＊ → ＊/____#

根据词重音规则（7），（6b）所代表的类型 a 的四音节词节律栅则为（9）。

(9)　III　＊
　　　II　＊　　　＊
　　　I 　＊　＊　＊　＊
　　　　　V　V　V　V

强、弱音节如何组合，没有定规。任何一个强音都能与两边的弱音结合，任何一个弱音可与它相邻的强音结合。音步就是由一强一弱的节奏合成的单位。一个音步是先强还是先弱，决定了音步的性质。（3）的两个参数，同时也规定了音步是左向结构还是右向结构。左向结构就是左边的成分为中心，右向结构就是右边的成分为中心（本章第三节介绍的节律树也运用了这个概念）。音步理论，简单地说，就是如何把节律栅上的单位组成向心结构。

再以（2）的类型 a 来说明音步理论。类型 a 的音步为左向结构，连接方向是从左至右。对于偶数音节的词，强、弱两分的音步包括了所有音节；对于奇数音节的词，两分后必定剩下一个音节，这剩下的音节自成一个音步，叫作弱化音步（degenerate foot）。弱化音步的音节也重读。于是，类型 a 的五音节词，如（5）（从第二个音节开始），其音步层（II层）上，有三个星号。词重音按左向结构的原则落在左边的重音上。由此引起的问题是，在音节层上，重音单位是强、弱两两组合，而在音步层上却有三个重音单位，见（10）。

(10)　III　　＊
　　　 II　（＊　　　＊　　　＊）

```
I    ( *   * ) ( *   * ) ( * )
       V   V    V   V    V
```

解决的办法是把 II 层的重音单位，规定为非限定性的（即两个以上的单位），其概念等于节律树的非限定音步。

类型 b 的情况与类型 a 相似，只是音步为右向结构，连接方向是从右至左。类型 c 和类型 d 的情况比较复杂。按照（4）类型 c〔先弱，从右至左〕的连接，奇数音节词剩下的弱化音步也重读，那么，类型 c 的五音节词，词首有两个相连的重音，见（11）。

(11) 类型 c

```
II    *         *           *
I    ( * )   ( *   * )   ( *   * )
      V       V   V       V   V
```

对照（2），不存在词首两个相连重音的现象。如何解释（11）的词首重音？（11）的 II 层左边两个星号所对应的下层没有弱音，这现象叫重音冲撞（stress clash）。为了回避重音冲撞，可以删除 II 层弱化音步的星号。冰岛语的重音规律支持这条回避规则；当两个词组成合成词，后一个词的重音有时要删除，见（12）（引自 Kenstowicz 1994）。

(12) 冰岛语重音冲撞回避规则
    a. vérk（工作）+ máthur（男人）→ vérk # mathur（好工人）
    b. vérk（工作）+ kóna（女人）→ vérka # kóna（女工人）

两个词组成合成词，后面的词重音是否删除，必须看前面的词是否有弱音节。如果前面的词没有弱音节，如（12a）的 vérk，则后面词的重音就要删，如"好工人"的 mathur；如果前面词有弱音节，如（12b）的 vérka，后面词的重音则不删，如"女工人"的 kóna。所以，运用重音冲撞回避规则，应该删除（11）类型 c II 层的弱化音步的星号。

但是，如果考察更多的语言，可能会有不同的结论。例如，并非所有语言的节奏都回避重音冲撞。据报道，北美有一种印第安语叫 Ojibwa，它是右向结构音步，连接是从左至右，但奇数音节词尾的弱化音步是个重读音节。此外，有些语言回避重音冲撞，不是通过删除弱化音步的星号，而是删除两个相邻（非弱化）音步的其中一个星号。还有，元音的插入或删减也会引起重音结构的调整。总之，重音如同声调，它独立于音素之外。删减一个音素，可能只删除最底层（音节层）的星号，不一定将它原来所对应的栅栏（从低层到高层的星号）都删除，它的高层星号可能转移到邻近的音步上。种种可能，哪种更具普遍性，有待研究更多语言的重音现象后才能发现。

第五节　北京话多音节词的韵律格式[①]

北京话的轻声调归属声调还是归属韵律，是个争论不休的问题。孰是孰非，应该从音系上考虑。

轻重音，是音节的强弱对比，属于多音节词或短语的韵律形式；而轻声调则是音节自身的语音（音高）形式。就音节自身而言，重读音节的能量大；但韵律上说的重与轻，指两音节的强、弱节奏的对比。

韵律以音步（foot）为单位，北京话的一个完整音步由两个音节组成（冯胜利 2005）。单个音节的音步是不完整音步（f），它附加在完整音步（F）的前面或者后面。现以北京话双音节词扩展成三音节词为例，说明北京话音节的轻重与韵律之关系，见表一。

表一　　　　　　　北京话双音节词、三音节词的韵律

结构	双音节		三音节		
	塑料 1+1	豆腐 1+1	塑料花 2+1	老豆腐 1+2	师傅们 2+1

[①] 原文发表于《当代语言学》2006 年第 4 期，题为轻声：北京话声调的空调类。

续表

	双音节		三音节		
	文字 1+1	格子 1+1 马虎 1	白塑料 1+2 格子布 2+1 豆腐脑ㄦ 2+1 （打）马虎眼 1+1？	蓝格子 1+2 小马虎 1+1	
重音	强强	强弱	强弱弱	强强弱	强弱弱
音步	F σ σ 塑 料 文 字	F σ σ 豆 腐 格 子 马 虎	F f σ σ σ 塑 料 花 白 塑 料 豆 腐 脑ㄦ 格 子 布 马 虎 眼	f F σ σ σ 老 豆 腐 蓝 格 子 小 马 虎	F f σ σ σ 师 傅 们

　　北京话双音节词的韵律格式只有"强强"与"强弱"两种，如"文字"为"强强"，"蚊子"为"强弱"。比较"强强"两个音节，后者更强，但这样的强没有类型上的对立作用①。

　　对于双音节词来说，音节的重轻对应于音步的强弱，但双音节以上的重音类型就不存在这样的对应了。北京话三音节词是在双音节基础上增加一个音节，有三种格式："强弱弱"、"强强弱"、"强弱弱"。北京话韵律从双音节扩展到三音节，遵循以下三条原则：

　　1. 不存在弱起音步；

　　2. "重轻"之"轻"在韵律中永远不会改变其弱音地位；

　　3. "重重"式扩展时，根据音步"右向构词"规律（冯胜利2005），韵律通常为（xx）x，也可以 x（xx），但二者韵律格式相同。

　　先解释第一条原则。弱起音步，就是轻音音节作为完整音步的起

---

① 北大中文系（2004）把"文字"分析为"中重"，"重重"与"中重"没有辨义功能。本书用"强强"为了突出音步上的强、弱对比，不计语音上的"强"、"中"差异。魏钢强（2005）根据北京口语有这样的现象，如"想'法"≠"'想法"、"'老子"≠"老·子"，认为北京口语有三种重音模式：中重（"想'法"）、重中（"'想法"、"'老子"）、重轻（"老·子"）。我们认为，北京话音系上不存在"强：次强（或次弱）：弱"的三重对立，只有"强：弱"两重对立。

头。北京话双音节词或多音节词的音步起头,不能由轻音音节充当。有两方面的解释。首先,北京话双音节词的韵律格式只有两种:"重重"与"重轻",不存在"轻重"或"轻轻"。虽然构词上有前缀"老-"、"阿-",但前缀不是轻音音节,所以韵律上不存在"轻重"式①。此外,两个轻音节不成音步。音步内无重音,便无法形成节奏。看来,北京话的基本音步必须有至少一个重音,而且起头不能是轻音音节。

其次,从双音节词扩展到三音节词,可作左向或右向扩展(北京话不存在构词上的中缀),左向扩展的音节一定不是轻音节。"重重"可双向扩展,如从"塑料"扩展到"塑料花"、"白塑料";"重轻"也能双向扩展,如从"豆腐"扩展到"豆腐花"、"老豆腐",从"师傅"扩展到"师傅们"。

第二条原则说明,如果某音节词库形式为轻音音节,那么,韵律上它永远处于音步的弱节拍。然而,弱音不等于轻音,弱音是音步的弱拍,它所辖的音节,或为轻音,或为重音;轻音则是音节自身的语音特征。这说明,一方面,词库的轻音性质决定音步类型;另一方面,重音节受韵律制约可能变弱音。词库的轻音节(包括轻声调)非但不受韵律制约,反而直接影响重音类型,这也是对所有轻声音节在声调层面上都受制于重音格式的一个反证。

现以"白塑料"的韵律变化解释第三条原则。在北京话里,此类三音节词的节律可以是(xx)x,也可以是x(xx),前者为一个完整音步加一个不完整音步(简称双单式),后者为一个不完整音步加一个完整音步(简称单双式)。据吴宗济(1985,2004)观察,北京人口语中经常把"单双"说成"双单",例如,"省美展"的节奏为"双单"和"单双"两可②。读"双单"的"白塑料"与"格子布"具有相同节奏。表一"强弱强"式的前一音步后一节拍的下辖音节,可以是轻音节,也可以是重音节。不论轻重,都改变不了它在韵律上的弱音地位。

以上三条原则还不足以解释三音节词的韵律变化规则。表一只列了音节层与基本音步层。音步层之上有词层。如果音步结构复杂,还要分

---

① 北京话前缀与后缀的韵律作用不一致,究其因,还是音节语素的词库语音形式不同。
② 吴宗济(1985,2004)的声学实验还发现,三字组次字的声调,受首字影响较大,受末字影响较小。这表明,三音节词的节律通常为"双单",不管词法结构是1+2还是2+1。

出音步的不同层次。基本音步以上的重音，可落在完整音步上，也可落在不完整音步上。多层次的韵律结构一般以 Liberman（1975）节律栅表示。节律栅不把重音看作音节的固有特性，而把它分析为二元列阵。在列阵里，强音所在的节律位（metrical position）用＊号标志，弱音用空格表示。北京话带轻音节的三音节词韵律结构可表示为 A、B、C 三式（韵律结构由下至上）。

A 式

```
              *         词层
   *          *         音步层
   σ    σ    σ         音节层
   格   子   布
```

B 式

```
        *               词层
   *    *               音步层
   σ    σ    σ         音节层
   老   豆   腐
   小   马   虎
```

C 式

```
   *                    词层
   *                    音步层
   σ    σ    σ         音节层
   师   傅   们
```

以上三个节律栅，每个音节都在音步层和词层上标志了它的性质，星号的为强，空白的为弱。节律栅性质呈阶梯性，高层上的星号意味着它低层上也有相应的正值。A 式是一个强弱音步后加一个强的不完整音步，B 式是一个强弱音步前加一个强的不完整音步，C 式由一个强弱音步后加一个弱的不完整音步。

A 式的词重音落在音步层的后一重音上，这符合两重音相连后者更重之原则。B 式词重音所在的节律位，也符合两重音相连后者更重之原则，但 B 式音步层的两个重音相连，无任何音节间隔。根据学者对英语短语韵律的解释，两个词重音之间无任何音节间隔会产生碰撞，为了避免碰撞，必须将左边星号的节律位向左移动。B 式说明，北京话的韵律似乎能有条件地接受两个重音前后相连，可能因为 B 式的两个重音都无法作左向移动，也可能因为它们相邻的节律位为轻音音节，轻音音节不能承受重音。

如果音步层上两个重音相连，且相邻的节律位不是轻音音节，那么，北京话的两个重音也需要避免碰撞。例如，双音节词"塑料"的词重音在后，扩展成"塑料花"时，音步层两个重音发生碰撞，见 Aa 式。

Aa 式

```
            *       词 层
   *        *       音步层
 ← *        *       碰撞回避
   *        *       重音碰撞
 σ  σ       σ       音节层
(塑 料)    花
```

北京话的"碰撞回避"规则要求左边星号向左移动，这个左向移动与英语的移动方向一致。"碰撞回避"规则能够解释音步上"塑料花"的中间音节为弱音。Aa 式与 A 式在音步层和词层上的重音类型一致，它们同属一式。

"白塑料"的节奏可说成"单双"或"双单"。不论是"单双"还是"双单"，二者的韵律相同。它的"单双"节奏，韵律与"格子布"相同；它的"双单"节奏，韵律与"塑料花"相同。下面以"单双"节奏为例。

```
        *           词 层
   *    *           音步层
   σ    σ  σ        音节层
   白  (塑 料)
```

比较"白塑料"与"格子布"，虽然二者各个音步所辖音节数量不同，前者为 x(xx)，后者为(xx)x，但二者音步层、词层的重音类型是一样的。"白塑料"的中间音节因音步层上无重音，韵律上只能是弱音①。

如果将三音节扩展成四音节，层次可能会增加，结构可能更复杂，但词层重音仍落在最高音步层的后一节律位上。一般四音节词的韵律结构为D式。

D式

```
            *        词层
    *       *        音步层
σ   σ   σ   σ        音节层
黄  浦  江  畔
```

该式第一、第三音节的音步层上均无重音，但两个音步不是弱起音步，因为所辖音节不是轻音音节。

带轻音音节的四音节词，根据轻音节的不同分布，分别为E式和F式。

E式

```
            *        词层
*           *        音步层
σ   σ   σ   σ        音节层
豆  腐  渣  子
```

F式

```
            *        词层
    *       *        音步Ⅱ层
*   *       *        音步Ⅰ层
σ   σ   σ   σ        音节层
老  豆  腐  汤
```

E式与D式的不同在于音步所辖音节的性质，E式音步下辖的两个

---

① 北京话韵律中弱音与音步的从属关系，需要专文讨论，此处从略。

音节一重一轻，D式音步下辖两个重音节。

轻音节在F式仍然控制着音步类型，"老豆腐汤"的节奏，不能像一般四音节词那样形成（xx）（xx），而是由一个完整音步前后带两个不完整音步：x(xx)x。它的"腐"是轻音，节律上不能跟它前面的音节分离，"老豆腐汤"、"王麻子面"之类不能说成"（老豆）（腐汤）"或者"（王麻）（子面）"。此外，F式音步I层有两个相连重音，其中第二个星号并没有因"重音碰撞"而移开，可能是"碰撞回避"规则不允许右向移动，也可能是轻音节不能承担重音。该式音步II层的重音，根据后者更重的原则，重音分别落在音步I层的第二及第三重音的节律位上。

再将"白塑料花"的韵律结构分析如下：

			*	词层
	*		*	音步II层
*	*		*	音步I层
*	←	*	*	碰撞回避
*		*	*	重音碰撞
σ	σ	σ	σ	音节层
白	塑	料	花	

比较"白塑料花"与"老豆腐汤"，前者的两个音步层（I、II两层）和词层的重音类型与"老豆腐汤"完全一样，只是"白塑料花"的韵律结构曾经发生过重音碰撞回避，而"老豆腐汤"未发生过重音碰撞回避。

注意"白塑料花"音步I层的第二个星号，为避免碰撞作左向移动后，又与左边的重音发生碰撞，但是，北京话"碰撞回避"规则只允许星号作左向移动，不允许右向移动，因此，"白塑料花"的音步I层可以接受这两个相连的重音，该情况与"老豆腐汤"相若。

综上所述，北京话的双音节词的韵律类型有两种："强强"与"强弱"。三音节词的韵律类型有三种，它们是A式、B式、C式。

A 式

```
            *       词层
    *       *       音步层
σ   σ   σ           音节层
格  子  布
(塑 料) 花
(白 塑) 料
白  (塑 料)
```

B 式

```
        *           词层
*   *               音步层
σ   σ   σ           音节层
老  豆  腐
小  马  虎
```

C 式

```
*                   词层
*                   音步层
σ   σ   σ           音节层
师  傅  们
```

四音节词的韵律类型也是三种,D 式、E 式、F 式。

D 式

```
                *       词层
        *       *       音步层
σ   σ   σ   σ           音节层
黄  浦  江  畔
```

E 式

```
            *           词层
*       *               音步层
σ   σ   σ   σ           音节层
豆  腐  渣  子
```

F 式

			*	词层
	*		*	音步 II 层
*	*		*	音步 I 层
σ	σ	σ	σ	音节层
老	豆	腐	汤	
白	塑	料	花	

第七章　词库音系学

　　词库音系学（Lexical Phonology）研究音系规则的运用与词汇形态构成之间的相互关系，它兴起于20世纪80年代初期，创始人是美国斯坦福大学的基帕斯基（Kiparsky 1982）和莫汉尼（Mohanan 1982）。词库音系学这一概念提出以后，很多音系学家都纷纷响应，不仅因为词库音系学的着眼点新颖，为生成音系学的研究提供了新的工具——把词汇形态学引进音系学的研究，拉动了对词汇构成以及形态变化的深入研究，而且为生成音系学体系的进一步系统化、矩阵化（modularity），为进一步揭示人类语言的内部语法（Inner Grammar）奠定了基础。

　　20世纪80年代中、后期，音系学家对词库音系学的很多理论和概念提出了质疑，对词库音系学理论进行了进一步修正。1990年斯坦福大学召开了一次全美性的研究会，重新探讨音系学与形态学的关系以及词库音系学在历时语言学中的运用，又掀起了一次词库音系学的研究热潮。

　　20世纪90年代，词库音系学在美国大学本科与研究生的语言学课程中仍占有重要地位。基于词库音系学在生成音系学发展中的地位以及对生成音系学的贡献，我们把词库音系学作为独立的一章向读者介绍。

第一节　词库音系学的基本模型

　　词库是生成语言学中的一个抽象概念。按照生成语言学的假定，词库由词的底层表达（Underlying Representation，也称原生词素）、形态变化规则以及一系列的音系规则组成，它的输出就是词。以英语为例，名词、动词、形容词的词根属于底层表达，它们储藏在一定的地方。词缀分属于词汇形态变化规则 WFR（Word Formation Rules），包含在形态变化之中，与底层表达不同。其他词汇范畴如副词、介词、连词等（类似汉语的虚词），各自储藏在词库的其他地方。

　　词库音系学的最基本思想就是词库音系规则（Lexical Phonological Rules）和后词库音系规则（Post-lexical Phonological Rules）的两分。前者运用于词库，属于词库音系学；后者运用于句子和短语，属于后词库音系学（Post-lexical Phonology）或短语音系学（Phrasal Phonology）。这种两分基于如下设定：词库音系规则与词汇形态构成的具体过程相联系，后词库音系规则与句子和短语的形成过程相联系；这两种规则的运用特点、运用方式以及运用场（application domain）等都不相同，是两种截然不同的音系规则。词库音系规则与后词库音系的不同可以用下图表示。

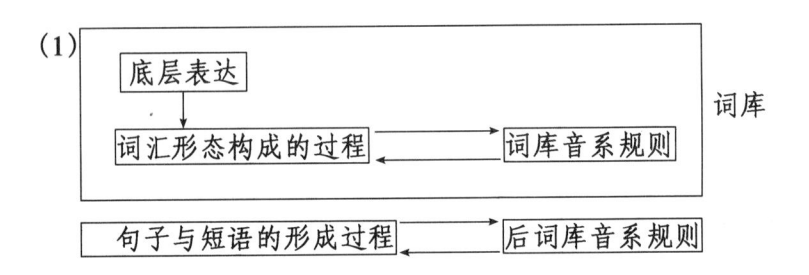

(1)
```
┌─────────────────────────────────────────────┐
│   ┌────────┐                                │
│   │ 底层表达 │                                │
│   └────────┘                                │
│  ┌──────────────────┐     ┌──────────────┐  │  词库
│  │ 词汇形态构成的过程 │◄───►│ 词库音系规则  │  │
│  └──────────────────┘     └──────────────┘  │
└─────────────────────────────────────────────┘
   ┌──────────────────┐     ┌──────────────┐
   │ 句子与短语的形成过程│◄──►│ 后词库音系规则 │
   └──────────────────┘     └──────────────┘
```

　　词库音系学全面接受有次序形态学（Level-ordered Morphology）的观点，即语言的词汇形态构成（或词库构成）是一个多层面、有次序的系统。西格尔（Siegel 1974）首先发现英语中某些词缀有层面现象，英语的动词如果以辅音连缀结尾，词的重音一般加在最后一个音节上，其他情况则加在倒数第二个音节上[①]，如（2）（"'"表示重音所在）。

　　　　(2)　　édite　　　"修订"
　　　　　　　 collápse　 "倒塌"

　　但是后缀-ed、-ing等加在动词后面，词根原有的重音却不变，如（3）。

[①] 英语还有一个重音移动规则，它把重音移到倒数第三个音节上，这个规则与此处讨论无关。

（3）　édit-ing　　＊edít-ing
　　　édit-ed　　　＊edít-ed

也就是说，英语的动词重音不计算-ed，-ing等加上后缀的音节，这说明词汇形态规则是分层面的。形态规则-ed，-ing等运用在较晚的词汇形态构成层面上，而英语动词的重音规则则与较早的词汇形态层面相联系。经过进一步研究，西格尔（1974）在她的博士论文中正式提出了"有次序形态学"这一概念。

"有次序形态学"认为，在词库这个多层面、有次序的系统中，每一个层面都标志着词汇形态构成的一个特定阶段。最基本的原生词素是第一层面的输入；经过一系列的形态规则与音系规则，第一层面的输出就成了第二层面的输入；然后在第二层面上再经历一系列的形态规则与音系规则，第二层面上的输出就成了第三层面上的输入；以此类推，一直到该词的形态变化完成为止。

根据有次序形态学的观点，词库音系学进一步假定词库中不同的音系规则运用在不同的词汇形态构成层面，并依据它们所用的词汇形态构成层面再分成若干相对应的层面。因此，词库音系规则也是一个多层面、有次序的系统。这种一对一的层面对应关系可以用下图表示。

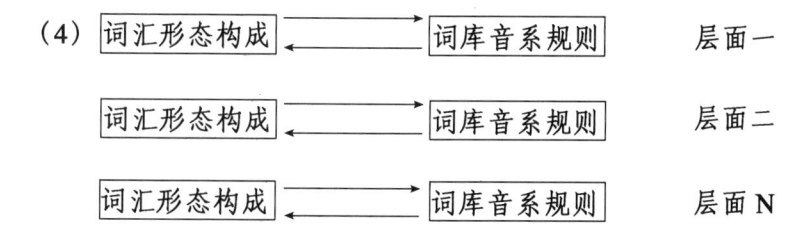

（4）　| 词汇形态构成 | ⇌ | 词库音系规则 |　层面一

　　　| 词汇形态构成 | ⇌ | 词库音系规则 |　层面二

　　　| 词汇形态构成 | ⇌ | 词库音系规则 |　层面N

根据（4）的对应关系，词库音系学认为，词汇形态构成的每一层面上的输出，只与这个层面对应的音系规则层面上的音系规则相联系。比如，词汇形态构成层面一只与词库音系规则层面一上的音系规则相联系，词汇形态构成层面二只与词库音系规则层面二上的音系规则相联系；反之亦然。

根据词的派生过程，词库音系学在词汇形态构成的每一个层面上，

又分出不同的竖层次块,这些竖层次块用大括号分开(理由见下),比如:

(5)　　[re[write]]　　　　"再写"

这些竖层次块(如(5)的 re-和 write)与词汇形态构成规则相对应,标志词在形成过程中的阶段,内部的竖层次块在派生阶段上早于外部的竖层次块。这些竖层次块以及它们在派生过程中较早或较晚的次序,决定对应于词库音系规则层面上的音系规则的运用场及其运用次序。

如上所述,词库音系学把词的生成过程看成是线性的,也就是说层面一只与层面一上的形态构成规则与音系规则相对应;而层面一只能是层面二的输入,层面二只能是层面三的输入,等等;但是,层面三不能再回到层面二,层面二也不能再回到层面一。基于这种分析,词库音系学摒弃了 SPE(乔姆斯基与哈利 1968)的"邻界理论"(Boundary Theory),采用词汇形态学上的"括号法"(Bracketing Theory)来标志词的派生过程;因为"邻界理论"不能反映词汇构成过程的全貌。比如,合成词的方向以及"零形派生"(zero derivation)等在"邻界理论"标志法中就反映不出来,如(6)。

(6) a.　[[[neighbor]$_N$hood]$_N$[gang]$_N$]$_N$　　"邻居帮"　　　括号法
　　 b.　# neighbor # hood # gang #　　　　　　　　　　　　　　邻界法
　　 c.　[[engineer]$_{N\phi}$]$_V$　　　　　　　　　"策划"(动词)　 括号法
　　 d.　# engineer #　　　　　　　　　　　　　　　　　　　　　邻界法

(6a)合成词的构成方向表示得很清楚,neighbor(邻居)加上后缀-hood 变成抽象名词,然后与名词 gang(帮)结合,变成合成词。但是(6b)的邻界法就不能标志合成词的构成方向,也不能表示 neighbor 与后缀-hood 的关系。(6c)的 engineer(策划)从名词"零形派生"成动词被标志得很清楚,但(6d)中邻界法对这种"零形派生"就无能为力。

基帕斯基（1982）把词汇形态学上的这种"括号法"概括成"括号去除惯例"（Bracketing Erasure Convention）如（7）。

（7）在一个层面结束的时候，除去所有的内部括号。

"括号去除惯例"分强式与弱式两种。强式（见 SPE）主张所有的内部括号在一个循环（cycle）之后就除去；弱式主张在一个层面结束的时候，再除去所有的内部括号。多数词库音系学家采用弱式。

"括号法"与"括号去除惯例"的意义有两方面。一是用来标志词汇形态构成在某一个层面上的全过程，同时指示出与之相关联的音系规则的运用场及运用次序；二是用来表示一个词汇形态构成层面的可分析性是有时间性的，一个较早的层面对于一个较晚层面上的形态规则与音系规则来说是不可分析的。也就是说，形态规则与音系规则只能在它们自己的层面上运用，不能在早于它们自己的层面上运用。

根据词库音系学的基本概念，词库音系学的模型可以图示如下：

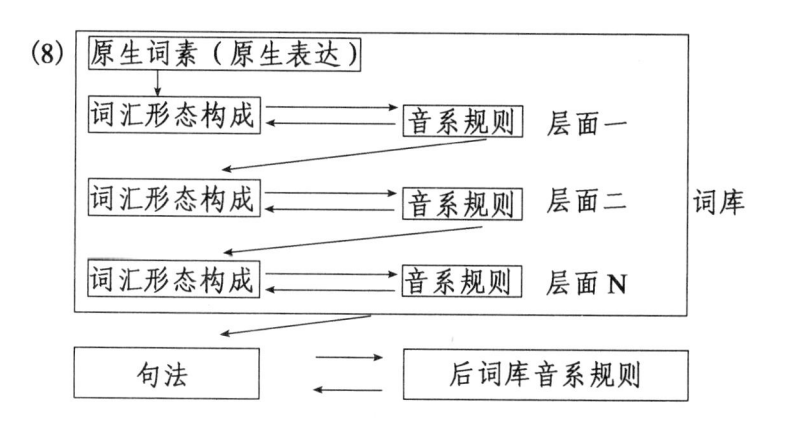

（8）

```
┌─────────────────────────────────────────┐
│  原生词素（原生表达）                    │
│  词汇形态构成 ←→ 音系规则    层面一      │
│  词汇形态构成 ←→ 音系规则    层面二      │   词库
│  词汇形态构成 ←→ 音系规则    层面 N      │
└─────────────────────────────────────────┘
    句法          ←→        后词库音系规则
```

如箭头所示，（8）中原生词素是词汇形态构成层面一的输入。层面一在与其相应的词汇形态构成规则以及音系规则运用之后，成为层面二的输入；层面二在与其相应的词汇形态构成规则以及音系规则运用之后，成为层面三（这里用层面 N 表示）的输入；其余以此类推。但是词汇形态构成只与相对应的（即同一层面上的）音系规则相联系，反之也一样。词在词库中经历了一系列的形态构成规则以及音系规则以后，进入句法。后词库音系规则只与句法结构的形成过程相联系。

第二节 绝对循环条件与优先条件

上一节我们介绍了词库音系学的基本模型，这一节我们介绍词库音系学的两个重要概念：绝对循环条件（Strict Cycle Condition）与优先条件（Elsewhere Condition）。

绝对循环条件

词库音系学把词库音系规则分成两大类：一类具有循环性（cyclicity），只运用于派生环境中；一类不具有循环性（或具有非循环性），可以用在派生环境（derived environment）中，也可以用在非派生环境（non-derived environment）中。

派生环境指原生词素已经历过形态变化（即词汇形态构成规则业已运用）或音系变化（即音系规则业已运用），非派生环境指原生词素未经历任何词汇形态变化或音系变化。比如，芬兰语的爆破音［t］在［i］前变成摩擦音［s］的规则只运用在词缀［i］的前面；在词根的［i］前面，不能运用，如（1）所示（材料引自 Kenstowicz 1994）。

(1) a. ［t］→［s］/＿＿［i］
    b. halut-a   要（不定式）
       halus-i   要（过去式）
    c. tila   房间
       ＊sila
    d. äiti   母亲
       ＊äisi

（1a）是规则；（1b）说明 halut-a（要）加词缀［i］以后，从不定式变成过去式，原来的［t］变成了［s］；（1c）和（1d）说明规则（1a）在词根的［i］前面不起作用。这个例子说明，词根经历了形态变化（加过去式词缀），从非派生环境转变成派生环境。

芬兰语中有一个与（1a）相关的规则，就是［e］在词尾变成［i］，可以写作（2）（"#"表示词界）。

(2) ［e］→［i］/___#

任何经历过（2）这种音系变化的词，即使是词根，也可以经历（1a）；也就是说，［t］可以变成［s］，如（3）所示。

(3) vete-nä   "水"（永存格）
    vesi   "水"

（3）的派生过程可以用（4）表示。

(4) ［vete］
    veti   规则（2）
    vesi   规则（1a）

这是一个词根经历音系变化，从非派生环境转变成派生环境。

循环性指同一音系规则的重复使用，从词最内部的词素（竖层次块）开始，逐渐扩大到词的外层，一直到整个词的形成，如（5）所示。

(5) ［［Y［X］］Z］
    ［X］   循环一
    ［Y X］   循环二
    ［Y X Z］   循环三

北京话的上声变调就具有循环性。如（6）。

(6) ［猫咬［小［老鼠］］］
    1 3   3 3 3   原字调

                [2 3]   循环一
              [3 2 3]   循环二（无变调）
          [1 2 3   2 3]   循环三

（6）的上声变调从词的最内部成分开始，逐渐扩大到外层，一直到整个词形成为止。在循环一中，"老"变成了阳平。循环二中没有上声变调的条件，所以没有变调发生；循环三中"咬"变成了阳平，因为它在上声字"小"的前面。

非循环（non-cyclic）性指音系规则不能重复使用。这种音系规则不选择运用环境，在派生环境中可以使用，在非派生环境中也可以使用。比如北京话的轻声规则（7）（*表示轻声）。

（7）a. 葡萄
       2 2   原字调
       2 *   轻声规则
    b. 老虎   整理
       3 3   3 3   原字调
       2 3   2 3   上声变调规则
       2 *   2 *   轻声规则

（7a）的轻声规则运用于原生词素，所以是非派生环境；（7b）的轻声规则运用在上声变调之后，所以是派生环境。轻声规则不能像上声变调那样可以循环运用。

最先提出派生环境概念的是词库音系学的创始人基帕斯基（1973）。马什卡诺（Mascaró 1976）进一步把循环性与派生环境概念结合在一起，认为二者是不可分的，并因此提出了绝对循环条件的假定如下：

（8）绝对循环条件
    a. 循环性规则仅运用于派生环境；
    b. 派生环境指词素经历过词汇形态规则或音系规则。

绝对循环条件是词库音系学的奠基理论。

优先条件

优先条件是词库音系学中的一个重要概念，是解决在同一运用环境下两个音系规则互相冲突的必要条件。基帕斯基（1982）把优先条件表达为（9）。

(9) a. 给定两个规则，甲和乙；甲的使用条件是乙的使用条件的一部分（而且甲和乙运用后的结果不同），那么甲为普通规则（general rule），乙为特殊规则（special rule）；在使用顺序上，甲先于乙。
b. 如果甲被使用，乙则不能再使用。

同一运用环境下两个音系规则互相冲突是语言中的普遍现象。我们在第二章第一节中已经部分运用过优先条件来解释福州声母中的音变现象。这里再举一个北京话的例子来说明优先条件存在的必要性。北京话单音节形容词重叠并儿化以后，无论词根原来是什么调，重叠后的后一音节都变成阴平调，如（10）。

(10) 慢慢儿
　　 快快儿
　　 4 4　　　原字调
　　 4 1　　　变调

如果未经儿化，而且形容词词根本来是上声，那么重叠后第一个上声字变阳平调，这是因为上声变调规则的运用，如（11）。

(11) 远远
　　 3 3　　　原字调
　　 2 3　　　上声变调

但是如果儿化，上声变调规则就不能运用，而是让位于重叠形容词（儿化）变调规则（12）（@表示除轻声以外的任何声调，1表示阴平调，r表示儿化）。

(12) 重叠形容词（儿化）变调规则
[@]→1/ [@] ＿＿ (r)

这个规则说明所有的单音节形容词重叠后，不管原字调是什么，在儿化前都变成阴平调。(11) 因此变成 (13)。

(13) 远远儿
3 3   原字调
[yuan + yuanr]   儿化
3 1   重叠形容词（儿化）变调规则
……   上声变调

为什么上声变调会让位于重叠形容词（儿化）变调规则呢？优先条件在这里起了作用。上声变调运用的环境与重叠形容词（儿化）变调规则比起来要简单得多，运用范围也广泛得多。它的运用环境就是前后两个上声字，所以是一个普通规则；而重叠形容词（儿化）变调规则只适用于单音节形容词重叠并儿化的环境，运用范围很窄，条件也较严，所以是特殊规则。这里，上声变调的运用条件是重叠形容词（儿化）变调规则的一部分，所以重叠形容词（儿化）变调规则优先使用。它使用以后，上声变调不能再使用，因为上声变调的环境已不复存在。

对于北京话单音形容词的重叠 AA 式以及它的 ABB 式变调，我们在第四章第一节已有详细的分析。

第三节　后词库音系规则的特点

第一节我们提到词库音系学的最基本思想就是对此库音系规则和后词库音系规则的两分法。这一节我们通过与词库音系规则的比较，说明后词库音系规则的特点。

一 运用范围不同

词库音系规则与后音系规则的最主要区别是运用范围不同。顾名思义，后词库音系规则运用在词与词之间，跟句子和短语的形成过程相联系；而词库音系规则运用在词的形成过程中，跟词汇形态构成的具体过程相联系，如下图所示。

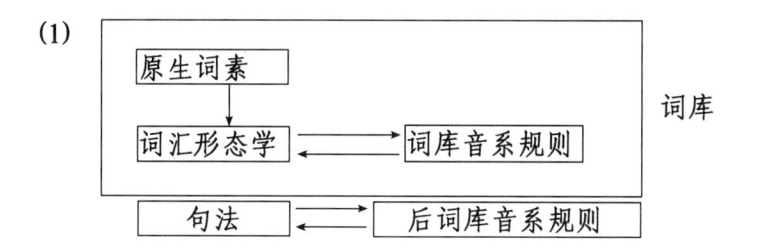

(1)

```
        ┌─────────────────────────────────────┐
        │   ┌──────┐                          │
        │   │原生词素│                          │
        │   └───┬──┘                          │
        │       ↓                             │  词库
        │   ┌────────┐ ←─── ┌──────────┐     │
        │   │词汇形态学│ ───→ │词库音系规则│     │
        │   └────────┘      └──────────┘     │
        └─────────────────────────────────────┘
            ┌────┐ ←─── ┌────────────┐
            │句法│ ───→ │后词库音系规则│
            └────┘      └────────────┘
```

举一个后词库音系规则的例子。北美英语有一个闪音规则（Flapping rule），可写作（2）（"′V"表示重音音节，[D]代表闪音）。

(2) 闪音规则
　　　[t] → [D] /′V ___ V

(2) 说明处于元音之间的爆破音[t]变成响音[D]，例子见(3)。

(3) a. atómic　　原子的　　　á[D]om　　　　　原子
　　 b. méet　　 会见　　　 mée[D]-ing　　　会议、会见
　　 c. whát　　 什么　　　 Whá[D] is wrong?　有什么问题？

(3a) 是在词根上运用，(3b) 是在词素之间运用，(3c) 是在句子中运用。无论在句子当中还是在词当中，只要遇到它的运用环境，闪音规则都可以使用。但该规则的使用是在词进入句子之后，而不是进入句子之前。

二 无词库例外

词库音系规则的另一个特点是有词库例外（Lexical exception）。词库例外指某些词库音系规则在某个词汇形态构成层面上不能运用，因此，在这个词汇形态构成层面上所派生的词不经过这一音系规则。也就是说，某些音系规则不能运用到某些词上。比如，英语词的倒数第三音节的松化规则就存在词库例外，倒数第三音节的松化规则可以写作（4）（V_1 没有重音，C 表示辅音，V 表示元音）。

（4）英语倒数第三音节松化规则
V（长）→V（短）／____ CV_1CV_2

（4）表示一个长元音在倒数第三音节的位置上变成一个短元音，例子见（5）（下面加线的表示长元音，"^" 表示短元音）。

（5）a. gra̱de 等级　　　grâdual 逐渐的
　　 b. fa̱ble 寓言　　　fâbulous 寓言般的

但是在下面一组词中却不能运用。

（6）a. bra̱ve 勇敢的　　bra̱very　*brâvery 勇敢
　　 b. mi̱ght 可能　　　mi̱ghtily　*mîghtily 猛烈地
　　 c. pi̱rate 海盗　　　pi̱rating　*pîrating 掠夺

后词库音系规则不存在这种词库例外现象，（3）所反映的北美英语的闪音规则就是无例外的规则。

三 非循环性（Non-cyclicity）

词库音系学区分词库音系规则与后词库音系规则的一个重要标准，是运用时是否呈现循环性。基帕斯基（1982）认为，循环性是词库音系规则的主要特点，它是由词库音系规则的性质所决定的。词库音系规则与词汇形态构成层面相联系，后者决定前者的运用场以及运用次序。对于词库音系规则来说，词汇形态构成的过程是一个可分析的、多层面的、有次序的系统，其中的有次序性决定了词库音系规则运用的循环性。而对于后词库音系规则来说，词的形态构成是一个不可分析的实体，所以非循环性是后词库音系规则的特点，这可用（7）来表示。

（7）[[inter[nation]al]ity]　　词库音系表达
　　　[internationality]　　　　后词库音系表达

对于词库音系规则来说，internationality 是可分析的、多层次的、有次序的；而对于后词库音系规则来说，internationality 是一个不可分析的实体。

四　非结构保持

结构保持（Structure preservation）是词库音系学的一个基本概念，这个概念也可作为区分词库音系规则与后词库音系规则的标准。结构保持指词库音系表达只能取用词库中有区别意义的"库存"音段，这种"库存"音段包括区别意义的声调（对有声调语言而言）。任何词库音系规则的输出（或结果），都不能超出该语言中能区别意义的音段的范围。举个例子，北京话上声变调的结果是前一字读阳平，阳平调在北京话是具有区别意义的"库存"音段，所以属于结构保持。反之，如果上声变调的结果是一个 Z 调，那就不是结构保持，因为北京话音系里不存在 Z 调。

而后词库音系规则却可能创造一些该语言不区别意义的音段，比如前面提到的北美英语的闪音规则，它创造了英语中不存在、因而也不区别意义的新音素 [D]。以英语为母语的北美人听不出 [D] 是个新音素，因为 [D] 在英语中不区别意义。

五　无派生环境要求

前面说过，派生环境指原生词素已经历过形态变化（即词汇形态构成规则业已运用）或音系变化（即音系规则业已运用）；非派生环境指原生词素未经历任何词汇形态变化或音系变化。对于派生环境是否有要求，也可作为一个标准来区分词库音系规则与后词库音系规则。词库音系规则不能用于非派生环境，而后词库音系规则无论在派生与非派生环境中都可以使用。比如，英语的（词库音系规则）倒数第三音节松化规则不能运用在（8）。

(8) nightingale "夜莺"

（8）的第一个音节同时也是倒数第三个音节，它没有变成短元音，这是因为 nightingale 是原生词根，即非派生环境。但是，闪音规则却可以运用在这个词上，如（9）所示。

(9) nigh[D]ingale

这是因为后词库音系规则对派生环境不作要求。

如上所述，后词库音系规则的特点：一是运用在词与词之间；二是无词库例外；三是呈非循环性；四是可能会创造语言中不区别意义的音段，因而不能做到结构保持；五是无派生环境要求。

第四节　词库音系学存在的问题

一　P1 与 P2 规则

词库音系学理论最有争议的问题，是对词库音系规则和后词库音系规则的划分标准。如前所述，基帕斯基（1982，1985）认为，词库音系规则的一大特点就是它的循环性；而后词库音系规则由于不与词库中的词汇形态构成层面相联系，所以不具备循环性。但是，越来越多的音系学家发现，在很多语言尤其是声调语言中，有些后词库音系规则在句子中必须循环运用，否则就不能得出正确的结果。北京话的变调就是一个例子。以北京话的上声变调为例，如果不考虑它的循环性，很难对它作出正确的分析，见（1）（左括号表示上声变调运用场，右括号省略)。

(1)　a. 他 往 北 走。　　　　　　b. 我 想 买 酒。
　　　　1　3　3　3　　　　　　　　3　3　3　3　　原字调
　　　　(1　3　(2　3　　　　　　 (2　3　(2　3　　循环一
　　　　(1　3　2　3　　　　　　　(2　3　2　3　　循环二(无变调)
　　　*(1　2　2　3　　　　　　 *(2　2　2　3　　无循环

(2)　a. 他 往 北 走。　　　　　　b. 我 想 买 酒。
　　　　1　3　3　3　　　　　　　　3　3　3　3　　原字调
　　　　　　(2　3　　　　　　　　　　(2　3　　　循环一
　　　　(1　3　2　3　 无变调　　　(2　3　2　3　　循环二
　　　*(1　2　2　3　　　　　　 *(2　2　2　3　　无循环

　　（1）和（2）的两个句子完全相同，如果把全句作为一个上声变调的运用场（即不考虑循环性），（1）和（2）都会得出错误的变调结果：*1223 与 *2223。这种变调结果只有在极快速的话语中才会出现。要得到正确的变调结果，必须让上声变调作一次循环。（1）和（2）的循环顺序稍有不同，如例中所示，（1）是上声变调先在句子的两个运用场同时运用，即（1a）的"他往"和"北走"，（1b）的"我想"和"买酒"；然后打破这两个运用场的边界，形成一个新的运用场，上声变调在这个新运用场内再次使用（但是没有变调发生，因为没有相邻的上声字）。（2）是上声变调先在右边的运用场内运用，即（2a）的"北走"和（2b）的"买酒"，因此"北"和"买"变成阳平调；然后打破"北"和"买"左边的边界，分别与"他往"和"我想"各自组成一个新运用场，上声变调在这个新运用场内再次运用。（2a）的"往"不能变，因为"北"已经在循环一中变成了阳平；而（2b）中的"我"经历变调，因为它在"想"的前面。无论上述哪一种循环，上声变调都必须运用两次才能得出正确的结果，所以循环性是北京话上声变调的特点。

　　这种具有循环性的后词库音系规则对词库音系学的理论提出了挑战，凯斯（Kaisse 1985）因此提出了 P1（Post-lexical rule 1）与 P2（Post-lexical rule 2）规则的区别。按照凯斯（1985）的理论，P1 指某些后词库音系规则，虽然它们在句子中运用（词与词之间），可是仍然具有词库音系规则的特征，即结构保持、受词汇（形态）构成规则的限制、有词库例外、可循环运用等（见本章第三节）；P2 指传统的后词库音系规则，如北美英语的闪音规则。这种后词库音系规则创造该语言里不区别意义的新音素、不受词汇（形态）构成规则以及句子短语结构的限制、没有词库例外、呈非循环性等。

凯斯（1985）的 P1 与 P2 的分别可以部分解释北京话上声变调这类特殊后词库音系规则的存在及其特性，比如上声变调的结果保持了北京话四声（阴平、阳平、上声、去声）结构，并没有创造任何新声调；上声变调规则受词汇派生组合的限制，具有循环性。例如，"水果酒"与"水处理"变调结果不同，见（3）。

(3) a. [[水果]酒]
    3 3 3   原字调
    (2 3)   循环一
    (2 2 3   循环二
    *3 2 3

 b. [水[处理]]
    3 3 3   原字调
    (2 3   循环一
    (3 2 3   循环二
    *2 2 3

上声变调也有词库例外，如"五匹马"，北京话的实际声调说成 313 而不是 *223。但是，凯斯的 P1 与 P2 的分别却不能解释这类特殊后词库音系规则在句子中的运用，比如，它们为什么在句子中也呈现循环性？它们在句子中的运用环境是什么？与什么相联系？它们的运用场如何限定等等，所以这个问题还没有解决。

二　循环性的归属

词库音系学理论另一个有争议的问题是循环性的属性问题，循环性到底是词库音系规则的属性，还是词库层面的属性，不同的词库音系学家持不同看法。基帕斯基（1982，1985）认为，循环性（与派生环境和结构保持）是词库音系规则的特有属性，是鉴别词库音系规则与后词库音系规则的标准。莫汉尼（1986）却把循环性归属于词库的层面，认为循环性不是词库音系规则的固有属性，而是词库层面的自然属性，是由内部语言系统的多层次性、矩阵性所决定的。有些层面具有循环性，也就是说词汇形态构成过程在这一层面上是多层次的，与之相对应的音系规则运用也就呈现循环性；而有些层面上的词汇形态构成过程是单层次的，与之相对应的音系规则也就失去了循环性。同理，句法也有它的构成过程，因此也是一个多层面的、有次序的系统。后词库音系规则与句子的形成过程相联系，因此也呈现循环性。

莫汉尼（1986）进一步假定词库层面的属性可以各不相同，即有的具备循环性特征，有的不具备循环性特征，证据是某些语言存在明显的不具循环性特征的层面，因此，与之相应的音系规则也就不具循环性。莫汉尼夫妇（Mohanan & Mohanan 1984）发现一种马来半岛的语言 Malayalam，其词库中所有的四个层面都不具备循环性，与这四个层面相联系的所有的音系规则因此也都不具备循环性。

不具备循环性特征的层面不是一个特殊的语言现象，汉语中也存在。北京话上声变调有一个不易解释的问题，就是由后缀"子"构成的"椅子"、"剪子"等和由称谓名词词根重叠构成的"奶奶"、"姐姐"等之类的轻声词，与"老虎"、"小姐"、"走走"、"处理"等另一类轻声词，它们虽然都由上声词素构成，但变调情况不一样。这两组词的后字都念成轻声，但第一组前字的原上声字不变调，而第二组的前字都变成了阳平调。换句话说，第一组的词只经历了轻声规则，没有经历上声变调；而第二组词既经历了轻声规则，也经历了上声变调，而且上声变调运用在前，轻声规则运用在后。这两组变调为什么不一样？我们可以假定北京话也有不具备循环性特征的层面。许德宝（Xu 1993）认为北京话的词库至少由两个层面构成，一个具备循环性，一个不具备循环性，如（4）所示。

（4）层面一（不具循环性）

a. 后缀一（如-子、-头、-朵）
b. 称谓名词词根重叠（如奶奶、姐姐、姥姥）
对应音系规则：轻声规则
层面二（具循环性）①
a. 前缀法（如老-、小-、第-、初-）
b. 重叠构词法（称谓名词除外）
c. 合成法
d. 后缀二（如-们、-化、-学、-家）
对应音系规则：上声变调、轻声规则等
规则使用次序：上声变调先于轻声规则

层面一的词汇构成过程是单层次的，不具循环性，只有轻声规则与之相对应。层面二的词汇构成过程是多层次的，具有循环性，上声变调以及轻声规则等与之相对应；此外，上声变调先于轻声规则。层面一的输出，在汉语语义结构允许的情况下可以作为层面二的输入，如"老-奶奶"、"姐姐-们"，并因此经历层面二的音系规则，如"老奶奶"的"老"变成阳平调。但层面二的输出不能作为层面一的输入，如*"老虎子"。由于北京话的层面一不具循环性，上声变调只与具有循环性的层面二相联系（上声变调循环性的例子见本章第二节），因此产生了这两组词不同的变调结果。这两组词的变调过程可用（5）表示（*表示轻声）。

(5) 层面一
椅子　奶奶　姐姐
3 3　　3 3　　3 3　　　原字调
3 *　　3 *　　3 *　　　轻声规则
层面二
老虎　走走　处理
3 3　　3 3　　3 3　　　原字调

---

① 与上声变调无关的规则及前缀、后缀等，此处从略。

2 3	2 3	2 3	上声变调
2 *	2 *	2 *	轻声规则

既然不具备循环性的层面在语言中确实存在，而且与之相对应的音系规则也不具循环性，那么，假定循环性不属于词库音系规则的固有属性，而是词库层面结构的自然属性，这一假设应该能成立。

三　回还

词库音系学理论另一个有争议的问题是层面之间的次序关系。哈利与莫汉尼（Halle & Mohanan 1985）发现，在一种英语方言里，存在一种词根元音紧缩规则，它必须区分形态构成规则是词缀法还是合成法。这种词根元音紧缩规则只能运用于合成词，不能运用于加词缀的词。也就是说，这两种词汇形态构成规则——合成法和词缀法——分属于这种英语方言词库的不同层面，如（6）所示。

（6）词缀构词法　　　层面 n
　　合成构词法　　　层面 i（i≠n）

奇怪的是，这两种构词规则又可以交向使用，即词缀法的输出，可以再经历合成法；而合成法的输出，也可以再作为词缀法的输入，如（7）所示。

（7）a. [[neighbor]hood]"邻居"→
　　　　词缀法
　　[[[neighbor]hood][gang]]"邻居帮"
　　　　合成法
　　b. [[air][condition]]"调节空气"→
　　　　合成法
　　[re[air[condition]]]"空气再调节"
　　　　词缀法

根据（6），词缀法和合成法必须分属该英语词库的不同层面；而根据（7），这两种构词规则又可以交向使用；那么，以往词库音系学对英语词库的分析就得修正。以往的词库音系学认为，词缀法和合成法在一个层面上进行，以及词库音系学关于层面的严格线性关系——较晚的层面不能再回到较早的层面上。哈利与莫汉尼（1985）因此提出了"回还"（loop）的概念：在词的形态构成过程中，有些词可以"回还"到某个业已经历的层面，再次经历该层面上的词汇形态构成过程和与之相对应的音系规则，如（8）所示。

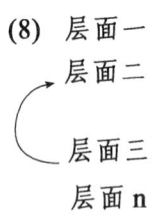

(8)　层面一
　　　层面二
　　　层面三
　　　层面 n

综上所述，词库音系学还存在不少问题，比如词库音系规则与后词库音系规则的划分标准，循环性的归属，词库层面的严格线性关系等，这个理论有待于进一步发展。

第八章 音系与句法的交叉研究

第一节 音系与句法交叉研究的兴起与争端

音系与句法的交叉研究（Interface Study between Phonology and Syntax）兴起于 20 世纪 80 年代中后期，是现代音系学中的一个新领域。1988 年美国斯坦福大学召开了一次全美性的讨论会，专门探讨音系与句法的交叉研究。词库音系学研究音系规则在词的范围内的运用；音系与句法的交叉研究，顾名思义，研究音系规则在句子中的运用。所以音系与句法的交叉研究又称短语音系学（Phrasal Phonology）或句法音系学（Sentential Phonology）。由于音系与句法的交叉研究也包括句子的韵律规则，所以又称韵律音系学（Prosodic Phonology）。根据词库音系学的概念，音系与句法的交叉研究属于后词库音系学（Post-lexical Phonology）的范畴。

音系学家发现，音系规则在句子中的运用与在词的范围内的运用不同，它的运用场以及运用规则与句法信息有关，句法信息包括句子的树形结构、短语中短语核与补足语之间的关系、词法中的实词与虚词、句法中的最大投射（maximal projection），甚至 C-控制（C-command）关系等。现有的音系学理论比如词库音系学等对这些问题都没有解释，这是音系与句法交叉研究兴起的主要原因。

音系规则在句子中的运用与句法信息有关，但音系与句法属于不同范畴，它们有各自的结构、运用场、运用规则和运用方式。因此，音系与句法的交叉研究首先遇到的问题是如何把句法信息运用到音系规则的分析中。围绕这个问题，在音系与句法的交叉研究中展开了一场争论。有一种理论认为，音系规则在句子中的运用直接受句法结构的制约，它的运用场、运用方式等直接由句法规则及句法范畴决定，这就是所谓的"直接理论"（Direct Reference Theory），坚持这种理论的有凯斯（Kaisse)、奥登（Odden）等。另一种理论认为，音系结构与句法结构不同，虽然音系规则在句子中的运用受到句法结构的制约，可是音系规则的运用场只能根据音系结构来决定，句子中的音系结构只能从与之相关的句法结构中派生，而不能根据句法关系直接限定。这就是所谓的"间接理论"（Indirect Reference Theory），坚持这种理论的有塞尔扣克（Selkirk）、黑尔（Hale）、尼斯普（Nespor）、沃格尔（Vogel）、海斯（Hayes）等。

音系与句法的交叉研究的另一个争论是，哪些句法信息与限定句中音系规则的运用场有关。此外，句法信息能否全面决定音系规则在句子中的运用？有无其他（非句法）信息也对音系规则在句子中的运用发生影响？如果有，是什么信息？

还有一些其他有关问题，比如，一个句子的音系结构到底是什么样的？"绝对层次假定"（Strict Layer Hypothesis）是否成为形成一个句子音系结构的最佳制约？词库音系学同音系与句法交叉研究的关系，等等。

下面我们分别介绍"直接理论"与"间接理论"以及从这两种理论派生出来的不同研究方法，然后通过分析这些理论及研究方法在汉语中的运用，尝试解释上述音系与句法交叉研究中的争论。

第二节 直接理论与间接理论

一 直接理论

直接理论的代表是凯斯（Kaisse 1985）和奥登（Odden 1987）等。奥登认为音系规则在句子中的运用场可以直接根据句法关系来决定；凯斯则认为，音系规则在句子中的运用场是由句法中的 C-控制理论来决定的。

二 C-控制场（Domain C-command）分析法

凯斯（1985）把乔姆斯基句法理论中的"C-控制"和"边界"理论（Barrier Theory）运用到音系与句法的交叉研究中，认为音系规则在句中的运用直接受 C-控制场的限制。C-控制关系可用下图说明（VP,

动词短语；V，动词；NP，名词短语；Det，限定词；N´，名词投射；AP，形容词短语；N，名词）。

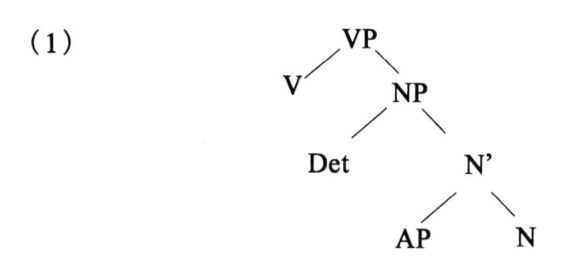

(1)
```
            VP
           /  \
          V    NP
              /  \
            Det   N'
                 /  \
                AP   N
```

（1）的 C-控制关系是，V 能 C-控制 N 以及 NP 和 NP 中的所有的成分；N 不能 C-控制 V，但能 C-控制 Det 和 AP 中的所有的成分。另外，Det 也 C-控制 NP 中的所有的成分，包括 N 和 AP，但是 AP 的成分不能 C-控制（1）中的任何成分，因为 AP 是它们的最大投射（maximal projection）。

凯斯（1985）认为，音系规则只能在两个有 C-控制关系的成分之间进行，C-控制的范围是最大投射，出了这个"边界"（场），音系规则就不能运用。所以，这种分析叫作 C-控制场分析法。在（1）中，音系规则可以从 V 向下运用，一直到 N，但是不能从 N 运用到 V，因为 N 不能 C-控制 V。N 的 C-控制场是它的最大投射 NP，因此，音系规则也可以从 N 向上运用到 NP 中的所有成分，包括 AP 中的所有成分。音系规则也可以从 Det 向下运用到 N，因为 Det 也能 C-控制 N。但是，AP 中的任何成分不能向上运用，应为 AP 是一个最大投射。

根据以上分析，凯斯认为音系规则运用时有四种可能性：

(2) a. 词 A 必须 C-控制词 B；
    b. 词 B 必须 C-控制词 A；
    c. 词 A 与词 B 互相 C-控制；
    d. 词 A 与词 B 无 C-控制要求。

三 间接理论

间接理论（代表人有塞尔扣克、黑尔、尼斯普、沃格尔、海斯等）认为，音系结构与句法结构不同，虽然音系规则在句子中的运用受句法结构的制约，但是音系规则的运用场只能根据音系结构来决定，这种句子中的音系结构可以从与之相关的句法结构中派生。早期的间接理论（塞尔扣克1980，1981，1984；海斯1984）认为，音系规则在句子中的表达是一个构成要素结构树（Constituent Structure Tree），这个结构树的构成要素是分层次的，所以又叫"韵律层级集"（Prosodic Hierarchy）。构成"韵律层级集"的一个重要概念就是"绝对层次假定"（Strict Layer Hypothesis）。

首先提出"绝对层次假定"的是海斯（1984）。海斯认为，"韵律层级集"中的范畴（category）是分等级的，可以根据它们的等级分成 C_1，C_2……（Category 1，Category2 等等）。高等级的范畴支配和控制低等级的范畴，而且只能支配和控制比自己低一级的范畴，不能越级。比如，C_i（i 表示层次）支配和控制并只能支配和控制 C_{i-1}（即比 C_i 低一级的范畴）。海斯还认为，所有这些不同等级的范畴组成语言的"韵律层级集"，"韵律层级集"中的范畴与句法结构范畴相联系。

尼普斯与沃格尔（Nespor & Vogel 1986）更明确地限定了"绝对层次假定"如下：

(3) 绝对层次假定
  a. 在韵律层级集中，任何非终结的范畴 X^P 都由一个或几个低一层次的范畴 X^{P-1} 组成；
  b. 任何范畴只能由包含它的上一层次的范畴支配控制，不能由任何其他范畴支配控制。

它进一步强调了这种韵律层级集中各范畴之间的绝对包含及支配关系。

塞尔扣克和沈（Selkirk & Shen 1990）把"绝对层次假定"简化成下列公式：

(4) $C^n \rightarrow C^{(n-1)}$

一个句子的音系（韵律）的形成必须符合（4）。在这里，C 代表范畴（category），n≠1，即（n-1），表示比 n 低一级的范畴。任何范畴只能支配和控制它所包含的低一级的范畴；反之亦然，即任何范畴只能被包含它的高一级的范畴所支配控制。

围绕绝对层次假定，从间接理论又派生出三种分析方法。第一，韵律层级集分析法。海斯（1984）把韵律层级集的范畴由低至高分成五类：

(5) a. 韵词（Word，代表符号为 W）
b. 韵组（Clitic Group，代表符号为 CG）
c. 韵短语（Phonological Phrase，代表符号为 PPh）
d. 调语（Intonational Phrase，代表符号为 IPh）
e. 话语（Utterance，代表符号为 U）

根据绝对层次假定，在这个层级集，话语（U）支配并只能支配调语（IPh），调语（IPh）支配并只能支配韵短语（PPh），韵短语（PPh）支配并只能支配韵组（CG），韵组（CG）支配并只能支配韵词（W）。它们之间的线性支配关系如（6）所示。

(6) U > IPh > PPh > CG > W

这五个范畴与句法的对应关系是：话语（U）相当于一般的句子，调语（IPh）指句子的语调组，韵短语（PPh）与句法中的最大投射（如 NP、VP 等）相当，韵词（W）等于一般的词。海斯（1984）认为，韵组（CG）是音系规则在句子中的运用范围，因此它是韵律层级集中的最主要成分。为了正确划分，海斯对韵组（CG）作了如下限定：

(7) 韵组（CG）的组成
a. 每一个实词（Lexical category）与其左或右的虚词（Non-lexical category）组成一个独立的韵组（CG）；
b. 实词为韵组（CG）的韵核；
c. 虚词的选择依照它与韵核意义的远近而定，近则取，远则舍。

下面是一个韵律层级集分析法在英语上运用的例子，可以清楚显示韵律层级集的范畴与句法的对应关系以及韵组（CG）的组成关系。

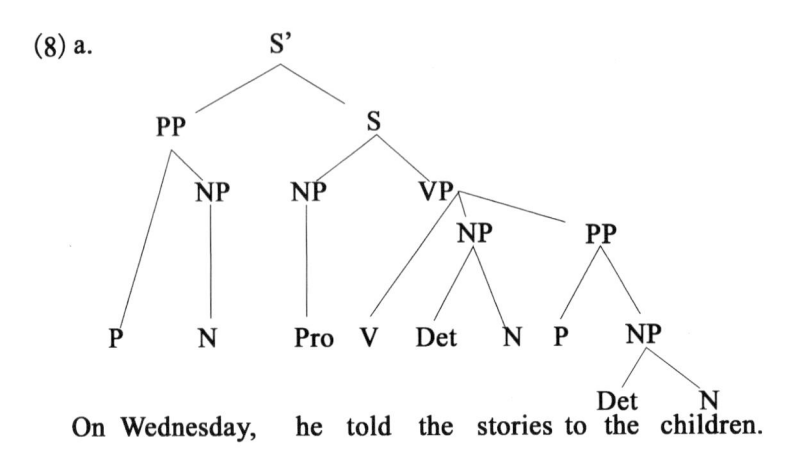

(8) a.

```
                    S'
                  /    \
                PP      S
               /  \   / | \
              NP  NP NP  VP
              |    |  |  / \
              P    N Pro V  NP   PP
                              |  /  \
                             Det N  P  NP
                                        / \
                                       Det  N
```

On Wednesday, he told the stories to the children.

星期三他给孩子们讲了这些故事。

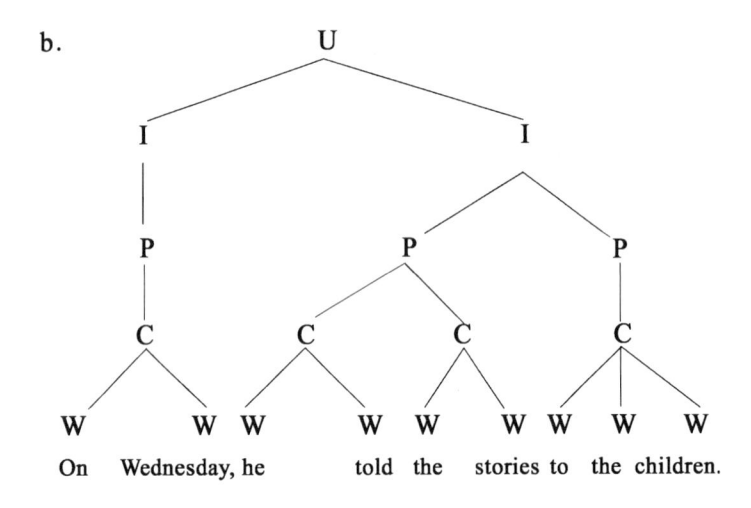

b.

```
                    U
                  /   \
                 I     I
                 |    /|\
                 P   P   P
                 |  /|   |\
                 C C C   C
                /| | |\ /| |\
               W W W W W W W W
```

On Wednesday, he   told the stories to the children.

  从间接理论派生出的第二种分析是短语关系分析法。尼斯普与沃格尔（1986）把韵短语（PPh）作为句子音系结构的核心，认为它是句子中音系规则的运用场。尼斯普与沃格尔的韵短语（PPh）是根据短语中词的相互关系决定的，他们的方法可以叫作短语关系分析法。

  尼斯普与沃格尔（1986）认为，在最大投射中，短语中心（Head）与它左边的成分和右边的成分组成一个韵短语（PPh），这种韵短语

（PPh）的组成视不同的语言类型而定。如果是右向延伸语言（Head-initial language），短语中心与它左边的（最大投射中的）成分组成韵短语（PPh）的一部分；如果是左向延伸语言（Head-final language），短语中心与它右边的（最大投射中的）成分组成韵短语（PPh）的一部分。图示如下（X^{max}，词的最大投射；H，短语中心；Y，补足语）：

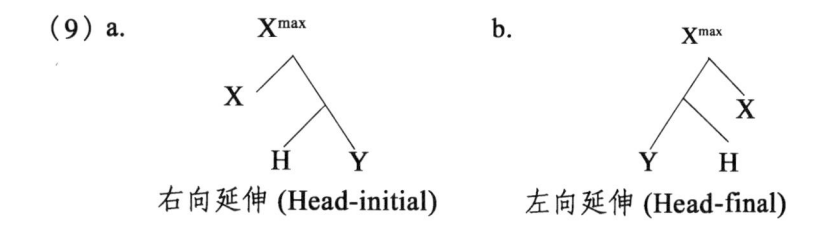

(9) a.　　　　X^{max}　　　　　b.　　　　X^{max}
　　　　　　／＼　　　　　　　　　　　／＼
　　　　　X　　　　　　　　　　　　　　　X
　　　　／＼　　　　　　　　　　　　　／＼
　　　H　　Y　　　　　　　　　　　Y　　H
　　右向延伸 (Head-initial)　　　左向延伸 (Head-final)

（9a）是右向延伸语言，所以短语中心（H）与它左边的 X 组成韵短语的一部分；（9b）是左向延伸语言，所以短语中心（H）与它右边的 X 组成韵短语的一部分。另外，短语中心（H）还必须与（9a）、（9b）中的补足语（Y）组合在一起，形成一个完整的韵短语。与补足语（Y）的组合，根据音系规则的需要，由下列两个参数决定：

(10) a. 绝对包括、不绝对包括和绝对排斥补足语；
　　　b. 补足语可分叉（即由两个以上成分组成）。

根据这两个参数，韵短语的组合有如下几种可能性：

(11) a. 韵短语绝对包括补足语，补足语分叉；
　　　b. 韵短语绝对包括补足语，补足语不分叉；
　　　c. 韵短语非绝对包括补足语，补足语分叉；
　　　d. 韵短语非绝对包括补足语，补足语不分叉；
　　　e. 韵短语绝对排斥补足语。

这五种组合哪一种适用，应根据语言的类型特点以及相关的音系规则的特征来决定。

现在分析从间接理论派生出的第三种分析：终端分析法。陈（Chen 1987）、塞尔扣克（1986）认为，句子中的音系表达（Phonological representation）与句法表达（Syntactic representation）二者有重合（mapping）点，根据这些重合点可以确定音系规则在句子中的运用场（domain）。这种重合点可以用两个参数来表示：一是"指示范畴"（Designated category），它来源于句法，可以是 X^{max}（X 的最大投射），也可以是 X^{head}（短语中心）；一是"指示范畴"的终端（End），可以是左终端也可以是右终端。终端分析法认为，音系表达与句法表达二者的重合是有方向性的，或者从左到右，或者从右到左。所以，只有"指示范畴"的一个终端（或左或右）与这种重合相关。换句话说，最大投射 NP、VP、AP 等与短语中心 N、V、A 等的左终端或右终端标志着音系表达与句法表达二者的重合点。

根据这两个参数，句子中音系规则的运用场可以限定为以下四种：

(12) a. X^{max}左终端
b. X^{max}右终端
c. X^{head}左终端
d. X^{head}右终端

X^{max}根据具体语言不同音系规则的特点，可以再细分。黑尔与塞尔扣克（Hale & Selkirk 1987）对一种印第安语进行了研究，发现有一种高调的右向延伸（spreading）（参见第五章的"元音谐和"与"鼻音谐和"）只运用在实词（Lexically governed）上，所以，非实词（Non-lexically governed）的 X^{max} 右终端总是标志着这种高调的右向延伸范围。因此，他们把 X^{max} 又细分成 X^{max}-non-lexically governed。考珀与赖斯（Cowper & Rice 1987）发现曼地语（Mende）有一种辅音转变规则，它在分叉的 NP、VP、AP 或 PP 这些 X^{max} 中不能运用，只能在不分叉的 X^{max} 中使用，如（13）所示。

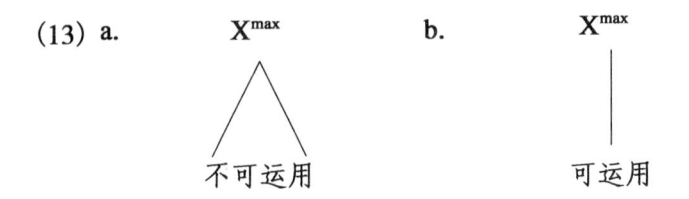

(13) a.　　　X^{max}　　　　b.　　　X^{max}
　　　　　　／＼　　　　　　　　｜
　　　　　不可运用　　　　　　可运用

所以，他们又进一步用 X^{max}-b（分叉）的左终端来限定这种辅音转变规则运用场。

根据上述分析，句子中音系规则的运用场又可参数化（parameterize）成如下几种：

(14) a. X^{max} 非实词左终端
　　 b. X^{max} 非实词右终端
　　 c. X^{max} 实词左终端
　　 d. X^{max} 实词右终端
　　 e. $X^{max}-b$ 左终端
　　 f. $X^{max}-b$ 右终端

直接理论和间接理论以及上述四种分析法（包括 C-控制场分析法）在音系与句法交叉研究中都有它们的合理性，都旨在揭示音系与句法的相互作用与相互关系，而且都有理论与现实的基础，只是运用于不同的语言中，有的适用，有的不适用。下一节我们讨论这两种理论以及四种分析法在汉语中的应用。

第三节　音系与句法交叉研究理论在汉语中的应用
——以北京话上声变调为例

北京话的上声变调是一个很具代表性的 P1 规则，它既运用于词库中的词汇构成规则和其他词库音系规则的互相作用，又运用于句子中词与词之间的关系，因而与句子的构成也有密切联系。对北京话上声变调的研究由来已久。赵（Chao 1968a）、吴（Woo 1969）、郑（Cheng 1973）等对上声变调作过深入的研究，开上声变调研究之先河。耶波（Yip 1980）、赖特（Wright 1983）、凯斯（Kaisse 1985）、石（Shih 1986）、洪（Hung 1987）、张（Zhang 1988）、许（Xu, 1991）等也从不同的侧面研究上声变调现象，集中在句法信息对上声变调的制约作用，对此作出了很大的贡献。由于篇幅关系，在此不能一一介绍有关北京话上声变调的研究，我们只就音系与句法交叉研究理论以及派生的四种分析法对于北京话上声变调的运用作一概括分析。

首先，直接理论对分析北京话句子的上声变调不适用。句法结构与句子中的上声变调没有固定的对应关系，因此根据句法关系不能限定上声变调的运用场。试分析下面的句子。

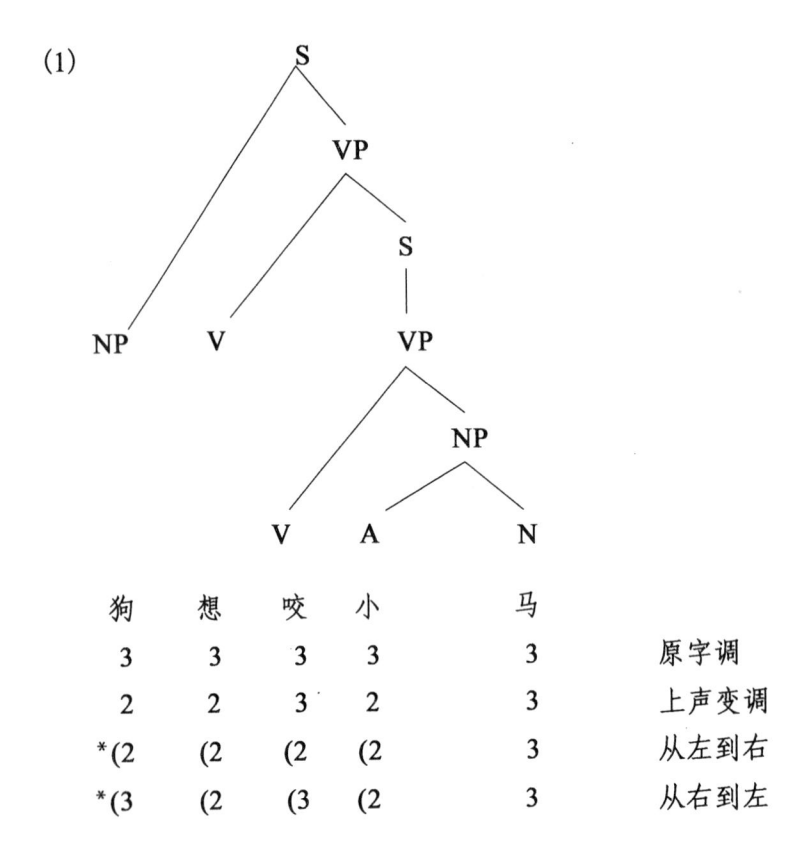

(1)

```
            S
           / \
          /   VP
         /   / \
        /   /   S
       /   /    |
      /   /     VP
     /   /     / \
    /   /     /   NP
   /   /     /   / \
  NP   V    V   A   N
  狗   想    咬   小   马
```

狗	想	咬	小	马	
3	3	3	3	3	原字调
2	2	3	2	3	上声变调
*(2	(2	(2	(2	3	从左到右
*(3	(2	(3	(2	3	从右到左

（1）句都是上声字，正确的上声变调的结果是22323。如果直接取用句法关系，不管是根据 NP、VP 这些最大投射还是短语中心，不管是从左到右还是从右到左，运用上声变调得出的都是错误结果。所以句子的上声变调跟句法没有固定的对应关系。

北京话上声变调遵循两个运用模式（mode of application）：第一，在它的运用场内，不管有多少相邻的上声（字），除了最后一个上声不变以外，其他的上声都变成阳平，如（2）所示。

第八章　音系与句法的交叉研究

(2)　a.　(3　　3　　3)
　　　　　(2　　3　　3)
　　　　　(2　　2　　3)
　　　b.　(3　　3　　3)
　　　　　(2　　2　　3)

我们可以假定第一个上声先变成阳平,然后第二个上声再变成阳平,从左到右,依次变调,如(2a)所示。也可以假定所有相邻的上声(除了最后一个)同时变成阳平,如(2b)所示。两种假设得到相同的结果,都成立。

第二,在不同的运用场之间,必须循环使用。即先在一个运用场内运用,然后在另一个运用场内运用,直至整个句子完成变调为止,比如(3)[此为(1)的重复,省略树形图;括号内表示运用场边界]。

(3)　　狗　想　咬　小马
　　　(3　　3　(3　(3 3　　　原字调
　　　　　　　　　　(2 3)　　　循环一
　　　　　　　　(3　 2 3)　　　循环二(无变调)
　　　(2　 2　 3　 2 3)　　　循环三

(3)中有三个运用场(第一行的三个左括号所示),上声变调先在最右边的运用场内使用,"小"因此变成上声,这是循环一(这里采用词库音系学"括号去除惯例",参见第七章第一节)。然后"小"左边的边界打破,即运用场一的左边界打破,"小狗"加入"咬"一起成为运用场二的输入。因为其中没有上声变调的环境(两个相连的上声字),所以没有变调发生,这是循环二。然后,"咬"左边的边界打破,即运用场二的左边界打破,"咬小马"加入"狗想"一起成为运用场三的输入。"狗"跟"想"在上声字"咬"的前面,所以都变成阳平,这是循环三。因此,我们得出正确的变调结果:22323。这是上声变调规则在运用场之间的循环运用过程①。

首先，鉴于北京话上声变调特定的运用模式以及特定的运用场与句法结构不可能有固定的对应关系，直接取用句法信息不可能正确预测和分析北京话的上声变调。

其次，从直接理论派生出来的 C-控制场分析法（见本章第二节）也不适合对句子上声变调的分析。根据 C-控制场分析法得出的句子音系规则运用的四种情况［重复本章第二节（2）］：

(4) a. 词 A 必须 C-控制词 B；
　　 b. 词 B 必须 C-控制词 A；
　　 c. 词 A 与词 B 互相 C-控制；
　　 d. 词 A 与词 B 无 C-控制要求。

这四种情况可以解释上声变调字与字之间的句法关系，但不能分析上声变调在句子中的循环过程，也不能预测上声变调的结果。所以，凯斯（Kaisse 1985：174）在分析北京话上声变调时，从句子的树形结构着手，认为上声变调还可以在树形图的分叉条件（Branch Condition）下使用，如（5）。

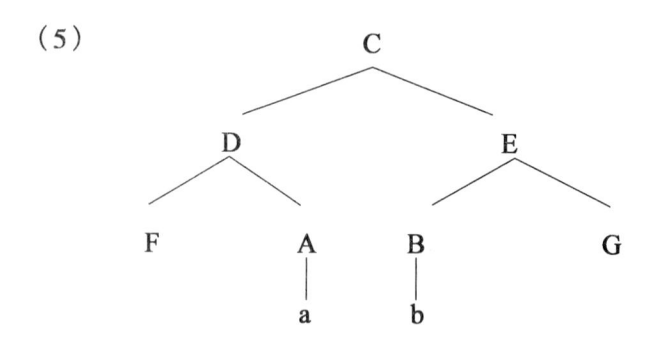

(5)
```
              C
           /     \
          D       E
         / \     / \
        F   A   B   G
            |   |
            a   b
```

上声变调可以在（5）的 a 和 b 之间运用。a 和 b 都包含在 C 之中，C

---

① 石（Shih 1986）的循环方法是让上声变调在各个运用场内同时使用，然后所有的运用场之间的边界都打破，上声变调规则在剩余的相连上声字之间再次运用，其结果与（3）的循环模式相同，例见第七章第四节（1）。

分叉，D 和 E 也都分叉，而 a 和 b 正处于 D 和 E 这两个分叉的边缘处，所以可以使用。凯斯的分叉条件可以解释(6)的上声变调。

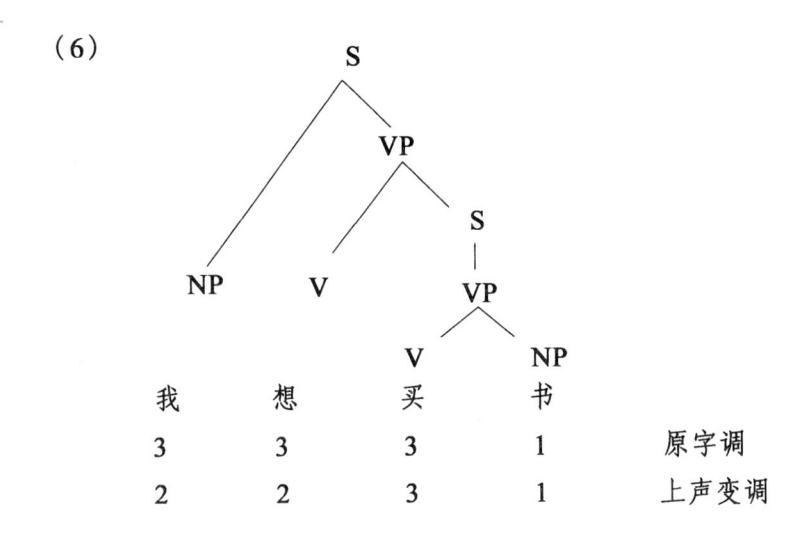

(6)

```
                  S
                 / \
                /   VP
               /   / \
              /   /   S
             /   /    |
            /   /    VP
           /   /    /  \
          NP  V    V    NP
          我  想   买    书
          3   3    3    1    原字调
          2   2    3    1    上声变调
```

"我"和"想"之间有 C-控制关系，所以 C-控制场可以解释它们之间的变调。"想"与"买"符合分叉条件，因此"想"也变成了上声。

但是，凯斯自己指出，C-控制场与分叉条件都不能解释（1）或（3）的变调，对于这种上声变调，她的理论无能为力。

下面看间接理论在句子上声变调中的运用。

我们在第二节指出，间接理论认为句子的音系结构与句法结构不同，虽然音系规则在句中的运用受句法结构制约，但音系规则的运用场只能根据音系结构来决定。间接理论还认为，音系结构与句法结构虽有不同，但它们有重合点；根据这些重合点，句法信息可以帮助从中派生出一个句子的音系结构，从而发现音系规则的特殊运用场。这种思想无疑是正确的。那么，从间接理论派生出来的三种分析法能不能解释上声变调的循环运用场并预测上声变调的正确结果呢？

为了方便起见，我们把这三种分析法的有关要点重复如下：

(7) 韵律层级集分析法
韵组（CG）的组成
a. 每一个实词与其左或右的虚词组成一个独立的韵组（CG）；

b. 实词为韵组（CG）的韵核；

   c. 虚词的选择依照与韵核意义的远近而定，近则取，远则舍。

（8） 短语关系分析法

   a. 韵短语绝对包括补足语，补足语分叉；

   b. 韵短语绝对包括补足语，补足语不分叉；

   c. 韵短语非绝对包括补足语，补足语分叉；

   d. 韵短语非绝对包括补足语，补足语不分叉；

   e. 韵短语绝对排斥补足语。

（9） 终端分析法

   a. X^{max} 左终端

   b. X^{max} 右终端

   c. X^{head} 左终端

   d. X^{head} 右终端

   e. $X^{max}-b$ 左终端

   f. $X^{max}-b$ 右终端

我们还以（1）为例，加上三种分析法的标注，表示为（10）（*表示不正确变调，左括号表示运用场）。

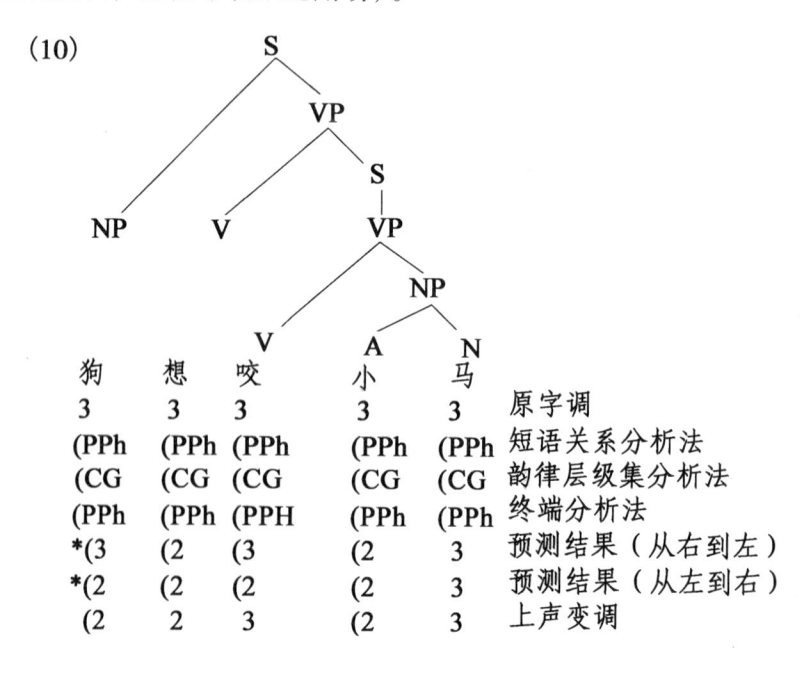

(10)
```
                    S
                   / \
                  /   VP
                 /   / \
                /   /   S
               /   /   / \
              /   /   /   VP
             NP  V   VP   |
             |   |   / \  NP
             |   |  /   \ / \
             |   |  V    A   N
             狗  想 咬   小  马
             3   3  3    3   3    原字调
            (PPh (PPh (PPh (PPh (PPh  短语关系分析法
            (CG  (CG  (CG  (CG  (CG   韵律层级集分析法
            (PPh (PPh (PPh (PPh (PPh  终端分析法
            *(3  (2   (3   (2   3    预测结果（从右到左）
            *(2  (2   (2   (2   3    预测结果（从左到右）
            (2   2    3    (2   3    上声变调
```

根据第一种短语关系分析法，我们必须选择（8b），即绝对有补足语，但不能分叉。因为（10）中"马"必须与它的补足语"小"组成一个韵短语PPh（这里为整个宾语NP），"小"不分叉；短语中心（V）"咬"则不能与它的补足语（即宾语NP）"小马"组成一个韵短语，因为"小马"分叉。"狗"和"想"也都独立组成一个韵短语，因为它们各自的补足语（两个VP）都分叉。根据第二种韵律层级集分析法，只有"小马"组成一个韵组CG，"狗"、"想"、"咬"（均为实词）各自组成一个韵组，它们都是只有韵组核（实词），没有虚词（clitic）的韵组。再看第三种终端分析法，只能选择（10）的左终端，因为（10）中唯一的右终端在句尾（据此全句只有一个运用场）。这个左终端可以是 X^{max}，也可以是 $X^{max}-b$（分叉），二者在（10）中没有区别。

如（10）所示，短语关系分析法、韵律层级集分析法以及终端分析法在分析上声变调时得出的都是错误结果。韵短语（PPh）、韵组（CG）这里虽然名称不同，所指都一样。它们都无法正确地预测上声变调。

有一点必须指出，在（10）中，间接理论的控制（constraint）原则即"绝对层次假定"也出了问题。"狗"、"想"、"咬"三个韵短语（或韵组CG）组成一个上声变调运用场，"小马"（韵短语）组成另一个运用场，这两个运用场在不同层面上，"狗"、"想"、"咬"同时被韵律层级集上不同层次范畴的"韵短语"与"调语"所控制，因此违反了"绝对层次假定"，如（11）所示（左括号表示各层次范畴的边界）。

（11）（狗　　想　　咬　　小　　马　　调语（IPh）范畴层
　　　（狗　（想　（咬　（小　　马　　韵短语（PPh）范畴层
　　　（狗　（想　（咬　（小　（马　　韵词（PW）范畴层

比较直接理论与间接理论派生出的C-控制场分析法、短语分析法、韵律层级集分析法、终端分析法，我们发现，终端分析法为进一步修正自己的理论继而分析北京话句子上声变调这类特殊的音系规则留下更多的余地。其一，这是因为它与句法结构的关系不像前三者联系得那么紧，它只取一个"指示范畴"（designated category）（下面将论述）作为音系结构与句法结构的假定重合点，不受任何其他句法关系的约束，这让终端分析法可以相对脱离句法结构的制约。其二，它只坚持句法结构与音系结构的重合点跟预测音系规则的运用场有关，即只取这些"指示范畴"的一个终端（或左或右）作为这些假定的重合点，这给音系规则以及音系结构遵循自己的运用规律和保留自己的特点留下了更多的余地。

许（Xu 1991）尝试把终端分析法运用到北京话的上声变调，发现分叉的 X^{max}（NP、VP、AP）的左终端可以作为北京话句法结构与上声变调运用场的基本重合点。根据终端分析法的原则，北京话句法结构与上声变调运用场的基本重合点可以写作如下两个参数：

(12) 北京话句法与上声变调基本重合点
    a. 左终端
    b. X^{max} – b（分叉的 NP、VP、AP）

可是，光凭这些重合点还不能正确预测上声变调在句中的运用场，因为上声变调有自己特殊的规律，规律可分成两点：一是两个上声（字）只要连在一起，上声变调就得运用，这是北京话的韵律特征所决定的，即两个低调（上声）不能连在一起；二是连在一起（两个以上）的上声字，组合不同，变调结果也不同，如（13）所示（左括号表示不同的组合）。

(13) a.   3   3   3   3   原字调
       b.   (2   2   2   3
       c.   (2   3   (2   3
       d.   (3   (2   2   3

有两点需要指出：一、句子中任何两个独立的、相邻的上声字（即周围均为非上声字），第一个必须变阳平，不管它们处于句法中的什么位置；二、一连串上声字的不同组合会使这个句子产生不同的变调结果。句中一连串上声字的不同组合，受到句法结构的制约〔这是（12）

中所述重合点的作用], 但相连上声字的组合同时也必须符合上声变调规则的基本要求, 即两个相邻的上声字, 这是上声变调的最小单位。

许 (Xu 1991) 根据上述分析, 采用一种两两组合规则, 把 $X^{max} - b$ 左终端切割出来的单音节的单位组合在一起。与此有关的两两组合规则表述为 (14)。

(14) 从左到右对两两组合相连的单音节进行切割。[详见许 (Xu 1991)]

两两组合过程可以用 (15) 来表示 (方括号表示组合结果)。

(15)　(3　　(3　　(3　　$X^{max} - b$ 左终端单音节切割单位
　　　[3　　3]　　(3　　两两组合 (从左到右)

根据两两组合规则 (14), $X^{max} - b$ 左终端对 (10) 的切割结果可表示为 (16), 这最后限定了上声变调在该句的运用场。

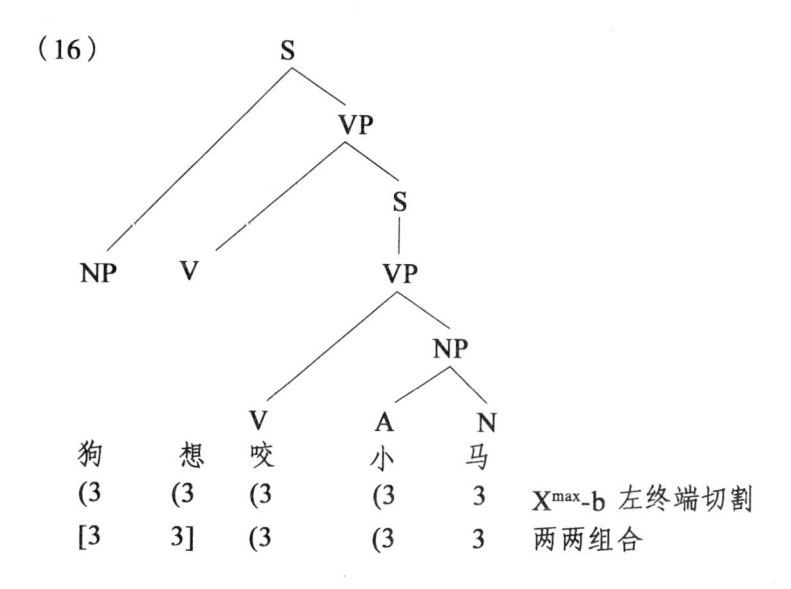

(16)
```
            S
           / \
          /   VP
         /   / \
        /   /   S
       /   /    |
      /   /     VP
     /   /     / \
    /   /     /   NP
   /   /     /   / \
  NP   V    V   A   N
  狗   想   咬  小   马
  (3   (3   (3  (3   3    X^max-b 左终端切割
  [3   3]   (3  (3   3    两两组合
```

如前所述, 上声变调遵循两个运用模式: 一是在它的运用场内, 相连的上声除了最后一个以外, 都变成阳平; 二是在运用场之间, 必须从右到左循环使用。根据（16）的由两两组合规则在 $X^{max}-b$ 左终端切割的基础上所限定的上声变调运用场，上声变调在（10）的循环运用过程以及推测正确结果可演示为（17）（树形图省去）。

```
(17)  狗    想    咬    小    马
      3     3     3     3    3         原字调
      (3    (3    (3    (3   3         X^max-b 左终端切割
      [3    3]    (3    (3   3         两两组合
                        (2   3         循环一
                  (3    2    3         循环二
      (2    2     3     2    3         循环三
```

如（17）所示，上声变调先在"小"和"马"之间运用，"小"变阳平，这是循环一；然后"小"左边的边界打破，上声变调又在"咬"和"小"之间作一次循环，但没有变调发生，因为"小"已经变成了阳平，失去了上声变调的环境；然后"咬"左边的边界打破，上声变调将"狗"和"想"都变成阳平［上声变调运用模式一，见本节例（3）］，这是循环三。

上文提到在（10）［即（17）］的上声变调过程中，绝对层次假定必须违反，这是因为上声变调运用过程的循环性。由于上声变调在句中循环运用，与上声变调相对应的韵律层级集上各范畴之间的绝对层次关系也就随之发生变化（如上文所述），这种变化一直到全句的上声变调完成为止。我们把（17）的三个循环对句子音系结构所引起的变化用三个结构图来表示；如果想象这三个结构图重合在一起，上声变调对句子音系结构的影响就一目了然了。（18）是这三个结构图的示例。

(18)a.

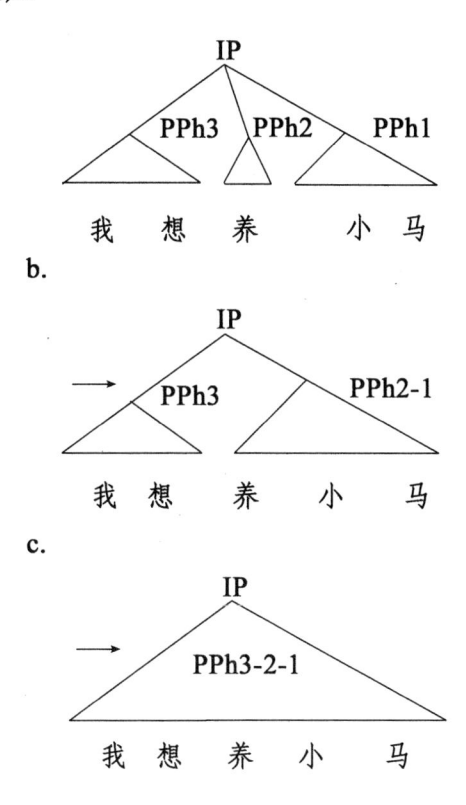

```
           IP
     ╱     │     ╲
   PPh3  PPh2   PPh1
   ╱ ╲    │    ╱  ╲
  我 想   养   小  马
```

b.

```
→      IP
    ╱    ╲
  PPh3   PPh2-1
  ╱ ╲    ╱  │  ╲
 我 想  养  小  马
```

c.

```
→       IP
      PPh3-2-1
   ╱   ╱  │  ╲  ╲
  我  想  养  小  马
```

对绝对层次假定的违反，在（18a）到（18b）的变化中最为明显。韵短语 PPh2 本来受到比它高一层次调语 IP 的控制，可是到了（18b），它成了韵短语 PPh2-1（PPh2 + PPh1）的一部分，因此受到韵短语 PPh2-1 的支配、控制。韵短语支配、控制同一层次上不同韵短语，违反了绝对层次假定；如果把（18a）与（18b）重合在一起，韵短语 PPh2 同时受比它高一层次的调语 IP 以及同一层次的韵短语 PPh2-1 的支配、控制，也违反了绝对层次假定。

如果考虑到句中不止是上声变调，还有其他音系规则，而且这些规则与上声变调互相作用也会使上声变调的运用场改变，那么，与上声变调本来相对应的韵律层级集各个范畴之间的绝对层次关系就又随之发生变化。

例如，北京话的重音规则与上声变调互相作用，并直接影响上声变调在句中的运用场。如果句中某字的重音被加强，无论句中上声变调原本的运用场怎么样，该字都重新开始一个两音节的上声变调运用场，如（19）所示（下加横线表示重音，左括号表示运用场）。

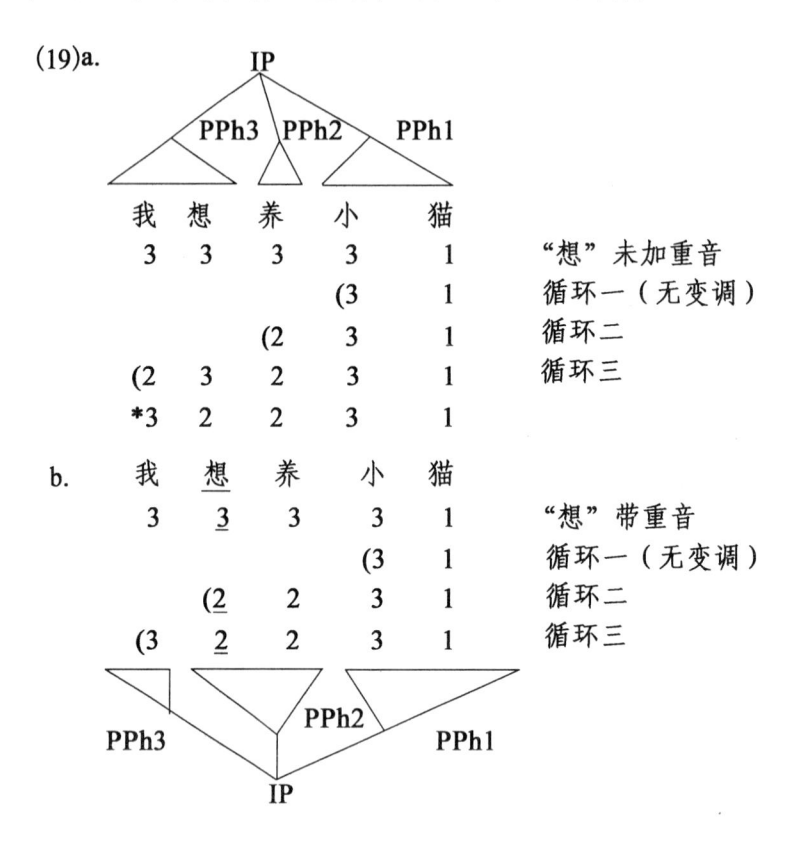

(19)a.
```
            IP
      ╱────┼────╲
   PPh3  PPh2   PPh1
   ╱╲    ╱╲    ╱──╲
   我 想  养   小  猫
   3  3   3    3   1     "想"未加重音
              (3    1    循环一（无变调）
          (2   3    1    循环二
      (2   3   2    3   1    循环三
      *3   2   2    3   1
```

b.
```
      我  想  养   小  猫
      3   3   3    3   1    "想"带重音
                  (3   1    循环一（无变调）
             (2   2    3   1    循环二
         (3   2   2    3   1    循环三
      ╲───╲    ╱╲    ╱────╱
       PPh3   PPh2    PPh1
            ╲──IP──╱
```

（19a）是"我想养小猫"不加重音的上声变调过程与变调结果23231，*32231的变调结果不能接受。但是当"想"被加上重音，如（19b）所示，"想"自动与"养"组成了一个两音节的上声变调运用场，因此改变了（19a）的上声变调运用场，并且使32231的变调结果成为可接受的了。由于重音规则直接影响并改变上声变调的运用场，原本与上声变调相对应的绝对层次关系也会改变。改变以后，韵律层级集上各个范畴之间的绝对层次关系也就发生变化。北京话重音规则的运用非常普遍，所以，绝对层次假定的违反是不可避免的。

陈（Chen 1987）在研究厦门话的变调现象以后，奥登（Odden 1987）在调查非洲语言Kimatuumbi以后，海曼等（Hyman, Katamba & Walusimbi 1987）在研究班图卢干达语（Luganda）以后，也都对绝对层次假定提出了质疑，说明这一假定确实存在问题。

如上所述，句子音系（韵律）结构的形成是一个有力度的、多层次的、多种规则参与并互相作用的过程。任何音系规则的每一次运用，不同规则之间的相互作用，都会影响句子音系（韵律）结构的形成。绝对层次假定只强调一次性的、静止的绝对层次关系，不能全面反映一个句子音系（韵律）结构的多层次、有力度的形成过程。许（Xu 1996）因此认为，应该把"循环性"加入绝对层次假定。循环性在这里指的是一种音系规则在句中的多次运用和不同规则的有次序运用以及它们之间的相互作用。也就是说，绝对层次假定要反映绝对层次关系在句子音系（韵律）结构形成的不同阶段上的变化。

根据上述对直接理论与间接理论以及 C-控制场分析法、短语关系分析法、韵律层级集分析法、终端分析法在北京话上声变调中运用的分析，我们可以尝试回答一些音系与句法交叉研究中的争论问题。

首先，直接取用句法关系或句法信息不能分析和预测北京话上声变调在句中的运用场，因此直接理论有待修正。其次，X^{max}、分叉的 X^{max} 以及它们的终端在揭示北京话上声变调在句中的运用场，起了重要作用，因此它们是与分析句子音系结构有关的句法信息。不相关的句法信息是 C-控制关系、树形图、短语中心与补足语的关系等。第三，句法信息只是在提供句法结构与音系结构的重合点时才跟预测音系规则的运用场有关；语言的音系（韵律）结构独立于句法结构，只能根据特定语言的特有的韵律特点来决定。在这个意义上，间接理论为音系与句法交叉研究提供了有效的研究方法。第四，音系规则在句中的循环运用、不同规则的有次序运用和互相作用，都对句子音系（韵律）结构的形成有直接的影响；绝对层次假定要考虑"循环性"在句子音系（韵律）结构形成过程的作用。

补遗　优选论

本书第一版自发表以来的近十年来，欧美生成音系学的发展最值得关注的是优选论（Optimality Theory）。优选论由语言学家 Alan Prince 和计算机科学家 Paul Smolensky（Prince & Smolensky 1993）在20世纪90年代初提出，很快风靡西方语言学界。这么快的发展速度，跟因特网的普及有很大关系。早期的研究成果都可以放在美国 Rutgers 大学认知科学中心的网站上，免费供学者下载，Prince & Smolensky（1993）这篇长篇论文就是这样在语言学界流传开来。现在，有关优选论的文章，读者可以从 Rutgers 大学的"优选文档"网站下载（roa. rutgers. edu），研究者也可以把他们自己尚未发表的论文放在网站，供其他学者下载。开放型的交流形式有力地促进了优选论的发展，到目前为止，用优选论分析音系现象的论文非常多，需要专著才能揭示它的轮廓。我们这里只能简单地介绍优选论的基本概念，详细的介绍读者可以参阅 Prince & Smolensky（1993）以及 Kager（1999）。

规则和制约是生成音系学理论的两个最基本的概念。在 Chomsky & Halle（1968）发表以来的近四十年中，这两个概念的相对理论地位经历了两次较大的转变。Chomsky & Halle（1968）没有赋予制约理论任何地位，所有的音系现象都是由音系规则来描写。比如英语过去时-ed 有三种语音形式：[-t]，[-d] 以及 [-əd]。假定-ed 的深层结构是/-d/，我们需要下面两个规则（Ø 代表零）。

(1) a. 规则1　　/-d/→ [-t] / [-浊音] ____
　　b. 规则2　　Ø→ə/t, d ____ d

也就是说，/-d/在清音后变清音的 [-t]，在 t 或 d 之后，插入 [ə]。可是，英语语法为什么会出现规则1、2呢？音系规则的"动机"

（motivation）问题，在经典生成音系学理论没有人提出，也无法回答。从英语音位组合角度看，规则1、2的动机问题并不难解答。英语塞、擦音组合必须同是清音或同是浊音，比如英语有 sp-, st-, sk-组合，但是没有 sb-, sd-, sg-组合。我们把这一音位组合制约写成下式：

$$(2) \quad *\begin{bmatrix} +辅音 \\ -浊 \end{bmatrix}\begin{bmatrix} +辅音 \\ +浊 \end{bmatrix} \quad 或 \quad *\begin{bmatrix} +辅音 \\ +浊 \end{bmatrix}\begin{bmatrix} +辅音 \\ -浊 \end{bmatrix}$$

把过去式后缀 -ed 加在清音词尾动词之后，会产生［-浊］［+浊］的组合，规则1把这一组合变成［-浊］［-浊］，这就符合音位组合制约（2）的规定。（2）便是（1a）的"动机"。规则2的动机是 OCP（Obligatory Contour Principle）：t-d 或 d-d 的组合违反 OCP 制约（Yip 1989a）；插入［ə］，使 t-d/d-d 变成 təd/dəd，与 OCP 无碍。这样的分析确定了制约的地位，规则和制约成了非线性生成音系学的理论工具。这是生成音系学的一大转变。

随着研究的深入，人们意识到规则和制约有重复的地方，比如，（2）的制约与（1a）的规则，至少在 t-d/d-d 上重复。理论概念的重复并不是好事，应该避免。但是，如何做到不重复呢？我们不妨设想，如果给定一个输入式，可以有任意多的输出式；而我们的语法知识可以使我们在众多的输出式中，选出一个最佳的输出式。一个输入式可以有许多输出式，但是只有一个最佳输出式。把规则压缩到可以忽略不计的地步，制约系统成了语法的中心成分——这就是优选论的基本思想，也是生成音系学的第二大转变。规则和制约在生成音系学的相对关系，可以用下图表示。

（3） 经典理论　　　非线性理论　　　优选论
　　　│规则│ ──→ │规则│制约│ ──→ │制约│

优选论有两个组成部分，分别称为生成器（Generator，简称 Gen）和选择器（Evaluator，简称 Eval）。生成器不受任何限制，负责把一个输入式分析成无数个输出式——用经典生成音系学的术语说，把一个深层结构式子分析成无数个表层结构式子，供选择器选出最佳式子。选择器由两种制约组成。一种是信守制约（faithfulness constraints），约束输入、输出表达式之间的关系；一种是标志制约（markedness constraints），揭示大多数语言的趋势，即语言共性。信守制约和标志制约有很多，下面我们各举一例。

（4）a. 信守制约：输出式与输入式应该保持一一对应关系。
b. 标志制约：元音不应该是鼻音。

（4a）是一个信守制约，约束输入与输出式之间的形式关系，也就是说，Gen 所产生的输出式，最好与输入式尽量保持一致。（4b）是标志制约，世界现有的语言中大多数元音都是口音，鼻元音的产生是有条件的。也就是说，在没有特殊的条件下，元音是口音——这就是（4b）的经验内涵。

在非线性音系学理论中，制约是绝对的，没有等级差别，所有表达式都不能违反。优选论的制约不同，它们有等级差别（ranking）；并且，它们可以被违反（violatability）。（4）的两个制约都可以被违反：输出式并不一定跟输入式一致，而鼻元音的确在少数语言中出现。优选论的制约是相对的，不是绝对的，而所有的制约都有可能被违反。最佳式并不是不违反任何制约的输出式，而是违反相对等级"低"的制约的输出式。优选论的语法观可以用下图表示。

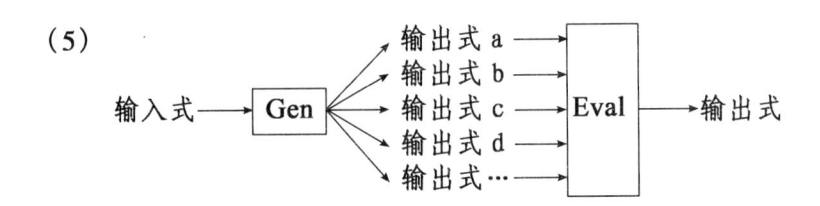

（5）输入式 → Gen → 输出式 a / 输出式 b / 输出式 c / 输出式 d / 输出式 … → Eval → 输出式

优选论的 Eval 过程用表格形式（tableau）表达，即：

（6）优选论的制约评审表

	制约 1	制约 2	制约 3	制约 4	制约……
输出式 a					
输出式 b					
输出式 c					
输出式 d					
输出式……					

制约的等级由左至右排列：制约 1 最重要，制约 2 次之，以此类推。违反制约次数最少、程度最轻的输出式就是最佳输出式（或最优输出式）。

从 20 世纪 90 年代初至今的十余年间，优选论的研究重点几乎完全放在制约的定义以及制约之间的等级关系上，其论证方式和形式变得非常复杂。虽然发展迅速，优选论还未取代非线性音系理论的主流地位。以上的介绍只是冰山一角；读者若有兴趣，可以阅读 Kager（1999），以及"优选文档"上的文章。

英汉术语对照

A

accent 重读
accidental gap 缺口
accusative case 宾格
Advanced Tongue Root 舌根前伸
air stream mechanism 气流机制
allophone 同位音
alveola 齿龈
alveolar 齿龈音
alveo-palatal, palato-alveolar 齿龈音
ambisyllabicity 双重音节性
anterior 龈前
application domain 运用场
Aristotle 亚里斯多德
articulators 发声器
aspiration 送气
assimilation 同化
association conventions 连接常规
association line 连接线
autosegment, autosegmental 自主音段
autosegmental phonology 自主音段音系学
autosegmental representation 自主音段表达、自主表达

B

back 后

Barrier Theory 边界理论
Boundary Theory 邻界理论
bleeding 拆除关系
bleeding relation 破坏关系
Bloomfield, Leonard 布龙菲尔德
bounded foot 受限音步
Branch Condition 分叉条件
branching maximal projection 分叉的最大投射

C

c-command C-控制
Case Theory 格理论
category 范畴
Chomsky, Noam 乔姆斯基
Clements, George 克利门斯
clicks 吸气音
clitic 附着语素
clitic group 韵组
coda 韵尾、结尾
complementary distribution 互补分布
compound 合成词
consonant cluster 辅音群
consonantal 辅音
consonants 辅音
constituency, constituent 成分（单位）
constituent structure tree 构成要素结构树

constraint 控制
constraints 制约原则
continuant 连续
contour tone 曲线声调
contrast, opposition 对立、对比
contrastive stress 对比重音
coronal 舌冠
Cowper, Elisabeth 考珀
cycle 周期
cyclicity 循环性

D

Daniel Jones 琼斯
default rule 自动规则
definiteness 明确性
degenerate foot 弱化音步
delayed release 推迟除阻
delete 删除
derivation 推导
derived environment 派生环境
designated category 指示范畴
diphthong (diphthongization) 双元音（化）
direct reference theory 直接理论
discovery procedure 发现程序
disjunctive ordering 互斥次序
distinctive features 区别性特征
distributed 宽阻
domain c-command C-控制场
dorsum, dorsal 舌体

E

Elsewhere Condition 优先条件

empiricism 经验主义
End 终端
Esperanto 世界语
Evaluator 选择器
externalized language (E-language) 外部语言

F

faithfulness constraints 信守制约
Fant, Gunnar 方特
feature matrix 特征矩阵
feeding 成全关系
feeding relation 创立关系
floating tone 浮游声调
frequency 频率
fricative 擦音
front 前

G

general rule 普通规则、普遍规则
Generative Grammar 生成语法
Generative Linguistics 生成语言学
Generative Phonology 生成音系学
Generator 生成器
glottal sound 喉头音
glottis 声门
Goldsmith, John 戈德史密斯

H

Hale, Kenneth 黑尔
Halle, Morris 哈勒（利）
Hayes, Bruce 海斯
head 中心

head-final language　左向延伸语言
head-initial language　右向延伸语言
hierarchy　等级
high　高
Hockett, Charles　郝盖特
Hume, David　休谟
Hyman, Larry　海曼

I

idea　概念
ideos　意念
implosives　缩气塞音
Indirect reference theory　间接理论
inner grammar　内部语法
input　输入
insert, insertion　插入
Interface Study between Phonology and Syntax　音系与句法的交叉研究
internalized language (I-language)　内部语言
intonational phrase　调语
intrusive stop　插入塞音
intuition　直觉

J

Jakobson, Roman　雅可布森
Jespersen, Otto　叶斯柏森

K

Kaisse, Ellen　凯斯
Kenstowicz, Michael　肯思托维兹
Kiparsky, Paul　基帕斯基

L

labial　唇音、唇
labiodental　齿唇音、唇齿音
language acquisition　语言习得
language type　语言类型
larynx, glottal　喉头
lateral　边音、边流
lax　松肌
Level-ordered morphology　有次序形态学
lexical category, lexically governed　实词（性）
lexical form　词库形式、词汇形式
Lexical Phonology　词库音系学
lexicon　词库、词汇
Linear Phonology　线性音系学
linear structure　线性结构
linguistic competence　语言能力
liquid　流音
Locke, John　洛克
loop　回还
low　低
lower register　低调域
Luganda　卢干达语

M

manner of articulation　发音方式
mapping　匹配、重合
markedness constraints　标志制约
Mascaró, Joan　马什卡诺
maximal projection　最大投射
McCarthy, John　麦卡锡
Meeussen's rule　穆申规律

Mende 曼地语
mental organ 理念器官
metrical foot 音步
metrical grid 节律栅
Metrical Phonology 节律音系学
metrical position 节律位
metrical tree 节律树
mind 理念
minimal pair 最小对子
mode of application 运用模式
modularity 矩阵性、矩阵化
Mohanan, K. P. 莫汉尼
Mohanan, Tara 莫汉尼
mora 莫拉
morpheme 语素、词素
morpheme structure condition 词素结构条件

N

nasal 鼻音
nasal cavity 鼻腔
nasal harmony 鼻音谐和
nasalized sound 鼻化音
natural class 自然音集
Nespor, Marina 尼斯普
neurolinguistics 神经语言学
nominative case 主格
non-concatenation 非连贯性
non-cyclic 非循环
non-derived environment 非派生环境
non-lexical category 虚词（性）
non-lexically governed 非实词
Non-linear Phonology 非线性音系学
normal stress 普通重音

nuclear stress rule 核心重音规则
nucleus 韵核
null, empty 空、空项

O

Obligatory Contour Principle 强制性曲线原则
Odden, David 奥登
onset 起首
opaque vowel 阻导元音
Optimality Theory 优选论
oral cavity 口腔
oral sound 口音
ordering 次序
output 输出

P

palate, hard palate 硬腭
parameter 参数
parameterize 参数化
persistent 持久性
pharyngeal cavity 咽腔
philology 语文学
phone 音素
phoneme 音位
phonemic representation 音位表达
phonetic illusion 语音假象
phonetic representation 语音表达、音素表达
phonological change 音变
phonological phrase 韵短语
phonological representation 音系表达
phonological rules 音系规则

phonological segment　音系音段
phonological word　韵词
phonotactics　配音律
Phrasal Phonology　短语音系学
phrase　词组
Piggott, Glyne　比戈德
pitch　音高
place of articulation　发音部位
plate　层
Plato's problem　柏拉图问题
Post-lexical Phonology　后词库音系学
post-lexical rule 1（P1）　后词库音系规则一
post-lexical rule 2（P2）　后词库音系规则二
poverty of stimulus　经验贫乏
Prague School　布拉格学派
primitives　原始单元
principle　规律
prosodic　韵律的
prosodic hierarchy　韵律层级集
Prosodic Phonology　韵律音系学
psycholinguistics　心理语言学

R

raised　提升
rationalism　理念主义
redundancy　多余
register tone　非曲线声调
represent　表达
representation　表达式
resyllabification　音节重建
retroflex　卷舌
Rice, Keren　赖斯

right spreading　右向延伸
rime　韵基
root-marker theory　词根标记理论
round　圆

S

Sapir, Edward　萨丕尔
Sarcee　萨其语
Saussure, Ferdinand　索绪尔
schwa　弱化元音
scope of negation　否定范围
segment　音段
segmental tier　音段层面
Selkirk, Elisabeth　塞尔扣克
Semitic　闪语
sentence, clause　句子
Sentential Phonology　句法音系学
simplicity　简易性
skeletal tier　骨骼层面
sociolinguistics　社会语言学
sonorant　响音
sonority　音响度
sonority scale　音响度衡
special rule　特殊规则
spirantization　擦音化
spontaneous voicing　自发浊化
stop　塞音
stress　重音
stress clash　重音冲撞
stress contour　重音曲线
stress value　重音值
Strict Cycle Condition　绝对循环条件
Strict Layer Hypothesis　绝对层次假定
Structural Linguistics　结构语言学

structure preservation　结构保持
subglottal, sublaryngeal　喉下
suffix　后缀
supralaryngeal　喉上、上咽腔
syllabic template　音节模
syllabification　音节化
syllable　音节
syntactic representation　句法表达

T

tableau　表格形式
template　模式
tense　紧肌
Theta-theory　θ-理论
tier, stratum, level　层面
timing slot　时位
timing tier　时位层面
tonal polarity　声调反向性
tonal tier　声调层面
tone bearing unit　带调单位
tone sandhi domain　变调域
toneme　调素
tongue blade, coronal　古叶
tongue tip, apical　舌尖
tonology　声调学
Trace Theory　痕迹理论
Trubetzkoy, Nikolai　特鲁贝兹考伊
turbulence　波动

U

unbounded foot　不受限音步
underlying representation　底层结构（表达）

uniformity condition　一律条件
universal　共性
universal association convention　普遍连接常规
Universal Grammar　共同语法
upper register　高调域
upper　高调
utterance　话语
uvula, uvular　小舌

V

variant　变体
velar　软腭音
velum, soft palate　软腭
vibration　振动
violatability　违反
vocal folds　声带
Vogel, Irene　沃格尔
voiced　浊音
voiceless　清音
vowel harmony　元音谐和
vowels　元音

W

weak stress　弱重音
well-formed　规范
well-formedness condition　规范条件
word　词
word boundary　词界
Wright, Martha　赖特

X

X-theory　X-理论

Y

Yip, Moira 耶波

Z

zero derivation 零形派生

zero initial 零声母

参 考 书 目

英文部分

Bao, Zhiming. 1990a. *On the nature of tone*. Ph. D. dissertation, Massachusetts Institute of Technology, Massachusetts.

Bao, Zhiming. 1990b. Fanqie languages and reduplication. *Linguistic Inquiry* 21: 317—350.

Bao, Zhiming. 1996. The syllable in Chinese. *Journal of Chinese Linguistics* 24: 312—354.

Bao, Zhiming. 2000. Syllabic constituency and sub-syllabic processes. *Journal of East Asian Linguistics* 9: 287—313.

Bao, Zhiming. 2001. Sub-syllabic processes and the Southern Min syllable. In De Bao Xu (ed.), *Chinese phonology in generative grammar*. New York: Academic Press.

Burzio, Luigi. 1994. *Principles of English stress*. Cambridge: Cambridge University Press.

Chan, Marjorie K. M. 1984. Initial consonant clusters in Old Chinese: evidence from sesquisyllabic words in the Yue dialects. *Fangyyan* 方言 No. 4: 300—313.

Chan, Marjorie K. M. 1985. Fuzhou phonology: a non-linear analysis of tone and stress. Ph. D. dissertation, University of Washington, Seattle.

Chan, Marjorie K. M. 1991. Contour-tone spreading and tone sandhi in Danyang Chinese. *Phonology* 8: 237—259.

Chao, Yuen Ren. 1968a. *A grammar of spoken Chinese*. Berkeley: University of California Press.

Chao, Yuen Ren. 1968b. *Language and symbolic systems*. Cambridge: Cambridge University Press.

Chen, Matthew. 1979. Metrical structure: evidence from Chinese poetry. *Linguistic Inquiry* 10 - 3: 371—420.

Chen, Matthew. 1987. The syntax of Xiamen tone sandhi. *Phonology Yearbook* 4: 109—149.

Chen, Matthew. 1992. The chameleon [- r] in Yanggu: morphological infixation or phonological epenthesis? *Journal of East Asian Linguistics* 1 - 2: 197—214.

Chen, Matthew Y. 2000. *Tone sandhi: patterns across Chinese dialects*. Cambridge: Cambridge University Press.

Cheng, Chin-chuan. 1973. *A synchronic phonology of Mandarin Chinese*. The Hague:

Mouton.

Chiang, Wen-yu. 1992. *The prosodic morphology and phonology of affixation in Taiwanese and other Chinese languages.* Ph. D. dissertation, University of Delaware, Delaware.

Chomsky, Noam. 1986. *Knowledge of language: its nature, origin, and use.* New York: Praeger Publishers.

Chomsky, Noam and Morris Halle. 1968. *The sound pattern of English.* New York: Harper and Row.

Clements, George and Samuel Jay Keyser. 1983. *CV phonology.* Cambridge, MA: MIT Press.

Cowper, Elizabeth and Keren D. Rice. 1987. Are phonosyntactic rules necessary? *Phonology Yearbook* 4: 185—194.

Duanmu, San. 1990. *A formal study of syllable, tone, stress and domain in Chinese languages.* Ph. D. dissertation, Massachusetts Institute of Technology, Massachusetts.

Duanmu, San. 1993. Rhyme length, stress, and association domains. *Journal of East Asia Linguistics* 2 - 1: 1—44.

Duanmu, San. 1994. Against contour tone units. *Linguistic Inquiry* 25 - 4: 555—608.

Duanmu, San. 2000. *The phonology of standard Chinese.* New York: Oxford University Press.

Durand, Jacques. 1990. *Generative and non-linear phonology.* London: Longman.

Fudge, E. 1987. Branching structure within the syllable. *Journal of Linguistics* 23: 359—377.

Goldsmith, John. 1976. *Autosegmental phonology.* Ph. D. dissertation, Massachusetts Institute of Technology, Massachusetts.

Goldsmith, John. 1990. *Autosegmental and metrical phonology.* Oxford: Basil Blackwell.

Hale, Kenneth and Elizabeth Selkirk. 1987. Government and tonal phrasing in Papago. *Phonology Yearbook* 4: 151—183.

Halle, Morris and K. P. Mohanan. 1985. Segmental phonology and modern English. *Linguistic Inquiry* 16: 57—116.

Hayes, Bruce. 1984. The phonology of rhythm in English. *Language* 62: 321—351.

Hocket, Charles. 1947. Peiping phonology. *Journal of American Oriental Society* 67: 253—267.

Hung, Tony. 1987. *Syntactic and semantic aspects of Chinese tone sandhi.* Ph. D. dissertation, University of California, San Diego.

Hyman, Larry M., Francis Katamba, and Livingstone Walusimbi. 1987. Luganda and the strict layer hypothesis. *Phonology Yearbook* 4: 87—108.

Ito, Junko. 1986. *Syllable theory in prosodic phonology.* Ph. D. dissertation, University of Massachusetts, Amherst.

Jakobson, Roman, Gunnar Fant, and Morris Halle. 1952. *Preliminaries to speech analysis.* Cambridge, MA: MIT Press.

Jespersen, O. 1924. *The philosophy of grammar.* London: Allen & Unwin.

Kager, René. 1999. *Optimality theory.* Cambridge: Cambridge University Press.

Kaisse, Ellen M. 1985. *Connected speech: the interaction of syntax and phonology.* Orlando: Academic Press.

Kenstowicz, Michael. 1994. *Phonology in generative grammar.* Cambridge: Blackwell Publishers.

Kenstowicz, Michael and Charles Kisseberth. 1979. *Generative phonology: description and theory.* New York: Academic Press.

Kiparsky, Paul. 1971. Historical linguistics. In William O. Dingwall (ed.), *A survey of linguistics science.* College Park: University of Maryland Linguistics Program; reprinted in Kiparsky 1982. *Explanation in phonology.* Dordrecht: Foris.

Kiparsky, Paul. 1973. Elsewhere in phonology. In Stephen Anderson and Paul Kiparsky (ed.), *A Festschrift for Morris Halle.* New York: Holt Rinehart and Winston.

Kiparsky, Paul. 1982. Lexical morphology and phonology. In Linguistics Society of Korea (ed.), *Linguistics in the Morning Calm.* Seoul: Hanshin.

Kiparsky, Paul. 1985. Some consequences of lexical phonology. *Phonology Yearbook* 2: 85—138.

Ladefoged, Peter. 1982. *A Course in Phonetics.* 2nd Edition. New York: Harcourt Brace Jovanovich, Inc.

Leben, William. 1973. *Suprasegm- ental phonology.* Ph. D. dissertation, Massachusetts Institute of Technology, Massachusetts.

Li, Paul Y. K. 1985. A secret language in Taiwanese. *Journal of Chinese Linguistics* 13: 91—121.

Liberman, Mark. 1975. *The intonational system of English.* Ph. D. dissertation, Massachusetts Institute of Technology, Massachusetts.

Lin, Yen-Hwei. 1989. *Autosegmental treatment of segmental processes in Chinese phonology.* Ph. D. dissertation, University of Texas, Austin.

Lin, Yen-Hwei. 2001. An Optimality-theoretic account of dialect variation in er-suffixation: a case study of Zhejiang Wu dialects. In De Bao Xu (ed.), *Chinese phonology in generative grammar.* New York: Academic Press.

Mascaró, Joan. 1976. *Catalan phonology and phonological cycle.* Ph. D. dissertation, Massachusetts Institute of Technology, Massachusetts.

McCarthy, John. 1979. *Formal problems in Semitic phonology and morphology.* Ph. D. dissertation, Massachusetts Institute of Technology, Massachusetts.

McCarthy, John. 1989. Linear order in phonological representation. *Linguistic Inquiry* 20: 71—99.

Mohanan, K. P. 1982. *Lexical phonology.* Ph. D. dissertation, Massachusetts Institute of Technology. Distributed by Indiana University Linguistics Club.

Mohanan, K. P. 1986. *The theory of lexical phonology*. Dordrecht: Reidel.

Mohanan, K. P. and T. Mohanan. 1984. Lexical phonology and the consonant system in Malayalam. *Linguistic Inquiry* 15: 575—602.

Nespor, Marina and Irene Vogel. 1986. *Prosodic phonology*. Dordrecht: Foris.

Odden, David. 1980. Associative tone in Shona. *Journal of Linguistic Research* 1.2: 37—51.

Odden, David. 1987. Kimatuumbi phrasal phonology. *Phonology Yearbook* 4: 13—26.

Piggott, Glyne. 1992. Variability in feature dependency: the case of nasality. *Natural Language and Linguistic Theory* 10: 33—78.

Prince, Allen and Paul Smolensky. 1993. *Optimality theory: constraint interaction in generative grammar*, Technical Report TR - 2, Rutgers Center for Cognitive Science, Rutgers University.

Pulleyblank, Douglas. 1986. *Tone in lexical phonology*. Dordrecht: Reidel.

Sapir, Edward. 1933. The psychological reality of phonemes. In David Mandelbaum (ed.), *Selected writings of Edward Sapir in language, culture, and personality*. Berkeley: University of California Press.

Selkirk, Elizabeth. 1980. Prosodic domains in phonology: Sanskrit revisited. In M. Aronoff and M.-L. Kean (ed.), *Juncture* (*Studia linguistica et philologica* 7), 107—129. Saratoga, CA: Anma Libri.

Selkirk, Elizabeth. 1981. On prosodic structure and its relation to syntactic structure. In T. Fretheim (ed.), *Nordic prosody II*, 11—40. Trondheim: Tapir.

Selkirk, Elizabeth. 1984. *Phonology and syntax: the relation between sound and structure*. Cambridge, MA: MIT Press.

Selkirk, Elizabeth. 1986. On derived domains in sentence phonology. *Phonology Yearbook* 3: 371—405.

Selkirk, Elizabeth and Tong Shen. 1990. Prosodic domains in Shanghai Chinese. In S. Inkelas and D. Zec (ed.), *The phonology-syntax connection*. 313—377. Chicago: University of Chicago Press.

Siegel, Dorothy. 1974. *Topics in English morphology*. Ph. D. dissertation, Massachusetts Institute of Technology, Massachusetts.

Shih, Chi-lin. 1986. *The prosodic domain of tone sandhi in Chinese*. Ph. D. dissertation, University of California, San Diego.

Steriade, Donca. 1982. *Greek prosodies and the nature of syllabification*. Ph. D. dissertation, Massachusetts Institute of Technology, Massachusetts.

Wan, I-Ping. 1999. *Mandarin phonology: evidence from speech errors*. Ph. D. dissertation, University of New York, Buffalo.

Wang, William S. -Y. 1968. Phonological features of tone. *International Journal of American Linguistics* 33: 93—105.

Williams, Edwin. 1976. Underlying tone

in Margi and Igbo. *Linguistic Inquiry* 7 - 3: 463—484.

Woo, Nancy. 1969. *Prosody and phonology*. Ph. D. dissertation, Massachusetts Institute of Technology, Massachusetts.

Wright, Martha. 1983. *A metrical approach to tone sandhi in Chinese dialects*. Ph. D. dissertation, University of Massachusetts, Amherst.

Xu, De Bao. 1991. *Mandarin tone sandhi and the interface study between phonology and syntax*. Ph. D. dissertation, University of Illinois, Champaign-Urbana.

Xu, De Bao. 1993. Mandarin tone sandhi in lexical phonology. Paper delivered at NACCL - 5, University of Delaware.

Xu, De Bao. 1996. On the prosodic structure of a sentence. In Cheng, Tsai-fa, Yafei Li, and Hongming Zhang(ed.), *ICCL - 4 and NACCL - 7 proceedings*. University of Wisconsin-Madison.

Xu, De Bao. (ed.) 2001. *Chinese phonology in generative grammar*. New York: Academic Press.

Yip, Moira. 1980. *Tonal phonology of Chinese*. Ph. D. dissertation, Massachusetts Institute of Technology, Massachusetts,

Yip, Moira. 1982. Reduplication and C - V skeleta in Chinese secret languages. *Linguistic Inquiry* 13 - 4: 637—661.

Yip, Moira. 1989a. Feature geometry and cooccurrence restrictions. *Phonology* 6: 340—374.

Yip, Moira. 1989b. Contour tones. *Phonology* 6: 149—174.

Yip, Moira. 1992. Prosodic morphology in four Chinese dialects. *Journal of East Asian Linguistics* 1 - 1: 1—36.

Yip, Moira. 2002. *Tone*. Cambridge: Cambridge University Press.

Yue-Hashimoto, Oi-Kan. 1972. *Phonology of Cantonese*. Cambridge: Cambridge University Press.

Yue-Hashimoto, Anne O. 1987. Tone sandhi across Chinese dialects. In Chinese Language Society of Hong Kong (ed.), *Wang Li Memorial Volumes English Volume*. Hong Kong: Joint Publishing Co.

Zhang, Zheng-sheng. 1988. *Tone and tone sandhi in Chinese*. Ph. D. dissertation, The Ohio State University, Columbus.

中文部分

白宛如，1989，广州话中的省略性变音。《方言》第2期，114—120页。

包智明，1996，从晋语分音词看介音的不对称性。《中国语言学论丛》第1期，67—78页。

北京大学中文系，2004，《现代汉语》（重排本）北京：商务印书馆。

曹剑芬，1986，普通话轻声音节特性分析。《应用声学》第5卷第4期。

——，1995，连读变调与轻重。《中国语文》第4期，312—320页。

陈天泉、李如龙、梁玉璋，1981，福州话声母类化音变的再探讨。《中国语文》第3期，231—237页。

陈章太、李如龙，1991，《闽语研

究》北京：语文出版社。

陈重瑜，1993，《华语研究论文集》新加坡国立大学华语研究中心。

董绍克，1985，阳谷方言的儿化。《中国语文》第 4 期，273—276 页。

冯爱珍，1993，《福清方言研究》北京：社会科学文献出版社。

冯胜利，2005，《汉语韵律语法研究》北京：北京大学出版社。

高玉振，1978，福清方言的声母连读音变。《中国语文》第 4 期，258—259 页。

李如龙、梁玉璋、陈天泉，1979，福州话语音演变概说。《中国语文》第 4 期，287—293 页。

李行德，1985，广州话元音的音值及长短对立。《方言》第 1 期，28—38 页。

栗治国，1991，伊盟方言的"分音词"。《方言》第 3 期，206—210 页。

林茂灿，1995，北京话声调分布区的知觉研究。《声学学报》第 6 期。

林茂灿、颜景助，1980，北京话轻音的声学性质。《方言》第 3 期，166—178 页。

林焘，1983，探讨北京话轻音性质的初步实验。《语言学论丛》第 10 辑；又载《林焘语言学论文集》北京：商务印书馆 2001 年版。

林涛、王理嘉，1992，《语音学教程》北京：北京大学出版社。

吕叔湘，1980，丹阳方言的声调系统。《方言》第 2 期，85—122 页。

——，1984，《现代汉语八百词》北京：商务印书馆。

——，1993，《丹阳方言语音编》北京：语文出版社。

路继伦、王嘉龄，2005，关于轻声的界定。《当代语言学》第 2 期，107—112 页。

陆志韦等，1975，《汉语的构词法》北京：中华书局。

罗常培、王均，1981，《普通语音学纲要》北京：商务印书馆。

钱乃荣，1992，《当代吴语研究》上海：上海教育出版社。

钱曾怡，1993，《博山方言研究》北京：社会科学文献出版社。

陶燠民，1930，闽音研究。《历史语言研究所集刊》第 1 本第 4 分，445—470 页；又见《闽音研究》北京：科学出版社 1956 年版。

石锋、刘艺，2005，广州话元音的再分析。《方言》第 1 期，1—7 页。

石锋、麦耘，2003，广州话长 [a] 和短 [ɐ] 元音的听辨试验。《中国语文研究》（香港中文大学）第 2 期，50—60 页。

侍建国，1997，汉语声调与当代音系理论。《国外语言学》第 1 期，36—47 页。

——，2002，浙江义乌话的 [n] 尾韵及其音变。《方言》第 2 期，169—176 页。

王洪君，1994，汉语常用的两种语音构词法。《语言研究》第 1 期，65—78 页。

王力，1956，《汉语音韵学》北京：

——，1979，《汉语诗律学》上海：上海教育出版社。

——，1980，《汉语音韵》北京：中华书局。

王立达，1961，太原方言词汇的几个特点和罗干虚词的用法。《中国语文》第 2 期，26—28 页。

汪平，1983，苏州方言两字组的连调格式。《方言》第 4 期，286—296 页。

——，1988，常州方言的连读变调。《方言》第 3 期，177—194 页。

魏钢强，2005，北京话的轻声和轻音及普通话汉语拼音的注音。《中国语文》第 6 期，525—536 页。

温端政，1985，《忻州方言志》北京：语文出版社。

徐世荣，1956，双音缀词的重音规律。《中国语文》第 2 期，35—37 页。

——，1957，试论北京语音的"声调音位"。《中国语文》6 月号；又载《语文浅论集稿》合肥：安徽教育出版社 1984 年版。

徐通锵，1981，山西平定方言的"儿化"和晋中的所谓"嵌 l 词"。《中国语文》第 6 期，408—415 页。

吴宗济，1985，普通话三字组变调规律。《中国语言学报》第 2 期；又载《吴宗济语言学论文集》北京：商务印书馆 2004 年版。

袁家骅等，1989，《汉语方言概要》北京：文字改革出版社。

张崇，1993，嵌 l - 词探源。《中国语文》第 3 期，217—222 页。

张琨，1984，论比较闽方言。《历史语言研究所集刊》第 55 本第 3 分，415—458 页。

——，1989，再论比较闽方言。《历史语言研究所集刊》第 60 本第 4 分，829—875 页。

张立杰、卓琼妍、侍建国，2004，英语短语重音与汉语短语停延。《外语学刊》第 2 期，93—97 页。

张盛裕，1979a，潮阳方言的重叠式。《中国语文》第 2 期，106—114 页。

——，1979b，潮阳方言的连读变调。《方言》第 2 期，93—121 页。

——，1981，潮阳方言的语音系统。《方言》第 1 期，27—39 页。

——，1982，潮阳方言的象声字重叠式。《方言》第 3 期，181—182 页。

张振兴，1983，《台湾闽南方言记略》福州：福建人民出版社。

赵秉璇，1979，晋中话"嵌 l - 词"汇释。《中国语文》第 6 期，455—458 页。

赵元任，1931，反切语八种。《历史语言研究所集刊》第 2 本第 3 分，312—355 页；又载《赵元任语言学论文集》北京：商务印书馆 2002 年版。

——，1934，音位标音法的多能性。《历史语言研究所集刊》第 4 本第 4 分；又载《赵元任语言学论文集》北京：商务印书馆 2002 年版。

——，1980，《语言问题》北京：商务印书馆。

郑张尚芳，1964，温州音系。《中国语文》第 1 期，28—49 页。

周长楫,1986,福建境内闽南方言的分类。《语言研究》第 2 期,69—84 页。

——,1991,《闽南话与普通话》北京:语文出版社。

朱德熙,1982,潮阳话和北京话重叠式象声词的构造。《方言》第 3 期,174—180 页。

再 版 后 记

与第一版相比,再版增加了对丹阳话字组变调、义乌话[n]尾韵音变、北京话轻声调及韵律的分析,还增补了对优选论(Optimality Theory)的介绍。再版的分工是这样的:包智明负责第一章至第三章,以及补遗章的优选论;许德宝负责第七章和第八章;侍建国负责第四章至第六章,加上再版打印稿总合上的各项修改,多处文字、标点的调整,参考文献的增添与统一格式,以及排印版的校对。

本书宗旨围绕着音系理论与语言事实。理论与事实是什么关系?二十多年前吕叔湘先生曾引用一个比喻,把事实比作钱(有方孔的古代铜钱),把理论比作绳子;没有绳子的钱依然是钱,没有钱的绳子只是绳子。言下之意,事实好像比理论更具价值。但是,吕先生紧接着说:"这只是问题的一面,还有另一面,那就是,正确的理论能引导你去发现事实"(《吕叔湘自选集》第317页)。从这一点看,理论跟事实同样重要,二者不可截然分开。国内语言学界经过这二十多年来理论与汉语事实的研究,已逐步认识到,如今的语言理论,完全摆脱了半个世纪前语言阶级性那样的争论,也不再局限于词义与概念这样字面上的辩论,它是从材料出发、再检验于事实的一种认识上对于规则的普遍性和概括性的探索。本书能否达到这个目标,请读者们判断和指正,并提出意见。三位作者的电子邮箱分别为 bzm@ nus. edu. sg,jshi@ umac. mo,dxu@ hamilton. edu。

此次修订,除了勘误补遗(16处)以外,也更新了作者简介部分。

作 者

二零一五年一月十五日